RE 融媒体版

主　编：郑晓生

副主编：罗香群　朱银燕　黄　重

参　编：苏　玲　林家好　余彩云　林纾宇

大学生心理健康教育

职业教育校企『双元』合作开发创新型教材

DAXUESHENG XINLI JIANKANG JIAOYU

北京师范大学出版集团

BEIJING NORMAL UNIVERSITY PUBLISHING GROUP

北京师范大学出版社

图书在版编目(CIP)数据

大学生心理健康教育 / 郑晓生主编. —北京：北京师范大学出版社，2021.1(2022.10 重印)
(职业教育校企“双元”合作开发创新型教材)
ISBN 978-7-303-26460-5

Ⅰ.①大… Ⅱ.①郑… Ⅲ.①大学生—心理健康—健康教育—高等职业教育—教材 Ⅳ.①G444

中国版本图书馆 CIP 数据核字(2020)第 218455 号

教材意见反馈 **gaozhifk@bnupg.com 010-58805079**
营销中心电话 010-58805530 58808064

出版发行：北京师范大学出版社 www.bnupg.com
北京市西城区新街口外大街 12-3 号
邮政编码：100088
印　　刷：三河市兴达印务有限公司
经　　销：全国新华书店
开　　本：787 mm×1092 mm 1/16
印　　张：18.25
字　　数：414 千字
版　　次：2021 年 1 月第 1 版
印　　次：2022 年 10 月第 3 次印刷
定　　价：39.80 元

策划编辑：姚贵平 王云英　　责任编辑：王云英 赵 静
美术编辑：焦 丽　　装帧设计：焦 丽
责任校对：段立超　　责任印制：马 洁

前　言

根据原国家卫生计生委、中宣部等22部门联合印发的《关于加强心理健康服务的指导意见》、中共教育部党组《高校思想政治工作质量提升工程实施纲要》和中共教育部党组《高等学校学生心理健康教育指导纲要》的文件要求，心理健康教育是提高大学生心理素质、促进其身心健康和谐发展的教育，是高校人才培养体系的重要组成部分，也是高校思想政治工作的重要内容。高校学生心理健康教育要以课堂教学、课外指导为主要渠道和基本环节，形成课内课外、教育与指导、咨询与自助紧密结合的心理健康教育工作的网络和体系。其中，课堂教学是推进大学生心理健康教育工作的主渠道，而教材是重要的载体。编写一本体现时代精神，坚持育心与育德相统一，适应和满足大学生心理健康教育服务需求的大学生心理健康教育教材是当前的重要使命。

本教材以习近平新时代中国特色社会主义思想为指导，依据《普通高等学校学生心理健康教育课程教学基本要求》和《高等学校学生心理健康教育指导纲要》的要求进行整体设计，深入挖掘思政元素，引导学生建立正确的价值观。内容包含了大学生心理健康和心理适应、大学生心理问题与心理咨询、自我意识与自我管理、人格心理、学习心理、情绪管理、人际心理、恋爱与性心理、挫折应对与心理危机干预、网络心理十个模块。每章设置“名人名言”“导读”“学习目标”“典型案例”“知识窗”“小故事”“心理训练”“反思成长”“资源导航”9个栏目。

在教材编写上力求突出科学性与思想性、理论性与操作性、主导性与主体性、发展性与预防性相结合。内容的编写充分体现高校学生心理健康教育课程“集知识传授、心理体验与行为训练为一体”的课程理念，以心理学理论知识为基础，紧密结合大学生的身心发展规律与特点，紧扣当前时代发展的趋势，注重贴近当今大学生的生活实际，将案例分析、知识讲解、体验活动、实践训练、反思成长、课外拓展有机结合，以保证教材整体上的实用性、趣味性、基础性和操作性。

参与本书编写工作的是来自多所高等职业院校多年从事心理健康教育教学和心理咨询一线的教师，同时参考了企业专家给予的建议。具体分工如下：模块一、模块三和模块十，罗香群(福建幼儿师范高等专科学校)；模块二，余彩云(福建卫生职业技术学院)；模块四和模块五，朱银燕(厦门城市职业学院)；模块六，苏玲(福建幼儿师范高等专科学校)；模块七，黄重(宁德职业技术学院)；模块八，林纾宇(宁德职业技术学院)；模块九，林家好(福建幼儿师范高等专科学校)。由主编郑晓生负责统筹全局，罗香群负责统稿和修改，苗银凤对全书进行了审校。

本教材的编写是对大学生心理健康教育的一个探索过程，还需要接受实践的检验。由于编者理论修养和实践经验的局限，书中难免有疏漏之处，我们真诚希望大学生朋友和同行专家提出宝贵的批评意见，以便进一步完善。

编者

目　录

•第三部分　自我心理调适

第一部分

心理健康基础知识

• 模块一

• 大学生心理健康与心理适应

名人名言

人之幸福，全在于心之幸福。

——歌德

导读

心理健康是幸福人生的基石！只有具备健康的心理，才会成就健康的人生。作为大学生的你，在丰富多彩的大学生活背后，是否也会平添一些烦恼和哀愁？大学阶段是你掌握专业知识技能和个人自我发展完善的重要阶段，你所要做的不仅是刻苦地学习，掌握过硬的知识和技能，还要学会开拓心灵的沃土，播撒真善美的种子。大学生活将是个人逐渐走向成熟、走向独立的重要历程。你是否为学习而忧虑？是否为竞争而烦恼？如何清除心灵的杂草？怎样构建和谐的心灵家园？在本模块中，我们将带你走进心灵的殿堂，探寻心理健康的神圣领域。

学习目标

序号	目标维度	具体内容
1	知识目标	(1)了解大学生心理健康的标准； (2)了解大学生心理发展的特点； (3)了解影响大学生心理健康的主要因素； (4)认识大学新生的适应问题。
2	能力目标	(1)能够自主调整心理状态； (2)能够掌握解决适应问题的方法。
3	情感和态度价值观目标	树立正确的心理健康观念。

典型案例

我的心理是不是有问题了?

“老师，您好，我是刚刚入学不久的大一新生，刚来学校有点不适应周边的环境。特别是宿舍同学的性格差异比较大，而我比较内向、比较安静，其他同学都比较活泼。她们比较会调侃，我嘴笨，不懂得怎么说，总是插不上话，总觉得自己被孤立，内心挺孤独的。因此，我特别想家，会不由自主地想家，而且一想家就想哭。做什么事都力不从心，觉得好辛苦。特别地想妈妈，一天要打四次电话回家……以前的我不会这样的，我心理是不是有问题了啊?”

(来源：根据真实咨询案例整理而成。)

思考题：

1. 你认为引起该同学心理困扰的主要原因是什么?
2. 如果你是这位同学，你会怎么做?

1.1 认识心理健康

有人提出：“一切成就、财富都来源于健康的心理。”大学生正处在人生发展的关键时期，良好的心理素质不仅关系到大学生是否能顺利完成学业，而且关系到大学生的身心健康及未来的人生发展。因此，了解大学生心理特点和心理健康知识，积极开展大学生心理健康教育，提高大学生心理健康水平，具有十分重要的意义。

一、健康

(一)健康的概念

古希腊哲学家赫拉克利特(Heraclitus)曾经说过:“如果没有健康,智慧就难以表现,文化无从施展,力量不能战斗,财富变成废物,知识也无法利用。”可见,健康对于人来说太重要了,但遗憾的是,并非人人都对健康有一个正确的认识。“无病即健康”“无缺陷即健康”的观点,就是把人的健康只看成人体生理活动的结果。随着社会的发展和历史的进步,人类对自身健康与疾病的认识也在不断丰富和深化。

早在1948年,世界卫生组织(World Health Organization,WHO)就提出了健康的新概念,认为:“健康是一种生理、心理和社会适应都日臻完满的状态,而不仅仅是没有疾病和虚弱的状态。”1989年,世界卫生组织又修改了健康的概念,增加了道德健康,将健康定义为:“一个人只有在身体健康、心理健康、社会适应良好和道德健康等四个方面都健全,才算是完全健康的人”。由此可见,衡量是否健康至少包括以下四个层面的内容。

1. 身体发育情况,如是否有生理疾病或缺陷,身体各部分的机能状况等,这是健康的基础。

2. 心理发展状况,如是否有心理疾病,是否有持续的、积极的心理发展状态等。

3. 社会适应程度,如掌握了多少生活知识和技能,是否有正确的人生目标,是否能遵守社会生活规则,融入现实社会生活,能否在不同时间、不同岗位上扮演好各种角色等。

4. 道德文明水准,如道德认知水平和道德行为状况等。道德健康的最高标准是无私奉献,最低标准是不损害他人。

(二)健康的标准

世界卫生组织根据“现代生物—心理—社会医学”模式,提出了个体健康的10条标准。

1. 有充沛的精力,能从容不迫地担负日常工作和生活而不感到疲劳和紧张。
2. 处事乐观,态度积极,勇于承担责任,心胸开阔。
3. 精神饱满,情绪稳定,善于休息,睡眠良好。
4. 自我控制能力强,善于排除干扰。
5. 应变能力强,能适应外界环境的各种变化。
6. 体重得当,身材匀称。
7. 牙齿清洁、无空洞、无痛感、无出血现象。
8. 头发有光泽,无头屑。
9. 反应敏锐,眼睛明亮,眼睑不发炎。
10. 肌肉和皮肤富有弹性,步伐轻松自如。

世界卫生组织又提出了人的身心健康的八大标准，即“五快”和“三良好”。所谓“五快”是指：食得快、便得快、睡得快、说得快、走得快。食得快，说明胃口很好，对食物不挑剔，证明内脏功能正常；便得快，说明排泄轻松自如，证明胃肠功能好；睡得快，说明中枢神经系统功能协调，且内脏无病理信息干扰；说得快，表明头脑清楚，思维敏捷，心肺功能正常；走得快，证明精力充沛、旺盛，无衰老之症。所谓“三良好”是指：良好的个性、良好的处世能力、良好的人际关系。良好的个性，即性格温和，意志坚定，常保持乐观和幽默；良好的处世能力，即适应环境，热爱生活，不怨天尤人，善于享受生命；良好的人际关系，即待人接物以“和为贵”为准则，遇事不斤斤计较，助人为乐，与人为善。

二、心理健康

(一)心理健康的内涵

心理健康是一个较为复杂的概念，在不同国家、不同民族之间存在不同的观点，它受到社会制度、民族文化、道德观念、宗教信仰等诸因素的影响。

世界卫生组织(2001)将心理健康定义为：“心理健康不仅仅是没有精神疾病，更可视为一种幸福状态(well-being)。在这种状态中，每个人认识到自己的潜力，可以应对正常的生活压力，有效地从事工作，并能够为社会做出贡献。”

因此，心理健康至少包含两层含义。

1. 没有心理疾病，这是心理健康的基本条件。

2. 个体拥有一种积极向上的心理状态，这是心理健康要追求的目标。

(二)心理健康状态的等级

心理健康状态是处在不断变化之中的，心理健康状态与心理疾病状态是一个发展变化过程。如果把一般人的正常的心理状况称为正常状态的话，那么，相对于这种正常状态的情形则属于异常状态。心理问题是指所有各种心理及行为异常的情形。心理的“正常”和“异常”之间并没有明确和绝对的界限，现实社会中的每一个人在一定程度上都存在心理问题，只是程度不同而已。通常将心理健康状态划分为四个等级：健康状态、心理困扰、心理障碍和心理疾病(如图 1-1)。

图 1-1　心理健康状态等级

1. 健康状态。健康状态是指个体在一个时间段中，良好的感觉大于不良感觉，个人心理活动与周围环境相协调，社会功能良好，具有良好的自我调节能力。

2. 心理困扰。心理困扰指的是亚健康状态，既非健康，又非疾病的中间状态。不良状态持续时间较短，一般一周内能得到缓解，对个体社会功能影响较小，仍然能完成日常学习、生活和工作，只是感觉状态不佳。处在亚健康状态的大部分人都能通过自我调整得到改善，如果长时间得不到缓解，就可能发展成一种相对固定的状态，建议尽快寻求专业心理医生的帮助。

3. 心理障碍。心理障碍是指因为个人及外界因素造成心理状态的某一方面(或几个方面)发展的超前、停滞、延迟、退缩或偏离，主要表现为社会功能受影响较大，使人不能按照常人的标准完成某项社会功能。这种状态经过自我调整能够得到改善，但通常需要接受心理医生的帮助。

4. 心理疾病。心理疾病是指由于个人及外界因素引起个体强烈的心理反应，并伴有明显的躯体不适感，是大脑功能失调的外在表现。可能出现思维判断上的失误，情绪低落，紧张焦虑，行为失常，意志减退等。这种状态通常需要接受精神病专业医生实施药物与心理治疗。

三、大学生心理健康的标准

根据我国大学生的实际情况，评判大学生的心理健康水平可以从以下九条标准给予考虑。

(一)智力正常

这是大学生学习、生活与工作的基本心理条件，也是适应周围环境变化所必需的心理保证。因此，衡量的关键在于是否正常地、充分地发挥了效能，即有强烈的求知欲，乐于学习，能够积极参与学习活动。

(二)能保持较浓厚的学习兴趣和求知欲望

著名科学家爱因斯坦说过："兴趣是最好的老师。"学生对学习有了浓厚的兴趣，自然会产生探求知识的强烈欲望、忘我的学习精神，才能提高学习的效果。

(三)能正确认识自我和接纳自我

正确的自我评价是大学生心理健康的重要条件。自我评价客观、全面、恰如其分，能够充分了解自己，认识自己；能够正视现实，积极地进行自我接受和自我悦纳，既不因自己在某些方面优越于别人而自傲，也不以某些方面存在缺点而自卑；当面对挫折与困境时，能够乐观自信，积极进取，做到自尊、自强、自制、自爱，不断调整自己在生活中的位置，实现自我发展与自我完善。

(四)具有完整和谐的健康人格

人格指的是个体比较稳定的心理特征的总和。人格完善就是指有健全统一的人格，即个人的所想、所说、所做都是协调一致的。既具有人格结构的完整统一，同时还具有正确的自我意识，不产生自我同一性混乱，以积极进取的人生观作为人格的核心，并以此为中心把自己的需要、目标和行动统一起来。

(五)具有良好的情绪状态

良好的情绪状态的标志是情绪稳定和心情愉快。包括积极情绪多于消极情绪、乐观开朗、富有朝气，对生活充满希望；情绪较稳定，善于控制与调节自己的情绪，既能克制又能合理宣泄自己的情绪；情绪反应适度。

(六)意志健全

意志是人在完成一种有目的的活动时，所进行的选择、决定与执行的心理过程。意志健全者在行动的自觉性、果断性、顽强性和自制力等方面都表现出较高的水平。意志健全的大学生在各种活动中都有自觉的目的性，能适时地做出决定并运用切实有准备的方式解决所遇到的问题，在困难和挫折面前，能采取合理的反应方式，能在行动中控制情绪，而不是行动盲目、畏惧困难、顽固执拗。

(七)具有良好的社会适应能力

良好的社会适应是指一个人对社会环境的刺激能做出恰当正常的反应。心理健康的大学生能够与环境保持良好的接触，能根据变化的环境及时修正自己的需要和愿望，使个人行为符合新环境的要求；当个人需要与社会发生矛盾时，能够选择积极的方式调节自我与社会之间的冲突，使自己在思想、行为上与社会保持协调一致；还具有较强的竞争意识与创新意识，敢于正视人生与社会的变化与挑战，不断实现自我提升与自我超越。

(八)能保持和谐的人际关系

良好而深厚的人际关系是事业成功与生活幸福的前提，人际关系状况最能体现和反映人的心理健康状况。心理健康的大学生乐于与他人交往，能用尊重、信任、友爱、宽容、理解的态度与人相处，能为其他人所理解和接受，建立和谐的人际环境；善于与人交往，即在交往中能保持独立而完整的人格，既能接纳自我，客观评价自己，又善取人之长补己之所短，与他人同心协力，合作共事，乐于助人，进行积极健康的人际交往。

(九)心理行为符合大学生的年龄特征和性别特征

大学生是处于特定年龄阶段的特殊群体，大学生应具有与年龄和角色相应的心理行为特征。表现为充满朝气和活力，精力充沛，勤学好问，反应敏捷，喜欢探索。能够接纳自己的性别特征，根据社会对性别角色的要求来调整自己的行为，使自己的性别特征符合社会的要求与发展。

四、正确理解和运用大学生心理健康的标准

以上列举了九条大学生心理健康的标准，这是一把理想的尺子，它一方面为衡量大学的心理健康提供了标准，另一方面也为大学生指出了心理健康的努力方向。因此，在判断一个人的心理是否健康时，我们并不能照此生搬硬套，应注意考虑以下四点。

(一)心理健康的相对性

心理绝对健康只是一种理想状态，心理有病也只是少数人，绝大多数人在某个阶段或多或少都会产生一些心理问题。但是，一个人偶尔出现一些不健康的心理和行为，并不等于这个人的心理就是不健康的，这正如一个人睡了一次懒觉，不能就此给他下一个懒惰的结论一样。心理健康的人也有心理问题，没有一点心理问题的绝对心理健康是不存在的。而且，从社会文化的角度看，心理健康也具有相对性。心理健康标准是随着时代变迁、社会发展、制度变革、社会文化背景的差异而变化的。特定的社会文化对心理健康的理解取决于该文化对心理健康的各种特征所持的

价值观，这也是为什么不同的国家、同一国家的不同地区、同一地区的不同阶层（如年龄、文化、职业、性别）需要有不同的心理测量常模的原因。

（二）心理健康的动态发展性

心理健康状态并非静止的，而是处在不断变化之中的。它随着人的成长和环境的变化而改变，既可以从不健康转变为健康，也可以从健康转变为不健康。事实上，有些不健康的心理状态可能是人在成长中不可避免会出现的发展性问题，其状况会随着自身的发展而自行消失。

（三）心理健康的连续性

人的心理健康状态不是仅有健康与不健康两个泾渭分明的对立面。从发展性心理问题到适应性心理问题再到障碍性心理问题，心理问题的严重程度是逐渐增加的，从健康到不健康有个逐渐过渡的过程。因此，心理健康状况与其说是正常与异常这两种类型上的差异，不如说是程度上的差异。

（四）心理健康的全面协调性

把握心理健康的标准，应以心理活动为本，考察其内外关系的整体协调性。事实表明，从心理的构成要素看，无论哪一方面要素的缺损或丧失，或各要素之间不能协调地进行符合规律的运作时，都会危及心理健康。从心理过程看，人的心理活动应是一个有机统一的协调体系，只有认知、情感、意志以及行为之间协调统一，一个人才能实现心理健康。从个性的角度看，稳定性是个性的基本特征。因此，如果没有明显的、剧烈的外部因素影响，一个人的个性是不会轻易发生变化的，否则说明其心理健康状况可能发生了变化。

五、大学生心理健康的意义

大学生的心理健康对大学生的健康成长成才和全面发展具有重要的意义，具体可以从以下三个方面得到体现。

（一）心理健康是大学生成长成才的前提

首先，大学生的心理健康状况直接关系到他们学业的完成。健康的心态能强化人的智力活动，促进智力的发展，有助于正视学习和生活中遇到的各种冲突和挫折，积极克服内外干扰和困难，努力进行自我调节，更好地去适应大学生活，从而保证学业的顺利完成。

其次，大学生心理健康状况直接影响他们潜能的开发。健康的心理，如积极的情绪、坚强的意志、完善的人格等，能使人的感知变得敏锐，思维趋于灵活，记忆力得以增强，头脑更加清醒，精神愈加饱满，因而容易形成新的神经联系，促进大脑机能的发育、心理效能的发挥，并锲而不舍地去克服困难，最终使其潜能得到充分开发。

再次，心理健康是大学生取得事业成功的坚实心理基础。目前我国大学生就业普遍实行供需见面、双向选择、择优录用等形式，面对新形势，大学生的健康心理，有利于他们在变幻复杂的社会环境中做出适宜自己角色的正确抉择，发展更加完善的人格，为事业成功奠定坚实的心理基础。

(二)心理健康是大学生人格健全发展的基础

大学阶段是大学生人格形成和发展的重要阶段，不仅要重视知识的获得、智能的提高，而且也要重视优良人格的塑造。健康的心理与大学生的人格发展密切相关，并直接影响个体人格的发展水平。健全人格的标准，其实就是人的心理健康的高层次标准。

(三)心理健康是大学生适应社会的需要

随着社会的发展，城市化、工业化、信息化和智能化带来的不仅有丰富的物质文明，还有无法回避的心理挑战、社会应激。社会发展和环境变化对大学生的适应能力提出了更高的要求，而适应能力强与弱在很大程度上取决于心理健康与否。心理健康的大学生，能与现实保持良好的接触，对周围的事物有清醒的认识，既有高于现实的理想，又不沉湎于幻想，对生活中各方面的问题和困难不回避，积极进取，能以切实有效的方法加以处理。心理健康的大学生，能够根据外界环境的变化，相应地调节自己的心理状态和行为方式，取得与外界环境的平衡与协调，从而较顺利地适应社会环境。

知识经济时代的竞争，归根到底是人才的竞争。科技的发展，经济的振兴，乃至整个社会的进步都取决于合格人才的培养和人才素质的提高。而心理健康水平和心理素质是人才素质系统的基础。因此，大学生的心理健康状态不仅关系到大学生个人的成长，还关系到民族素质的提高，关系到整个中华民族的前途和命运。因此，做好大学生的心理健康教育当成为当前高校教育的重要部分之一。

1.2　大学生心理健康的培养

大学生们进入大学之前，都憧憬着美好的生活，规划着属于象牙塔的美好蓝图。但是到了大学才发现，理想和现实的大学生活存在一定的差距。我们每个人都会遇到关于自我、情绪、恋爱、人际关系、人格成长、择业就业等人生课题。在不时出现的成长烦恼中，要怎样保持身心健康，维持良好的人际关系，坚定自己的理想与追求，实现人格的提升和完善，最大限度地发挥个人潜能，拥有幸福的人生，是每个大学生都需要认真思考的问题。

一、当代大学生的心理特点

大学生作为社会中文化层次较高的群体，一向被认为是风华正茂和年轻力壮的一族。当代大学生生长于我国社会经济高速发展的时期，他们具有这个时代的发展特点，他们能更自由地穿梭于东方与西方、主流与非主流、现代与后现代之间，更善于利用技术，也更有创造力和想象力。当代大学生的心理特点可以概括为以下四个方面。

(一)自我意识增强，但认知能力发展不协调

与富足生活、高速网络相伴而生的当今大学生，他们更加自我，也更加开放且开明。中国人民大学的研究者对全国 2000 多名大学生的自我意识的调查研究表明，大学生的自尊程度更高了，更可能同意这样的话，如："我是个重要的人。"但是这并不表明大学生们很自私，这仅仅表明大多数的大学生在进入成人世界时的高自尊和自信。

当代大学生在认知上具有多样性、不稳定性和自我中心的特点。

1. 认知的多样性。由于社会大环境复杂，信息获得渠道多样，同一件事物他们受不同思潮不同群体的看法观点影响，形成了认知上的多样性。

2. 认知的不稳定性。由于信息来源的复杂多变，当代大学生在认知上更具有不稳定性，出现时而善恶分明，时而不分对错，虽然果敢直接，但却常常"错"号入座的状况。

3. 认知以自我中心为主。当代大学生成长阶段正是中国社会强调经济建设的阶段，社会物质生活环境较好、社会更迭发展较快。因此，他们的自身素质较全面，容易接受新事物，但他们的认知角度更多以自身利益和需求出发，具有自我中心的特点。

(二)情感体验丰富，但情绪稳定性不健全

对于刚刚成年的大学生来说，这个时期是一个充满压力与矛盾的时期。

当代大学生的情感特点体现为以下四个方面。

1. 两极化的情感表达。大学生在生理上趋向成熟，但情感明显趋向两极。情绪起伏较大，时而壮志凌云，时而愁肠满怀，热情奔放但有时又冲动过激。

2. 多元化的情感需求。伴随着我国经济社会的不断变革，随着人们的思想观念的巨大变化，社会价值观念也愈加复杂多样：从绝对权威崇拜变成多元化的情感需求；既关注与生理、物质相关的情感需要，又有和心理、精神相联系的情感追求；从物质到社会交往、从被群体接纳理解到自我实现等各个层次都有着强烈的需求。

3. 低层次性的情感取向。在教育实践中，家庭和学校往往忽略情感教育，更注重专业知识和技能的培养，使得学生的情感发展远远滞后于认知能力的发展。部分学生不懂得如何表达情绪、倾诉情感。

4. 矛盾性的情感体验。一方面极力摆脱外在的干预和束缚，渴望独立；另一方面社会经验缺乏、思想未成熟，无法独自应对复杂的社会环境。矛盾性主要体现为追求理性与较强的情绪性之间的矛盾，理想自我和现实自我之间的矛盾。

(三)智力发展达到高峰，但心理需求不清晰

美国国家心理卫生研究所的神经学家杰伊·吉德(Jay Giedd)说："人在二十多岁更具有做出人生重大决定的能力"，并称"曾被认为在青春期之后就已发育完全的大脑在人生的第三个十年期仍要继续发育，清除掉从未使用过的连接，加强剩余的那部分连接，最终达到成年人大脑的形态”。因此，从生物学的角度来说，成年早期是个体智力、生理等各方面发展的顶峰时期。在这个时期，大学生群体思维敏捷、接受能力强，通过专业训练、系统学习，抽象思维能力得到了充分的发展，智力水平具有极大的提升空间。

(四)意志力增强，个性特征明显

1. 当代大学生的意志力增强，体现为三大特点。

(1)从自觉性上来说，大学生个体行动的目的性、自觉性不断增强，但是，惰性还是或多或少在大学生身上存在。中学时外部监督力量较强，老师和家长常灌输的观念就是“中学好好学习，大学好好玩耍”。由此导致大学生在失去外部监督后，降低对自己的要求，消极应付自己的学习生活。

(2)从果断性上来说，大学生行动的果断性有所增强，但仍会优柔寡断或轻率行事，全局观普遍缺乏。

(3)从坚韧性上来说，大学生行动的坚韧性比以往有所提高，能克服一定的困难，但做事仍易虎头蛇尾。总体而言，在意志品质上，大学生既有坚强的一面，也有薄弱的一面，往往处在意志冲突和选择当中。

2. 当代大学生的个性特征明显，体现为两大特点。

(1)个性趋向稳定。人的个性主要是指一个人身上稳定地表现出来的心理特点的总和。伴随着大学生的阅历的不断丰富，逐步形成自己的价值观念和个性特点，并且在各种情景下能表现出稳定性。当然，大学生身上仍有较强的可塑性，但这样的可塑性一般是建立在稳定性的基础上做出变化和改变的。

(2)个性鲜明独特。个性的独特性是指一个人与其他人相区别的心理特点。个性受许多因素影响，特别是社会因素决定着个性的差异性。大学生的个性差异较大，他们主张独立的个性和活跃的思维，对于新事物有自己的看法，不轻易接纳别人的观点，有较强的自主性和创造性。

二、大学生心理健康的影响因素

人的心理健康是一个极为复杂的动态过程。影响心理健康的因素是多方面的，既有个体自身的内在因素，也有客观的外在因素。就当前大学生的心理健康现状而言，影响大学生心理健康的因素包括遗传和生理等先天的因素，也包括心理、家庭、社会、学校等后天的因素，主要体现在以下四个方面。

(一)个体原因

1. 生理因素

个体生理因素对心理健康的影响主要有遗传因素、躯体因素、生物化学因素等方面。比如，有的大学生因为遗传等因素的影响，在长相、身材、高矮、胖瘦等方面存在一些先天的生理缺陷；有的大学生因为身体素质不好，患有疾病，在学习和训练的过程中往往感到力不从心。

2. 心理因素

影响大学生心理健康的心理因素主要有以下六个方面。

(1)心理发展中的内在矛盾

青年期的大学生正处于由不成熟向成熟的过渡时期，这是一个充满矛盾与危机的时期，诸如独立与依附的矛盾、理想与现实的矛盾、自信与自卑的矛盾、情感与理智的矛盾、知和行的矛盾、冲动与压抑的矛盾、闭锁性与开放性的矛盾等。这些矛盾交织在一起，如果长期得不到解决或解决不好，就可能破坏心理平衡，从而引发心理问题。

(2)自我认同的危机

自我发展是大学阶段所面临的重要课题。青春期身体和心理的急剧变化促使大学生对自身的关注变得敏感，解决"自我同一性危机"成为该阶段主要的任务。大学生们不断地自我反省、自我探索，思索着自身、社会以及两者之间的关系。在确立"自我同一性"过程中，他们经历着种种的内心矛盾和迷茫，情绪波动较大，容易诱发一些心理问题。而"自我认同危机"解决得如何，本身也是心理健康的标志之一。

(3)认知的偏差

一个人的心理健康水平和调控能力很大程度上与他的认知有关。随着知识的积累和实践经验的丰富，大学生的抽象思维能力迅速发展。但由于辩证逻辑思维基础还不够深厚，社会阅历和经验还不丰富，在观察和分析问题时容易主观化、片面化、绝对化。这种认知的偏差以及因此产生的非理性信念往往是大学生产生抑郁、自卑、焦虑、恐惧、痛苦等不良情结的原因。

(4)情绪稳定性欠佳

情绪对人的心理健康具有直接的影响。大学生正处于情绪最动荡和最复杂的时期。他们的情绪常跌宕起伏、摇摆不定，冲动而缺乏冷静的思考，极易走极端，因而常会因做错事而懊丧悔恨。同时，由于情绪的弥散性，他们对事物的判断有时会失去客观性，表现在对挫折的判断上往往会以点带面、以偏概全，使人生蒙上阴暗的色调。

(5)个性的缺陷

同样的环境因素，同样的挫折，不同的个体有不同的反应模式，这与一个人的个性有直接联系。比如，过于内向、孤僻封闭、压抑，极度自卑或过分自尊，急躁冲动、易激惹，固执多疑、好钻牛角尖、易偏激，心胸狭窄、喜怒无常，有太强的个人欲望和过高的个人期望，不善于人际交往，唯我独尊，感情脆弱等不良个性特征极易导致心理问题，影响心理健康。而且，这些个性特征中有些本身就是心理障碍的表现。

(6)挫折承受力不足

缺乏挫折承受力是引发心理障碍的重要因素之一。当今大学生的成长环境总的来说比较优越，社会磨炼较少，加之家庭、学校、社会对大学生心理素质的培养和训练比较缺乏，致使相当一部分人适应能力较差，挫折承受能力不足。同时，整个社会的紧张性刺激增多所带来的应激在广度和深度上的增加，使他们本已脆弱的心理雪上加霜，稍有不顺利、不如意极易产生挫折感。尤其是当挫折的强度较大或时间较长时，就会转向退化、逃避，变得心灰意懒、萎靡不振，甚至悲观、绝望，对他们的心理健康造成严重的影响。

(二)家庭因素

家庭是每个人成长的第一环境，家庭对人的心理健康的影响是深远的。家庭对心理健康的影响主要体现在以下四个方面。

1. 父母的教养方式

国内外大量的研究证实，父母的教养方式是影响子女心理健康的重要因素之一。父母良好的教养方式有利于子女良好个性心理的发展，不良的教养方式则在一定程度上阻碍了子女健康心理的发展。父母教养方式一般有权威—民主型、独断—专制型、宽容—溺爱型、放任—忽视型四种类型，其中后三种教养方式较易造成子女的心理问题。

2. 家庭气氛

家庭气氛是指家庭成员之间在人际互动过程中形成的心理情绪和环境气氛。家庭气氛直接影响着家庭中每个成员的心理，良好的家庭氛围有利于青少年形成健康的心理和健全的人格。家庭成员之间关系和谐、融洽，能相互体谅、相互关心，则尽管遇事会产生意见分歧，但在原则问题上能团结一致。在这种氛围下，子女不但能体会到关爱、幸福和温暖，而且还能学会与人沟通、交流与合作的方法，从而使子女的思维、意志、能力等得到和谐发展，并从中获得安全感，形成乐于接受教育的自觉性。

3. 家庭期望

当今社会，家长的望子成龙心态普遍存在。许多家长为了子女考大学、考研究生或出国留学等煞费苦心。这样一种来自父母的强烈期望，一方面可以成为大学生们勤奋学习的动力，但另一方面也可能适得其反，成为大学生难以承受的心理负担。

(三)社会因素

1. 社会文化冲突的影响

当代大学生处在社会转型期，激烈的文化冲突，必然使大学生的思想观念、行为特征发生一系列的变化。一方面，这些文化冲突会拓宽大学生的视野，丰富大学生的思想；但另一方面也会使一部分大学生内心感到茫然、困惑、紧张焦虑甚至混乱，给心理健康带来冲击。

2. 社会生活方式的影响

社会科技的高速发展为人类提供了现代化的工作和生活条件，当人们在尽情享受现代文明成果的同时，“快节奏，低运动，内容丰富而形式单一”的社会生活方式却给人们带来了过度的心理刺激。生活节奏不断加快，学习、工作日益紧张，竞争日趋激烈，在很大程度上加重了包括大学生在内的各种人群的心理压力。

3. 社会竞争压力的影响

随着我国各项改革的深入发展，高校大学生面临着各种竞争压力。而竞争的失败会增加大学生的挫败感，容易导致心理失衡，进而影响心理健康。

4. 大众传媒的影响

随着电视、广播、报纸杂志、信息高速公路、互联网等大众传播手段的日益丰富，大学生主动或被动获取的信息量大大增加。当个体对信息的接受超过了心理的承受能力，就容易造成大脑中枢神经系统功能紊乱，影响正常思维，产生心理不适。此外，大众传媒中各方面信息纷繁复杂、良莠并存，一些错误的、不健康的信息易给大学生的心理和行为带来消极影响，阻碍他们的健康成长。

(四)学校因素

学校是大学生学习、生活的主要场所，学校各项条件也会影响大学生的心理健康，如学校的生活环境、学习环境、校风、学风、学业负担、师生关系、同学关系等。

三、增进大学生心理健康的途径与方法

大学生的心理健康状况，不仅关系到大学生个人的成长和发展，而且关系到整个民族素质的提高，更关系到国家的前途和命运。因此，全社会都应关注大学生的心理健康。维护和增进大学生心理健康应成为高等教育的重要目标，也应成为每个大学生努力的方向。

影响大学生心理健康的既有客观的外在因素，也有主观的内在因素，而外因是通过内因起作用的。因此，要维护和增进大学生心理健康，一方面，要调节、控制和改变客观的外在因素，家庭、学校、社会要为大学生创造一个有利于其身心健康的良好环境；另一方面，大学生要积极改善自身内在的主观心理因素，增强自身的心理素质，提高环境适应能力和挫折承受能力。增进心理健康水平，大学生可以从心理自助和心理求助两大途径入手。

(一)心理自助

1. 学习心理健康知识

心理健康知识是大学生增进自我了解进而达到自我调节的理论武器。实践证明，系统学习过心理健康知识的大学生，在自我调适、自我疏导方面普遍表现较好，适应能力较强。而那些缺乏心理健康知识的大学生面对突发应激状况，要么束手无策，要么任其发展，极易形成心理疾病。因此，大学生应积极参加心理健康课程与专题讲座的学习和研讨；自觉、主动地阅读有关心理健康教育的课外读物，主动接受心理健康教育；上网查询心理网站或收听收看有关广播和影视节目，尽可能通过各种途径掌握与心理健康相关的知识和调节技能。

需要特别指出的是，学习心理健康知识一定要避免盲目“对号入座”。有些大学

生学了有关心理健康的知识，经常会自觉不自觉地“对号入座”，因而变得紧张、焦虑甚至恐惧不安，以致严重影响到他们的生活和学习。如果出现这种情况，就应及时请教老师和专业人员。

2. 学会自我心理调适

大学生心理健康教育是一种“助人自助”的活动，“助人”是手段，使学生“自助”才是目的。大学生必须学会自我心理调适。自我心理调适包括调整认知结构，完善自我意识，学会情绪调节，锻炼意志品质，丰富人际交往，提高适应能力，塑造健全人格等。在后面的几个模块中，会对这些方面的自我心理调适具体展开。

3. 养成健康的生活方式

生活方式是指人们在日常生活中，由个人情趣、爱好和价值取向等决定的活动形式和行为特征。健康的生活方式是一个人身心健康的重要保障。一般来说，生活方式健康的人往往心理健康状况较好，反之则心理健康状况欠佳。对大学生而言，健康的生活方式主要包括以下五个方面。

(1)作息合理。当今社会，人们的工作压力越来越大，生活节奏也越来越快。在工作压力增大和生活节奏加快的现状下，合理安排作息时间就显得尤为重要。按时作息不仅能使人的体力和精力得到及时的补充和恢复，而且能使人的头脑清醒、精力充沛、学习和工作效率提高。

(2)膳食平衡。每种食物所富含的营养物质是不同的，没有一种食物能提供给我们人体所需的全部的营养物质。我们只有将膳食加以平衡，才能满足我们正常生理所需要的热量和全部营养物质。我们要合理地安排我们的膳食结构，以达到合理营养、促进健康的目的。

(3)科学用脑。科学用脑能够提高我们的学习效率，使学习达到事半功倍的效果。科学用脑要注意以下几点：首先，要勤于用脑，因为大脑越用越灵活。只要我们勤于用脑，就可以把短暂记忆转化成长久性记忆，变得更加聪明。其次，要劳逸结合。休息好，才能学习好，大脑也是这样。脑细胞的工作效率并非 24 小时都一样，我们要尝试发现和找到自己的脑细胞工作效率高和低的时段，分别进行学习和放松。这样不仅能够使大脑得到充分的休息，还能获得较高的学习和工作效率。最后，给大脑补充适量的营养。大脑细胞内含有丰富的卵磷脂，所以要在日常的饮食中注意多吃一些富含卵磷脂的食物，如鱼、虾、蛋黄等。

(4)适度运动。运动是保持人体健康的一种重要方式。适量运动可以保持脑力和体力的协调，预防和消除疲劳，可以愉悦身心、消解压力，还可以防止亚健康，使人延年益寿。但运动也要注意适度，切不可在疲劳到极点的时候进行运动。另外，运动还应该持之以恒，要坚持有规律的长期运动。

(5)拒绝不良嗜好。不良嗜好指不好的行为和习惯，包括抽烟、酗酒、暴力、网瘾、涉黄、吸毒、赌博等。这些不良嗜好会危害人的身心健康，甚至危及人的生命；同时也会对社会产生巨大的危害，甚至引发犯罪。

4. 参加社会实践活动

人的心理是在社会文化交往、社会实践活动中形成和发展的，因而健康丰富的社会文化交往、社会实践活动有利于大学生丰富生活知识和情感体验，增长和发展智能，锻炼意志品质，提高实践能力和心理素质，增强自我教育能力。

(二)心理求助

1. 求助于专业心理咨询

不少大学生在产生心理问题后习惯于自我调适。但当心理压力很大、内心冲突激烈时，自我调适往往难以奏效。为此，在维护和增进心理健康过程，大学生除了要重视个体自我调适之外，还应积极取得家庭、学校和社会的支持，争取亲朋好友的帮助，尤其是当心理负荷比较重，自己又不易调节时，应及时主动地寻求专业心理咨询的帮助。

2. 朋辈互助

现在高校通常都设有班级心理委员、宿舍心理信息员等朋辈心理辅导员。朋辈心理辅导员通常接受过一系列的心理学专业知识培训，具有以下三大优势。

(1)反应及时，时效性强。朋辈心理辅导员容易发现周围同学心理与行为的变化，对危机事件预防有重要作用。

(2)覆盖面广，简便易行。朋辈心理辅导员可以在多种场合接触到需要帮助的同学，不受时间、地点、语言等因素的约束。

(3)接纳度高，效果良好。朋辈辅导是学生群体，所服务的对象是身边的同学，年龄、经历、知识水平接近，容易被接纳。

因此，如果发现自己无法进行心理调适的时候，也可以找身边的班级心理委员、心理信息员等同学倾诉交流。

1.3 大学生心理适应

法国思想家蒙田说过：既然不能驾驭外界，我就驾驭自己；如果外界不适应我，那么我就去适应它们。带着美好的期望，带着对未来的憧憬与梦想，经过六月的洗礼和漫长的等待，步入向往已久的大学殿堂，大学生活应该是一幅怎样的画卷？也许迈入大学校园，陌生的环境、理想与现实的落差让你出现种种不适应的感觉。所以，调整自己和适应环境是大学学习的第一课。

一、大学生适应的含义

世界卫生组织认为“良好的社会适应能力”是健康不可或缺的一部分，一个人没有良好的社会适应能力就不是真正的健康。关于“适应”的含义，可以从三个维度来看。

（一）从生物学维度看，适应是指生理适应，是一切有生命的有机体生存的基本任务，即在环境变化的作用下，个体的生理结构、机能或行为发生变化。

（二）从心理学维度看，适应是指个体遇到环境的变化后借助心理防御机制来使自己减轻压力、恢复平衡的自我调节过程。

（三）从社会学维度看，适应是指个体为了生存和发展使自己的行为符合社会要求和规范的过程。

本节主要从心理学维度来谈大学生的社会适应能力。心理适应主要指各种个性特征互相配合适应周围环境的能力。一个人能否尽快适应新环境，与其心理适应性高低有很直接的关系。大学新生适应不仅包含个体随环境改变和角色变化而做出的行为反应，还包括其心理的成长与成熟。新生适应从时间界定上看，仅仅是从入学到第一学期结束。但从心理影响上看，可能不仅仅局限于这一阶段，有时会更长一些，这取决于个体的适应能力差异。

小故事

“适应”的小故事

有一个女孩，名字叫珍子，她们家世代采珍珠。她有一颗珍珠是她母亲在她离家外出求学时给她的。

在她离家前，她母亲郑重地把她叫到一旁，给她这颗珍珠，告诉她说：“当女工把沙子放进蚌的壳内时，蚌觉得非常不舒服，但是又无力把沙子吐出去。所以蚌面临两个选择：一个是抱怨，让自己的日子很不好过；另一个是想办法把这粒沙子同化，使它跟自己和平共处。于是蚌开始把它的精力和营养分一部分去把沙子包起来。当沙子裹上蚌的外衣时，蚌就觉得它是自己的一部分，不再是异物了。沙子裹上蚌的成分越多，蚌越把它当做自己，就越能心平气和地和沙子相处。”

母亲启发她道，蚌并没有大脑，它是无脊椎动物，在演化的层次上很低，但是连一个没有大脑的低等动物都知道要想办法去适应一个自己无法改变的环境，把一个令自己不愉快的异己转变为可以忍受的自己的一部分，人的智能怎么会连蚌都不如呢？

二、大学生的环境与角色变化

不可否认，大学生活与中学生活存在多方面的变化，无论是生活环境还是学习方式，无论是社会期望还是自身目标、周围环境都发生了巨大变化。只有在短期内尽快适应环境、调整自己的心态、转变个人的角色，才能给大学生活奠定良好的基础，从而顺利度过大学时代。认识大学新环境、适应大学生活，是每一个大学新生入学后要上的第一堂课。大学新生需要做的就是发现变化，并主动适应变化，可以从生活环境、学习环境、人际环境及自身角色等方面整理一下自己感受到的变化。

(一)生活环境的变化

相比中学生活，大学生活需要更多的独立自主。从衣食住行到学习交友，都需要大学生独立思考面对然后付诸行动。中学阶段，大部分人上学的地方离家近，可以回家；有父母照顾和庇护，不需要操心衣食住行。上了大学，远离了熟悉的家，住进了集体宿舍；舍友们来自五湖四海，兴趣爱好、生活习惯等许多方面可能存在着较大的差异，生活方式、生活范围、生活习惯、语言环境等各个方面都需要大学新生积极主动地去适应。

(二)学习环境的变化

学习环境的变化主要体现在学习内容、学习环境和学习方式的变化三个方面。

1. 学习内容更加广博

高中主要学习一般性的基础知识，15门课左右；大学是专业性学习，一名学生要学习60门左右的课程。大学课程容量、广度及深度要远远超过高中。大学除了学习理论知识，还要进行各种技能的培养，重视综合素质的提高。首先，授课内容加入教材之外的新知识、新信息。其次，大学的学习需要学生积极主动提出问题，并探讨研究，需要学生课后查找资料和实践等，需要学生的自学能力。再次，大学开设门类众多的选修课程，为学生扩充知识和全方位发展提供了更加广阔的空间。大学阶段开设辅修课，实施双学位制度，拓展专业内容，培养复合型人才；实验方法、实验技术不断改进和提高，课外科研实践活动广泛开展，相关、相近专业的交叉学习与互动活动的开展等，使大学的学习内容更加广博精深，更加丰富多彩。

2. 学习环境更加优越

大学里有各具所长的各类专业教师，有许多出类拔萃的同学。大家来自四面八方，成长经历各具特色，性格各不相同，每一个同学身上皆有可学习、可借鉴之处。大学里有更专业、更先进的学习设备和场所，校园网、图书馆等可以提供十分丰富、便利且花费不高的学习资源，先进且设备齐全的实验室可提供学习和实践的机会，漂亮、干净、宽敞、安静的校园环境让学习成为自觉习惯。大学生有较多的自由支配时间，有机会参加各种社会活动，广交朋友、取长补短、相互借鉴、历练能力、开阔视野。

3. 学习方式的变化

高中的学习主要以老师的讲授为主，讲授的内容一般不离教材，学生只要将老师讲的内容接受消化即可。大学是以专业划分学生，既有必修的公共课程，也有必修的专业课程。在大学里，广博的学习内容要被老师浓缩在十分有限的课堂上讲解，因此大学的课堂节奏快、信息量大、讲解思路多、详细讲解少，学生在课下要花费大量时间去理解消化，还要参阅大量相关的学习资料以帮助消化吸收。大学教育是培养高级专门人才的教育，学习内容具有很强的专业性，学生被集中统一地聚集在一起，专注于某一领域的研究。

(三)人际环境的变化

人际关系的变化主要体现在人际交往的方式与对象、人际交往的要求等方面。中学时代，学生的主要任务是学习，与社会接触有限，生活单调，人际关系也相对简单，主要是和父母、老师、同学打交道，没有地域文化的差异。进入大学，人际关系和交往范围出现了极大的变化。首先，人际交往范围扩大。在学校里，大学生要和不同地域文化的同学接触，和院系等有关部门的教职工接触，还会和不同专业、不同年级的同学接触，甚至因为参与实践活动而接触到社会。另外，异性交往的增多使人际交往难度增加，同学之间生活习惯或者价值观的差异等因素也提高了交往的难度。

(四)自身角色地位的变化

大学新生的生活、学习以及人际环境的变化，归结起来是大学生的角色地位发生了变化。从一名中学生转变为一名大学生，每一名大学新生都面临着角色的转变，需要从大学的学习、生活、人际等方面对自我重新定位。

三、大学生的良好社会适应能力的标准

良好的社会适应是指一个人对社会环境的刺激能做出恰当正常的反应。大学生的良好社会适应能力的标准如下。

第一，能够与环境保持良好的接触。能根据变化的环境及时修正自己的需要和愿望，使个人行为符合新环境的要求。

第二，当个人需要与社会发生矛盾时，能够选择积极的方式调节自我与社会之间的冲突，使自己在思想、行为上与社会保持协调一致。

第三，具有较强的竞争意识与创新意识。敢于正视人生与社会的变化与挑战，不断实现自我提升与自我超越。

四、大学新生心理适应能力的培养

(一)正确认识适应

第一，适应是一个过程，需要一定的时间和努力。

第二，心理适应是主体对环境变化所做出的一种反应，没有环境的变化就无所谓适应或不适应。

第三，心理适应是一个重建平衡的动态变化过程。适应的主要任务就是使主客体之间的不平衡状态重新恢复平衡。

第四，心理适应的内部机制是同化和顺应的平衡。同化是指将客体纳入主体已有认知结构或行为模式的过程；顺应则是指调整原有的认知结构或行为模式以适应环境变化的过程。

(二)科学对待适应

1. 重新定位自我

正确认识与评价自我，建立与新环境相适应的评价方式，对顺利适应大学生活是非常必要和紧迫的。学生在重新建立自我评价方式时，应注意以下几点。

首先，要真正认识自己的实力，树立自信心。多数新生在进入大学后发现自己在很多方面不如别人，此时新生要进行合理归因，即要充分认识造成这种局面非个人因素的影响。如果是环境的变化或自己基础薄弱而造成角色地位的下降，这并不反映自己的能力问题。在看到自己不足的同时，要树立克服不足的信心，并及早尽最大努力完善它。

其次，应客观地对待别人的长处和优点，正确地看待自己。一个人不论能力有多强，总不可能事事都走在别人的前面。新生在适应阶段要正确看待自己，尽可能做到不因只看到自己的不足、缺点而掩盖了长处、优点，不因只看到自己的长处、优点而掩盖了不足、缺点，尤其要坦然接受自己某些方面不如别的同学这一事实。另外，新生要认识到大学是人才荟萃之地，能力强的同学很多。某些同学在某一方面有卓越的表现，自己即使全力以赴也不一定能超过他们，正像自己可能也有某一方面的特长别人也难以超越一样。

最后，注意汲取和学习别人的优点，不断提高自己各方面的知识和修养水平。新生在交往中，无论对于水平比自己高的还是不如自己的同学，都应从他们那里吸取一些有益的东西来提高、丰富自己。因自负高傲而不屑与人交往，或因自卑而不敢与别人交往，这两种情况不仅对新生的适应不利，也会限制其以后的人生发展。

2. 重新设定目标

新生在进校后不久，随着对大学好奇、新鲜感的逐渐消退，多数人不仅发现上大学前对大学的美好期望、无限理想被冷酷的现实击得粉碎，而且还强烈感受到在上大学前后，各种目标在实现过程中发生了不同程度的变化。在新环境里，为使新生的学习、生活有明确的努力方向，每个新生应结合自身特点，重新设定目标，并遵循以下原则。

第一，可实现原则。新生在适应这个特定阶段里所设定的目标应该是在个人能力和努力所及的范围之内，经过个人短期努力就能实现的。这样，新生才易于体验成就感，获得自信心。

第二，具体性原则。新生设定目标时，应特别注重所定目标的微观与具体，而不应追求宏观和笼统，如把学习的目标设定为“过得去”“一般化”，则不如把每门课设定为应达到多少分或何种等级这类的具体目标。由此新生就能明显、直观地看到自己的进步。

第三，层次性原则。新生若要设定多个目标，应按目标实现的难易程度、所需时间的长短、对个人发展的缓急程度等多重因素做综合性规划、层次性安排、阶梯式布局。这样可避免新生在同个时段内因为实现多个目标而产生的焦虑、急躁情绪，避免导致最终的“欲速不达”。

3. 积极主动融入

人的心理是在社会文化交往和社会实践中形成和发展的，因而新生多参加人际交往社会实践、校园文化活动和体育运动等，往往有利于锻炼心理、增强意志、丰富经验、发展才智，从而促进心理的健康和发展。作为青年学生，无论是为了环境的适应技能的提高，还是目标的实现、情感的满足等，都应该主动参加学校组织的各种活动与实践。在活动与实践中体验生活、感悟人生，了解社会、知晓他人，展现自我、赢得认同，建立友谊、寻觅知己，体验成功、获得自信。

适应期间，当出现学习、生活、人际交往、环境适应等方面的困惑时，及时主动与父母、专业课教师、辅导员老师、高年级学生、其他新生、同乡等交流或沟通，向他们倾诉苦闷，与他们共同探讨对策，倾听他们的建议和意见，寻求他们的支持，这不仅有助于新生减缓消极情绪，丰富社会经验，扩大知识、见识领域，而且对顺利适应新环境也有非常重要的促进作用。

4. 尽快提升能力

新生在适应过程中，应尽快提升自立和自理能力。第一，要尽快熟悉校内外环境，主动与同学、老师建立良好的关系；第二，要培养良好的生活习惯，包括学会生活自理、遵守学校规章制度、遵守宿舍管理规定、制定严格的作息时间、养成良好的饮食习惯等；第三，要学会理财、学会记账和编制预算，避免花费超支现象；第四，要学会科学合理安排时间，劳逸结合，提高单位时间的利用效率。

心理训练

一、心理练习

(一)思考题

对照大学生心理健康的标准，思考以下几个问题。

1. 你的心理健康状况如何？
2. 哪些方面你已经成熟？
3. 哪些方面需要改进？
4. 你可以如何改进？

(二)判断题

请判断下列观点的描述，正确的打“√”，错误的打“×”。

1. 判断一个人的心理健康，不能简单地根据一时一事下结论。一个人偶尔出现的一些不健康的心理和行为，并非意味着这人就一定有心理疾病。(　　)

2. 心理健康与心理障碍是相对的概念，二者相比较而存在，其中没有绝对的界线。(　　)

3. 心理健康是一个动态平衡的状态。(　　)

4. 一个人只要身体没病就是健康。(　　)

5. 健康的人就是没有任何心理异常现象。(　　)

6. 去学校心理咨询室做心理咨询的人，都是有心理疾病的人。(　　)

7. 心理不健康与心理健康并非泾渭分明的对立的两极，而是一个连续的状态。(　　)

8. 大学生有一定程度的心理健康问题，可以靠自我压抑，不要找心理咨询老师。（ ）

9. 了解自我，不过度自卑或自负，是心理健康的标志之一。（ ）

10. 心理压力总是有害的。（ ）

11. 大学生经常参加集体活动、户外运动、同学聚会，是增进身心健康的良方。（ ）

12. 大学生出现心理问题之前没有任何征兆。（ ）

13. 智力水平越高，心理健康水平越高。（ ）

14. 心理健康对大学生的成长成才影响不大。（ ）

15. 一位18岁的大学生正在打牌，突然手中的牌被抽走几张，他立刻大哭起来，这是正常的表现。（ ）

（三）我的大学我做主

以6～8个同学为一组，准备好纸和笔，讨论并分享以下问题。

跟大学相比，高中是怎样的？你想象的大学是怎样的？进入大学之后，你对大学的认识有什么改变？你会怎么调整和规划？将讨论结果记录在下面表格中，见表1-1。

表1-1 大学生活前后对比记录表

内容	高中阶段	我期待的大学	当下的大学	我的行动
学习内容				
学习方式				
学习环境				
生活环境				
人际交往				
发展目标				
角色地位				
……				

（四）构筑你的大学支持系统

在大学里，你知道当你遇到麻烦和困难时该向哪些人求助吗？

有关勤工俭学的事宜，可以向________________求助；

当生活有困难时，可以向________________求助；

当心里觉得郁闷时，可以向________________求助；

当________时，可以向________________求助；

当________时，可以向________________求助；

当________时，可以向________________求助。

(五)探索大学的发展目标

1. 请在表1-2中写出你在大学里的10个发展目标，然后思考你确定这些目标的理由，最后给这10个目标的重要性进行排序。

表1-2 我的大学发展目标

我的大学发展10个目标	确定该目标的理由	此目标的重要性（用1～10排序）

2. 请看最重要的5个目标，然后按照如下要求做：如果现在有特殊事件发生，你必须要在5个目标中划掉2个，体验一下你现在的心情如何。现在又有特殊情况发生，又划掉1个，你的心情如何？依次类推，划到只剩下1个目标，这就是你大学期间最重要的目标。

3. 然后再看看划掉的4个目标，是不是仍然是你排在第2～5位的目标。若不是，再从其他目标中选出排在前5位的目标。重新按照重要性将排在前5位的目标写在下面横线上，这些目标对你来说是最重要的发展目标，也是你当前为之努力奋斗的目标。

大学中我最看重的5个发展目标：

(1)______________________________

(2)______________________________

(3)______________________________

(4)______________________________

(5)______________________________

二、心理活动

(一)异掌同声

【活动目的】迅速调动参与者的热情和注意力，凝聚人心。

【活动时间】3分钟。

【适合人数】10 人以上。

【材料准备】场地不限，室内外均可；无材料。

【活动过程】

1. 引导语：我想做一个小测试“异掌同声”，看看大家的状态如何。

2. 规则：请大家伸出双手跟我一起拍出掌声，总共拍三遍，从第一遍起同学们就要跟着拍，直到第三遍。

3. 常用的节奏有：

(1)2/4 × ×| ×× ×| ×× ××| ×× ×|

(2)2/4 ×× ×| ×× ×| × ×| × —|

【讨论要点】

讨论：拍掌三遍后，有什么不同的感觉？

【活动总结】

总结：整齐响亮的掌声体现出一个团结的团队。

(二)成长三部曲

【活动目的】培养主动交往的意识和敢于尝试的勇气，明白正确表达自己的重要性，学会在困境中努力和坚持，感受成长和成功的喜悦。

【活动时间】15 分钟。

【适合人数】10 人以上。

【材料准备】场地不限，室内外均可；无材料。

【活动过程】

1. 游戏开始时，每个人都蹲着，代表鹅蛋，然后两两猜拳，赢者由蹲着变成半蹲，表示由鹅蛋变成了丑小鸭，输者仍然是鹅蛋。随后同类找同类继续猜拳，鹅蛋赢了变丑小鸭，丑小鸭赢了变白天鹅，由半蹲变成直立并舞动双臂，输者降级。白天鹅猜拳时，赢者将变成观察员，站在圈外观看。

2. 当还剩下少数几个鹅蛋时叫“停”。

3. 小组成员分享体验。

【讨论要点】

讨论：找到同伴时，你的心情如何？找不到同伴时，你的心情又是怎么样的？

【活动总结】

总结：

1. 主动寻找成长的机会。

2.“不经一番寒彻骨，哪得梅花扑鼻香”，也许我们的成长道路不会一直平坦，但努力过后，我们仍会收获成功的喜悦。

三、心理测试

(一)症状自评量表

1. 指导语：表 1-3 中列出了有些人可能会有的问题。请仔细阅读下列每一个问题，然后根据你最近的一星期以内下述情况影响的实际感觉，在5个选项中选一个。请在符合自己情况的数字上画一个“√”。

表 1-3　症状自评量表

题号	内容	没有	很轻	中等	偏重	严重
1	头痛	1	2	3	4	5
2	神经过敏，心中不踏实	1	2	3	4	5
3	头脑中有不必要的想法或字句盘旋	1	2	3	4	5
4	头昏或晕倒	1	2	3	4	5
5	对异性的兴趣减退	1	2	3	4	5
6	对旁人责备求全	1	2	3	4	5
7	感到别人能控制你的思想	1	2	3	4	5
8	责怪别人制造麻烦	1	2	3	4	5
9	记忆力下降	1	2	3	4	5
10	担心自己的衣冠不整及体态不端正	1	2	3	4	5
11	容易烦恼和激动	1	2	3	4	5
12	胸痛	1	2	3	4	5
13	害怕空旷的场所和街道	1	2	3	4	5
14	感到自己的精力下降，活动减慢	1	2	3	4	5
15	想结束自己的生命	1	2	3	4	5
16	听到旁人听不到的声音	1	2	3	4	5
17	发抖	1	2	3	4	5
18	感到太多人都不可信任	1	2	3	4	5
19	胃口不好	1	2	3	4	5
20	容易哭泣	1	2	3	4	5
21	同异性相处时感到害羞不自在	1	2	3	4	5
22	感到受骗，中了圈套或有人想抓住你	1	2	3	4	5
23	无缘无故地突然感到害怕	1	2	3	4	5
24	自己不能控制地大发脾气	1	2	3	4	5
25	怕单独出门	1	2	3	4	5
26	经常责备自己	1	2	3	4	5
27	腰痛	1	2	3	4	5
28	感到难以完成任务	1	2	3	4	5
29	感到孤独	1	2	3	4	5
30	感到苦闷	1	2	3	4	5

续表

题号	内容	没有	很轻	中等	偏重	严重
31	过分担忧	1	2	3	4	5
32	对事物不感兴趣	1	2	3	4	5
33	感到害怕	1	2	3	4	5
34	我的感情容易受到伤害	1	2	3	4	5
35	旁人能知道你的私下想法	1	2	3	4	5
36	感到别人不理解你，不同情你	1	2	3	4	5
37	感到人们对你不友好，不喜欢你	1	2	3	4	5
38	做事必须做得很慢以保证做得正确	1	2	3	4	5
39	心跳得好厉害	1	2	3	4	5
40	恶心或胃部不舒服	1	2	3	4	5
41	感到比不上他人	1	2	3	4	5
42	肌肉酸痛	1	2	3	4	5
43	感到有人在监视你、谈论你	1	2	3	4	5
44	难以入睡	1	2	3	4	5
45	做事必须反复检查	1	2	3	4	5
46	难以做出决定	1	2	3	4	5
47	怕乘电车、公共汽车、地铁和火车	1	2	3	4	5
48	呼吸有困难	1	2	3	4	5
49	一阵阵发冷或发热	1	2	3	4	5
50	因为感到害怕而或避开某些东西 、场合或活动	1	2	3	4	5
51	脑子变空了	1	2	3	4	5
52	身体发麻或刺痛	1	2	3	4	5
53	喉咙有梗塞感	1	2	3	4	5
54	感到没有前途、没有希望	1	2	3	4	5
55	不能集中注意力	1	2	3	4	5
56	感到身体的某一部分软弱无力	1	2	3	4	5
57	感到紧张或容易紧张	1	2	3	4	5
58	感到手或脚发沉	1	2	3	4	5
59	想到死亡的事	1	2	3	4	5
60	吃得太多	1	2	3	4	5
61	当别人看着你或谈论你时你感到不自在	1	2	3	4	5

续表

题号	内容	没有	很轻	中等	偏重	严重
62	有一些不属于你自己的想法	1	2	3	4	5
63	有想打人或伤害别人的冲动	1	2	3	4	5
64	醒得太早	1	2	3	4	5
65	必须反复洗手、点数目或触摸某些东西	1	2	3	4	5
66	睡得不稳不深	1	2	3	4	5
67	有想摔坏或破坏东西的冲动	1	2	3	4	5
68	有一些别人没有的念头和想法	1	2	3	4	5
69	感到对别人神经过敏	1	2	3	4	5
70	在商店或电影院等人多的地方感到不自在	1	2	3	4	5
71	感到任何事情都很困难	1	2	3	4	5
72	一阵阵恐惧或惊恐	1	2	3	4	5
73	感到在公共场合吃东西很不舒服	1	2	3	4	5
74	经常与人争论	1	2	3	4	5
75	单独一人时神经紧张	1	2	3	4	5
76	别人对你的成绩没有做出恰当的评价	1	2	3	4	5
77	即使和别人在一起也感到孤单	1	2	3	4	5
78	感到坐立不安	1	2	3	4	5
79	感到自己没有什么价值	1	2	3	4	5
80	感到熟悉的东西变成陌生或不像是真的	1	2	3	4	5
81	大叫或摔东西	1	2	3	4	5
82	害怕会在公共场合昏倒	1	2	3	4	5
83	感到别人想占你的便宜	1	2	3	4	5
84	为一些有关“性”的想法而很苦恼	1	2	3	4	5
85	你认为应该因为自己的过错而受到惩罚	1	2	3	4	5
86	感到要赶快把事情做完	1	2	3	4	5
87	感到自己的身体有严重的问题	1	2	3	4	5
88	从未感到和其他人很亲近	1	2	3	4	5
89	感到自己有罪	1	2	3	4	5
90	感到自己的脑子有毛病	1	2	3	4	5

现在请将你评定的单项分填入表 1-4，并计分。

表 1-4 症状自评量表评分表

序号	因子名称	分类	题号													总分	因子分
1	躯体化	题号	1	4	12	27	40	42	48	49	52	53	56	58			
		分数															
2	强迫症状	题号	3	9	10	28	38	45	46	51	55	65					
		分数															
3	人际关系敏感	题号	6	21	34	36	37	41	61	69	73						
		分数															
4	抑郁	题号	5	14	15	20	22	26	29	30	31	32	54	71	79		
		分数															
5	焦虑	题号	2	17	23	33	39	57	72	78	80	86					
		分数															
6	敌对	题号	11	24	63	67	74	81									
		分数															
7	恐怖	题号	13	25	47	50	70	75	82								
		分数															
8	偏执	题号	8	18	43	68	76	83									
		分数															
9	精神病性	题号	7	16	35	62	77	84	85	87	88	90					
		分数															
10	其他	题号	19	44	59	60	64	66	89								
		分数															

2. 评分标准

计分方法：将上表10个因子的总分分别除以对应的题目数量，求平均数，即得因子分。

测试解读：

(1)看总分。90道题的分数相加，超过160分，为有心理困扰，分数越高，心理困扰越严重。

(2)看阳性项目数。指得分不是1的题目数，计算出来，如果超过43项，说明你有一定的心理困扰。

(3)看1～9个因子分。9项症状的平均分数大于或等于2，即存在心理问题的症状，建议及时调适或寻求心理咨询的帮助。

(二)大学生心理适应性量表

1. 指导语：表1-5是关于大学生心理适应性的量表，包括了学习适应性、人际适应性、角色适应性、职业选择适应性、生活自理适应性和环境的整体认同 6 个方面，请你根据自己的实际情况选择符合程度。

表 1-5　大学生适应性量表

序号	问题	非常符合	符合	无所谓	不符合	非常不符合
学习适应性						
1	我对大学的学习感到无所适从					
2	我无法适应大学教师的授课方式					
3	在考试前，我时常不知道自己该如何着手复习					
4	我现在还没有找到自己较为满意的学习方法					
5	我一直都没有明确的学习计划					
6	我感到无法缓解自己的学习压力					
7	我对自己在班上的学业地位感到失望					
8	与我的努力相比，我的学习不算好					
人际适应性						
1	我感到周围的人难以相处					
2	我能很快化解与他人的矛盾					
3	我不知道以何种方式与大学老师相处					
4	我很难加入到别人的讨论中去					
5	大伙儿讲话时，我时常躲在后面					
6	我在大学里如愿地结交了一些朋友					
7	我觉得我已融入了大学的环境					
8	我感到自己在学校里成了一个被遗忘的人					
9	我能与他人愉快地进行合作					
10	在学校和同学在一起时，我感到不自在					
11	对于我在大学里的社交，我感到相当满意					
角色适应性						
1	我和异性同学相处得不好					
2	我参与了很多大学里的社会活动					
3	我不关心学习以外的东西					
4	我只在乎自己的学业成绩					
5	除了学习，我很少参加别的活动					
6	若有机会，我能胜任某种学生干部的工作					

续表

序号	问题	非常符合	符合	无所谓	不符合	非常不符合
7	我很重视发展自己的业余爱好					
8	我认为在大学里应多参加一些学习以外的活动					
9	我害怕与异性同学交往					
职业选择适应性						
1	我觉得自己还没有做好进入社会的准备					
2	我从来没有考虑过以后的就业问题					
3	我没有明确的就业方向					
4	我不知道自己适合从事哪些方面的工作					
5	我难以解决自己该到哪里工作的问题					
6	我有意识地训练自己的职业技能					
7	我参加过与专业有关的社会实践活动					
8	我有意识地通过各种渠道收集就业信息					
9	我不知道哪些专业知识是以后工作做需要的					
生活自理适应性						
1	我能独立地处理日常事务					
2	父母不在身边的时候，我也能够照顾好自己					
3	我常打电话向家人诉苦或求助					
4	我不敢单独上街买东西					
5	我很少自己动手洗衣服					
6	在大学什么都需要靠自己，我感到很不适应					
环境的整体认同						
1	周末我常常觉得没事可做					
2	我对自己上了这所大学感到高兴					
3	我很喜欢校园里的自然环境					
4	我对大学里的课外活动感到满意					
5	学校里的娱乐设施不能满足我的需要					
6	我认为学校的风气很糟					
7	我觉得学校的硬件设施很差					

2. 评分标准

问卷包括正向记分和反向记分，各项适应分类所属的题目如表 1-6 所示，根据正反评分标准(见表1-7)记录所有问题的得分，然后分别将每个适应方面的得分相加，得出你在该方面的适应水平。得分越高，说明你在该方面的适应水平越高。

根据每个方面的得分，可以大致了解自己的适应状况和适应水平，并可有针对性地调节自己的适应能力，或请相关老师给予专业指导。

表1-6 各项适应分类所属题目

序号	分类	正向记分题目	反向记分题目
1	学习适应性		1、2、3、4、5、6、7、8
2	人际适应性	2、6、7、9、11	1、3、4、5、8、10
3	角色适应性	2、6、7、8	1、3、4、5、9
4	职业选择适应性	3、6、7、8	1、2、4、5、9
5	生活自理适应性	1、2	3、4、5、6
6	环境的整体认同	2、3、4	1、5、6、7

表1-7 正反评分标准

序号	选择程度	正向记分	反向记分
1	非常不符合	1	5
2	不符合	2	4
3	无所谓	3	3
4	符合	4	2
5	非常符合	5	1

反思成长

1. 通过本模块的学习，你懂得了通过什么方式去增进自己的心理健康吗？

____

____

2. 你适应大学生活吗？请结合自己的实际情况，分析自己还需要做哪些功课以迎接大学的机遇与挑战。

____

____

资源导航

推荐书籍：

1. 毕淑敏．精神的三间小屋．桂林：漓江出版社，2017.

2. [美]克瑞尔．心理调适——实用途径．张清芳等，译．北京：北京大学出版社，2004.

3.[美]M. 斯科特·派克. 少有人走的路：心智成熟的旅程. 于海生，译. 长春：吉林文史出版社，2007.

• 模块二

• 大学生心理问题与心理咨询

名人名言

并非所面对的每样事物都能改变，但如果不面对，就什么都改变不了。

——詹姆斯·鲍德温

导读

人生活在现实中，会遇到各种矛盾和冲突，因此人们也创造出许多解决矛盾和冲突的方法。心理咨询就是其中一种，如今已被大多数人熟知。心理咨询真的会像电影《心灵捕手》里所描绘的那样很随意吗？在当今的大学校园，虽然早已设有心理咨询室或心理咨询门诊，但依然还有很多同学在需要心理咨询帮助时，徘徊在自己的小天地里不知如何求助，甚至走到咨询室门外还在犹豫彷徨。究竟什么是心理问题和心理咨询？大学生常会有哪些心理问题？心理咨询可以给大学生提供什么帮助？大学生应该如何寻求心理咨询的帮助？本章将带你走进心理问题和心理咨询，在了解心理问题和寻求心理咨询帮助过程中体验自我成长，做自己心灵的主人。

学习目标

序号	目标维度	具体内容
1	知识目标	(1)了解心理问题和心理咨询的概念； (2)了解心理咨询的原则和方式； (3)熟悉大学生常见心理问题； (4)熟悉心理咨询的过程； (5)掌握心理问题分类。
2	能力目标	(1)能够判断自己心理问题的程度； (2)学会如何及时寻求心理咨询帮助。
3	情感和态度 价值观目标	学会理性乐观看待自己和他人的心理问题，接纳自己和他人的不完美，树立正确的心理咨询观念。

典型案例

考试失利又失恋

某大一女生，19 岁，刚考入某大学。刚入学时她非常高兴，后来发现和好多同学的生活习惯不一样，和室友人际关系搞不好，经常为了点小事闹矛盾。快到期中考试了，她想努力学习，争取把成绩考好一些。但由于受心情影响，注意力不集中，成绩考得不理想。她还是会去上课，就是有时听不进课。她后来参加了一个社团活动，认识了一个男生。她很喜欢这个男生，很快两人就开始恋爱了。开始，两人相处得不错，后来就逐渐产生了矛盾。也许是由于两个人的生活习惯不一样，也许是由于她经常按照自己的标准要求对方，两个人总是吵架。后来，两人因性格不合分手了。失恋导致她心情不好，晚上觉也睡不好。这两件事对她的影响持续了两个月。她最近参加了心理健康成长团体辅导，在老师和同学们的帮助下心情有了好转。

（来源：根据真实咨询案例整理而成。）

思考题：

1. 该同学的心理问题由什么事情引起？

2. 如果你是该同学，你会如何进行自我调适？

2.1 认识心理问题

在我们的生活中，许多人谈心理问题就色变，殊不知一般性的心理问题就犹如感冒，人人都会遇上，及时自我调适或寻求帮助，很快就能恢复健康。我们要学会直面自己的心理问题，接纳内心的不完美。

一、心理问题的概念

心理问题是普遍笼统的一个说法，它不是一个点而是一个连续体，心理健康状况可以分为正常和异常两大范畴。正常的心理是具备正常功能的心理活动，多数人的心理状态都处在正常状态的范畴中。心理健康和心理困惑也在常态范围之内，用来描述心理健康水平的高低和程度。心理异常是指有典型精神障碍的心理活动，包含心理障碍和精神病性障碍。

心理困惑包括一般心理困惑和严重心理困惑。心理困惑是由现实因素如适应问题、应激问题、人际关系问题等引发的轻度心理失调，持续时间较短，一般不超过2个月。心理困惑状态下，人的社会功能没有被严重破坏，即学习、生活、工作、社会交往基本能维持，但心理效能有所下降，情绪状态受到一定负向影响，通过自我调适和心理疏导容易恢复和矫正。生活中每个人都会遭遇心理困惑，但是心理困惑不属于心理异常，几乎随处可见。

心理障碍是由于某种原因导致的心理功能不能正常发挥作用，从而影响了个体的正常生活、学习和工作状态，使个体无法有效适应日常生活要求。通俗来讲，心理障碍是指个体没有能力按社会规范或适宜的方式来适应日常生活要求，而表现出的心理异常或行为偏离。“没有能力”可能是器质性损害或功能性损害的结果，或者两者兼有。心理问题不同程度的分类具体见图 2-1。

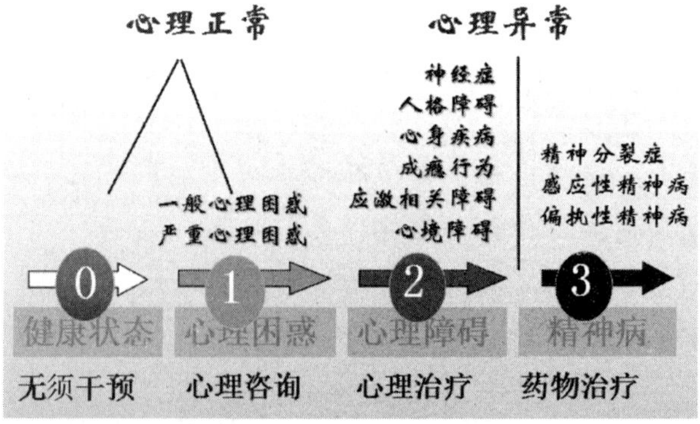

图 2-1 心理问题的分类

二、正常心理与异常心理的区分

对于心理状态的正常与异常的判断至今没有统一的标准，人们往往从不同角度按照不同经验，在不同学科领域，用不同的方式加以区分，这里介绍3种常用的方式。

(一)常识经验性区分

一是个体自己的主观经验，个体自己可以感到不同于以往，如体验到情绪低落、不高兴或压抑，并且感到痛苦。二是观察者的经验，观察者根据自身的经验观察到患者的行为不同于以往，亦可以认为是异常。这种判别方法往往会受到观察者本人的经验、知识水平、观察角度和情感倾向等主观因素的影响，因此存在一定的局限性。

依据个体和观察者日常生活经验，归纳起来有4个方面。

1. 离奇怪异的言谈、思想和行为

假如，有人对你讲：我是联合国的官员，我掌管着全世界所有人的口粮；昨天我刚从纽约回来，明天我要飞往莫斯科。又如，你见一人衣衫褴褛，披头散发，满口胡言，满街乱跑。这时，尽管你不是心理咨询师也可以判断，他们的言行是异常的。

2. 过度的情绪体验和表现

假如，一个人终日郁郁寡欢，行动缓慢，与人交流困难，甚至连词语都想不起来，未开口，泪先流，表现出对生活的悲观失望，失去兴趣，觉得现实世界是灰色的；一个人彻夜不眠，时而开心大笑，时而载歌载舞，精神兴奋，话语量增多，说个不停。这时，你可以依据自己的生活经验断定，这二人的行为已经偏离了正常。

3. 自身社会功能不完整

因人的行为与环境是相互协调、相互一致的，心理正常的人总是能够调整自身的需要、动机、情感和愿望，以适应社会准则、伦理道德、风俗习惯等社会要求。社会适应能力包括：(1)生活自理能力；(2)人际交往能力；(3)学习工作与操持家务维持家庭生活的能力；(4)遵守社会规范伦理道德风俗习惯规章制度等的能力。如果，一个人怕与他人目光接触，觉得自己长得很丑，为此而不敢见人；又如，一个人脸上长了许多青春痘，所以周围的人只要谈论青春痘，他就认为是讽刺他，为此常常与别人吵架。你遇到这样的人，也会依据自己的生活经验，认定他们的行为偏离了正常轨道。

4. 影响他人的正常生活

有人认为班级的女生都喜欢他，于是常常在晚上给女同学打电话，一聊就是几个小时，不愿挂电话，而女同学都深感厌恶，但碍于面子不好拒绝他。这时同样可以依据生活经验做出判断，这个人不正常。

(二)统计学区分

这个标准源于对正常心理特征进行标准化心理测量的结果，人们的心理测量结果通常呈正态分布，居中的大部分人属于心理正常范围，两端的都被视为“异常”。因此，确定一个人心理正常与否，要看其偏离正常人心理特征的平均水平程度。也就是说，一种心理活动在同等条件下若为大多数人所具有属于正常；若背离了大多数人的一般水平就是异常。统计学观点认为人的行为呈现正态分布，大多数人处于中间，变态是少见行为，称为统计学偏移。这是一种定量的方法，但是在实际中的作用的确是有限的。原因很简单，如高智力者和运动健将在统计学中也是少见的，但是没有一位心理学家会认为他是异常的。而只有那些正常人少见的行为，如幻觉、妄想和严重抑郁等，才被认为是一种异常。

(三)心理学区分

我国学者郭念锋教授把心理状态分为正常心理和异常心理，并以心理学对人类心理活动的一般性定义为依据，提出鉴别正常心理和异常心理的3条原则。

1. 主观世界与客观世界的统一性原则

若一个人能感知到客观世界不存在的东西，那么说明他可能产生了幻觉；一个人的思维内容脱离现实，我们便说他产生了妄想。这些都是我们观察和评价人的精神与行为的关键，称为统一性标准。人的精神或行为只要与外界环境失去统一性，必然不能被周围的人理解。

2. 心理活动的内在协调性原则

人的心理活动包括知、情、意三个部分，这三个部分协调一致是正常的，不一致则异常。例如，一个人用低沉悲哀的语调来说一件令人愉快的事情或对于一件痛苦的事情做出快乐的反映，这就说明他的心理过程的内部一致性出了问题。

3. 人格的相对稳定性原则

每个人在长期的生活道路上，都会形成自己独特的人格心理特征，这种人格特征一旦形成，便有相对的稳定性，在没有重大生活变故的情况下，一般不易改变。若有人在没有明显外部原因的情况下，做出与本人以往个性大相径庭的行为，则要考虑心理异常的可能。比如，一个性格内向、不善言辞的人突然变得开朗外向、热情活泼，如果在他的生活环境中找不到足以促使他发生改变的原因，则要考虑心理异常的可能。

三、心理问题的类型

心理问题按照其从轻到重的程度，可依次分为心理困惑、心理障碍和精神病性障碍三大类。

(一)心理困惑

1. 一般心理困惑

要诊断为一般心理困惑，必须满足以下四个条件。

(1)有因：由于现实生活、工作压力、处事失误等因素而产生内心冲突，并因此而体验到不良情绪。

(2)有时：不良情绪不间断地持续满一个月，或不良情绪间断地持续两个月仍不能自行化解。

(3)有度：不良情绪反应仍在相当程度的理智控制下，个体始终能保持行为不失常态，基本维持正常生活、学习、社交，但效率有所下降。

(4)不泛化：自始至终，不良情绪的激发因素仅仅局限于最初事件，与最初事件有联系的其他事件不导致此类不良情绪。

2. 严重心理困惑

要诊断为严重心理困惑，必须满足以下三个条件。

(1)因大：引起严重心理问题的原因，是较为强烈的、对个体威胁较大的现实刺激。

(2)时长度大：从产生痛苦情绪开始，痛苦情绪间断或不间断地持续时间在两个月以上。多数情况下，严重心理困惑的人会短暂地失去理性控制，在其后的持续时间里，痛苦可逐渐减弱。但是，单纯地依靠自然发展或非专业性干预，难以解脱，对生活、工作和社会交往有一定程度的影响。

(3)泛化：痛苦情绪不仅能被最初的刺激引起，而且也能被与最初刺激相类似、相关联的刺激激发，即反应对象被泛化。

(二)心理障碍

心理障碍是由相对强烈的现实因素引发的心理功能紊乱，持续时间超过 3 个月，社会功能严重受损，自我感觉痛苦，情绪反应泛化，即痛苦的情绪不但由最初刺激引起，而且与最初刺激无关或者类似的刺激也会引起痛苦感。心理障碍通常是一般性的心理困惑累积、迁延、演变的表现和结果，常见的有神经症、心境障碍、人格障碍和性心理障碍等。

(三)精神病性障碍

精神病性障碍是人脑机能活动失调，自知力严重缺乏，不能应付正常生活，不能与现实保持恰当接触的严重的心理障碍。一般存在下述症状表现：幻觉，妄想，显著的兴奋和活动过多；并非由于抑郁或焦虑引起的严重而持久的社会退缩；显著的精神动性迟滞；紧张症性行为。精神病性障碍的种类很多，大学生常见的有精神分裂症、分裂情感性精神病、偏执性精神障碍和感应性精神病。

2.2 大学生常见的心理问题

大学阶段是一个由不成熟向成熟过渡的阶段。在这个阶段，大学生的心理状态尚未稳定，心理表现比其他成人更为敏感复杂，受环境、情绪和社会等因素的影响，容易引发各种心理问题。

一、大学生常见心理困惑

大学生的心理困惑包括一般心理困惑和严重心理困惑。常见的心理困惑有以下六种。

(一)环境适应问题

环境适应问题主要出现在大一新生身上。他们对大学校园和环境较为陌生，对大学学习的方法、所学专业的兴趣爱好等容易产生不适应。

(二)学习问题

大学期间，学习往往不像高中阶段以应试为主，而以注重培养能力和培养学生思维方式为主。学习方法、学习态度、学习动力等方面的不足，容易让大学生产生心理问题。

(三)人际关系问题

大学人际关系比高中要复杂一些，包括师生、同学、朋友、家长、社会等各个方面的人际关系。

人际关系问题常表现为难以和别人愉快相处、没有知心朋友、缺乏必要的交往技巧、过分委曲求全等，以及由此引起的孤单、苦闷、缺少支持和关爱等痛苦感受。

(四)恋爱与性心理问题

大学生处于青年早期阶段，性发育成熟是重要特征，恋爱与性问题是不可避免的。恋爱心理问题一般包括单相思、恋爱受挫、恋爱与学业关系问题、情感破裂的报复心理问题等。性心理问题包括婚前性行为、校园同居等问题引起的恐惧、焦虑、担忧等。

(五)性格与情绪问题

性格障碍是大学生中较为严重的心理障碍，其形成与成长经历有关，主要表现为自卑、怯懦、依赖、神经质、偏激、敌对、孤僻、抑郁等。

(六)求职与择业问题

求职与择业问题主要出现在毕业年级，包括如何选择职业、如何规划自己的职业生涯、如何应对求职中遇到的困惑与挫折等。

二、大学生常见心理障碍

(一)神经症

1. 焦虑症

焦虑症是以广泛和持续性焦虑或反复发作的惊奇不安为主要特征的神经症性障碍。

焦虑症的特点主要有以下四个：

(1)恐慌程度与现实不相称；

(2)自主神经功能失调；

(3)生化改变；

(4)运动性不安。

焦虑症的类型主要有以下两种：

(1)广泛性焦虑：患者经常持续出现无明确对象或固定内容的紧张不安，或对现实生活中的某些问题过分担心、烦恼。

(2)惊恐障碍：发作不限于某一特殊情境或特殊场合，患者突然产生极度恐惧状态。

2. 恐怖症

恐怖症是以对某种客体(特定物体或情境)产生不合理的恐惧为临床表现的一类神经症性障碍。

恐怖症的特点主要有以下四个：

(1)恐怖情绪与现实不符；

(2)对恐怖现象有回避行为；

(3)患者深感痛苦；

(4)伴有明显的自主神经症状。

恐怖症的类型主要有以下三种：

(1)场所恐怖：特定场所或环境会让患者感到焦虑而产生回避行为，如空旷的广场、密闭的空间等。

(2)社交恐怖：特定的社交场合和人际接触会让患者害怕和回避。具体表现为患者在有人的场合或被人注意的场合出现表情尴尬、发抖、脸红、出汗或行为笨拙、手足无措，怕引起别人的注意。

(3)物体恐怖：是对某一特定的物体，如动物、血液、自然现象、疾病、尸体等，产生强烈的、不合理的害怕或厌恶。

3. 强迫症

强迫症是以强迫症状为主要临床表现的一类神经症。

患者明知没有必要却又不能以主观意志去克制反复出现的强迫观念、强迫冲动或强迫行为，其症状特点是自我强迫与反自我强迫同时存在，患者感到焦虑、痛苦，有明显的人格基础。

强迫症的类型主要有以下三种：

(1)强迫观念：强迫怀疑、强迫回忆、强迫穷思竭虑、思维强迫意向、强迫情绪、魔术性思维等。

(2)强迫行为：强迫洗涤、强迫检查、强迫记数、强迫仪式动作等。

(3)强迫观念与强迫行为混合。

4. 疑病症

疑病症是以疑病症状为主要临床特征的一类神经症性障碍。

疑病症的特点主要有以下三个：

(1)对健康过分担忧，其严重程度与实际情况明显不相称；

(2)对身体过分关注，对通常出现的生理现象和异常感觉做出疑病性解释；

(3)有疑病观念，缺乏根据，但不是妄想。

5. 神经衰弱

神经衰弱是一种神经症性障碍，主要表现为精神容易兴奋和脑力容易疲乏，情绪易烦恼，入睡困难。

神经衰弱的典型症状主要有以下几个：

(1)脑力不足、精神倦怠；

(2)对内外刺激敏感；

(3)情绪波动、易烦易怒、缺乏忍耐性；

(4)紧张性疼痛；

(5)失眠、多梦等。

(二)心境障碍

心境障碍是一组以明显而持久的情绪高涨或低落为主要特征的心理疾病，伴有相应的认知和行为改变，严重者可有幻觉、妄想等精神病性症状。大多有反复发作的倾向，治疗缓解后或发作间期精神状态基本正常，但部分患者有残留症状或转为慢性。心境障碍主要包括躁狂发作、抑郁发作和双相障碍等。

1. 躁狂发作

躁狂发作指与所处情景不相称的心境高涨，可能兴高采烈，可能易激惹。患者觉到挫折的时候，一般是易激惹，甚至发生意识障碍，严重者可能出现幻觉、妄想精神病性症状。在躁狂阶段，患者常常感觉到自尊的膨胀感，自己拥有特别能力或潜力，表现出前所未有的乐观，需要睡眠的时间戏剧化地减少，精力充沛。

2. 抑郁发作

这是与所处情景不相称的心境低落，可以从闷闷不乐到悲痛欲绝，严重者甚至会出现幻觉、妄想等精神病性症状。谈到抑郁症的临床表现，人们有时会简单概括为“六无”：无兴趣，无望感，无助感，无动力，无用感，无意义。

大学生抑郁倾向较高，一方面，是由于他们对社会有强烈的需求和期望，想要表现出自己的才能；另一方面，他们对社会还缺乏认识，加上人生观、价值观尚未稳定，对挫折的承受能力与心理防御机能还不成熟、不完善，因而很容易情绪和心境不良。

3. 双相障碍

双相障碍指躁狂症状和抑郁症状在一次发作中同时出现，临床上较为少见，通常是在躁狂与抑郁快速转相时发生。例如，一个躁狂发作的患者突然转为抑郁，几小时后又再复躁狂，使人得到“混合”的印象。但这种混合状态一般持续时间较短，多数较快转入躁狂相或抑郁相。

(三)人格障碍

人格障碍是指从童年或少年期开始，现年 18 岁以上，至少持续 2 年，其人格发展和人格结构显著偏离常态为特征的精神障碍。

人格障碍的特点是：从童年或少年开始；有严重的人格缺陷；情感异常；缺乏自制力和自知力；持续终生，不易改变。

常见的人格障碍有偏执型人格障碍、分裂型人格障碍、反社会型人格障碍、冲动型人格障碍、表演型人格障碍、强迫型人格障碍、焦虑型人格障碍、依赖型人格障碍八种，具体表现如下。

1. 偏执型人格障碍

偏执型人格障碍以猜疑和偏执为主要特点，表现为：普通性猜疑，不信任或者怀疑他人忠诚，过分警惕与防卫；强烈地意识到自己的重要性，有将周围发生的事件解释为"阴谋"、不符合现实的先占观念；过分自负，认为自己正确，将挫折和失败归咎于他人；容易产生病理性嫉妒；对挫折和拒绝特别敏感，不能谅解别人，长期耿耿于怀，常与人发生争执或沉湎于诉讼，人际关系不良。

2. 分裂型人格障碍

分裂型人格障碍以观念、外貌和行为奇特，人际关系有明显缺陷和情感冷淡为主要特点。这类患者对喜事缺乏愉快感，对人冷淡，对生活缺乏热情和兴趣，孤独怪僻，缺少知音，我行我素，很少与人来往，因此也较少与人发生冲突。

3. 反社会型人格障碍

反社会型人格障碍以行为不符合社会规范为主要特点。这种人感情冷淡，对人缺乏同情，漠不关心，缺乏正常的人间爱；易激惹，常发生冲动性行为；即使给别人造成痛苦，也很少感到内疚，缺乏罪恶感；因此常发生不负责任的行为，甚至是违法乱纪的行为，虽屡受惩罚，也不易接受教训，屡教不改。临床表现的核心是缺乏自我控制能力。

4. 冲动型人格障碍

冲动型人格障碍又称暴发型或攻击型的人格障碍。以行为和情绪具有明显的冲动性为主要特点。这种人发作没有先兆，不考虑后果，不能自控，易与他人发生冲突；发作后能认识不对，间歇期一般表现正常。

5. 表演型人格障碍

表演型人格障碍以高度的自我中心、过分情感化和用夸张的言语和行为吸引注意为主要特点。这种人情感浮浅，易受暗示。

6. 强迫型人格障碍

强迫型人格障碍以要求严格和完美为主要特点。患有这种人格障碍的人希望遵循一种他所熟悉的常规，认为这样才万无一失，无法适应新的变更；缺乏想象，不会利用时机，做事过分谨慎与刻板，事先反复计划，事后反复检查，不厌其烦；犹豫不决、优柔寡断也是其特点之一。

7. 焦虑型人格障碍

焦虑型人格障碍又称回避型人格障碍，以一贯感到紧张、提心吊胆、不安全及自卑为特征，总是需要被人喜欢和接纳，对拒绝和批评过分敏感，因习惯性地夸大日常处境中的潜在危险，而有回避某些活动的倾向。

8. 依赖型人格障碍

依赖型人格障碍对亲近与归属有过分的渴求，这种渴求是强迫的、盲目的、非理性的，与真实的感情无关。依赖型人格的人宁愿放弃自己的个人趣味、人生观，只要他能找到一座靠山，时刻得到别人对他的温情就心满意足了。依赖型人格的这种处世方式使得他越来越懒惰、脆弱，缺乏自主性和创造性。由于处处委曲求全，依赖型人格障碍患者会产生越来越多的压抑感，这种压抑感阻止着他为自己干点什么或有什么个人爱好。

三、大学生常见精神疾病

(一)精神分裂症

精神分裂症是一种以基本个性改变，思维、情感、行为的分裂，精神活动与环境的不协调为特征的精神病。患者通常意识不清晰，智能尚好，有的病人在疾病过程中可出现认知功能损害；患者不承认自己有病，拒绝治疗。多起病于青壮年，常缓慢起病，病程多迁延，呈反复加重或恶化，但部分病人可保持痊愈或基本痊愈状态。

(二)偏执性精神障碍

偏执性精神障碍又称妄想型精神障碍，是一组以系统妄想为主要症状的精神病性障碍。妄想常有系统化倾向，内容较固定，有一定现实性，并不荒谬，不经了解难辨真伪，主要表现为被害、嫉妒、夸大、疑病或钟情等，个别可伴有幻觉但历时短暂而不突出，病因不明，起病一般在 30 岁以后，女性偏多，未婚者多见。病前人格多具固执、主观、敏感、猜疑、好强等特征。病程发展缓慢，有时有一定的工作和社会适应力。

(三)急性短暂性精神病

这是指一组起病急骤，以精神病性症状为主的短暂精神障碍，表现为妄想、幻觉、言语紊乱、行为紊乱或紧张。急性短暂性精神病有多种类型，其共同特点是：在 2 周内急性起病，以精神病性症状为主，起病前有相应的心因，在两三个月内痊愈。

(四)感应性精神病

该病是以系统妄想为突出症状的精神障碍，往往发生于同一环境或家庭中两个关系极为密切的亲属或挚友中，如母女、姐妹、夫妻、师生等，其妄想内容相似。起病前已有一位长期相处、关系密切的亲人患有妄想症状的精神病，继而患者出现精神病，且妄想内容相似。一般来说患者生活在相对封闭的家庭中，外界交往少，被感应患者与原发患者有思想情感上的共鸣，感应者处权威地位，被感应者具有驯服、依赖等人格特点。

(五)分裂情感性精神病

这是一组分裂症状和情感症状同时存在，常有反复发作的精神病。分裂症状为妄想、幻觉及具有思维障碍等阳性精神病性症状，情感性症状为躁狂发作或抑郁发作症状。

2.3 认识心理咨询

寻求心理咨询帮助是智慧的表现，是寻求外在资源和支持的一种方式。接受心理咨询也并不代表就是患有心理疾病。大学生要学会判断什么时候自己需要心理咨询帮助，让自己的心理问题得到及时疏导，使自己成为自我精神领域内的君王而不是别人情绪世界里的奴隶。

一、心理咨询的概念

心理咨询是心理咨询师协助求助者解决心理问题的过程。即心理咨询师运用心理学的原理和方法，帮助求助者发现自身的问题和根源，从而挖掘求助者本身潜在的能力，来改变原有的认知结构和行为模式，以提高对生活的适应性和调节周围环境的能力。

二、大学生对心理咨询的误区

心理咨询正逐渐被人们所接受。但是，也要看到，由于对心理咨询缺乏充分的了解，有的高职大学生遇到心理问题自身又无法解决时，总是宁愿忍受痛苦的煎熬也不愿意到心理咨询机构寻求帮助。他们害怕被人认为是精神病人，害怕被人发现自己的秘密和隐私等。其实，这是对心理咨询的误解，我们有必要对心理咨询做一些了解。常见的心理咨询误区主要有以下几个方面。

(一)有病的人才会去心理咨询

寻求心理咨询的绝大部分人都是心理健康的正常人。他们在生活中遇到了自己无法解决的问题，如学习问题、人际交往问题、恋爱问题、婚姻问题、家庭关系问题、子女教育问题、职业选择问题等。这些问题都是我们正常人常调到的生活问题，寻求专业人士的帮助是他们寻求心理咨询的主要动机。

需要注意的是，那些有严重心理问题的人往往不认为自己有心理问题，反而不会去寻求心理咨询或治疗。他们可能患有幻想、妄想等精神病症状，把幻想当成现实，对自己的症状缺乏自知，大多数精神病患者都不会认为自己有问题。

(二)心理咨询就是聊天

谈话是心理咨询的主要形式，但它并不是一般意义的聊天。心理咨询的谈话可以分为以诊断求助者心理问题为目的摄入性谈话和以纠正求助者错误认知观念为目的咨询性谈话，它和漫无目的的聊天有本质的不同。除了谈话以外，心理咨询还有其他方法和手段，比如心理测验、音乐干预、绘画干预、角色扮演、团体活动等形式。

(三)心理咨询就是给你提建议

心理咨询工作的基本理念是“助人自助”。

心理咨询是为了纠正求助者错误的认识观念和提高求助者的认识能力，通过求助者自身认识和观念的改变来帮助求助者解决问题。心理咨询工作者的一个信条是每个人都是解决自己的问题的专家，求助者的问题只有求助者有能力、有资源来解决，而求助者的能力和资源只有求助者自己最了解，因此解决问题方法主要靠求助者自己发现。

(四)心理问题可以一次解决

心理问题是无法通过一次心理咨询就能解决的，这是因为心理问题的解决有个逐渐的过程，不能期望一次就可以解决问题。因此，对心理问题的解决具有一定程度的耐心是必要的。

心理问题的解决要多长时间一般取决于两方面的因素。第一个因素是求助者的配合程度，如果求助者没有解决问题的意思，或者对咨询师的要求不积极配合，这会拖延心理问题解决的时间。第二个因素是病程和泛化程度，心理问题形成的时间越长要治疗的时间就越长，心理问题对工作、学习、生活、家庭等生活方面影响越大，解决需要的时间就越长。

(五)阅读心理自助书籍可以解决自己的心理问题

首先，心理问题的解决需要正确诊断，求助者由于缺乏专业知识和能力，对自己的问题性质、类型和原因缺乏正确判断，往往会夸大或者错误诊断自己的心理问题；其次，心理自助书籍提出的往往是一般性的解决方案和策略，这种策略对读者缺乏针对性。因此，寻求心理咨询有助于求助者心理问题的解决，而不是阅读心理自助书籍。

(六)心理问题不要紧

生理疾病有比较明显的症状使得患者无法或者不愿意忍受，从而产生强烈的求治动机。而心理问题则没有那么明显而急迫的症状表现，容易被人忽视，在这种情况下，就有可能发展为更严重的心理问题甚至是心理疾病。

其实心理疾病对患者生活、工作和家庭的影响大大地超过生理疾病的影响，严重地影响患者的生活质量，比如，无法正常学习，情绪失控，人际关系恶化，甚至伤害自己和他人。

(七)心理咨询师都是心理有问题的人

从事心理咨询职业的动机比较多样。有的人的确因为过去曾经罹患心理疾病，对心理疾病给患者带来的痛苦深有体会，从而立志从事心理咨询工作；有的人因为给予他人帮助而感到快乐，喜欢助人的职业，所以选择成为心理咨询师；也有的人因为看到心理咨询行业发展前途而从事心理咨询行业。

心理咨询师作为一个人不可能完全没有自己的心理问题，他们有心理问题也会寻求更高水平的心理咨询督导的指导。不管怎样，作为职业要求，心理咨询师不会因为自己的问题影响心理咨询工作开展。

(八)没有相关的生活经验不能做心理咨询

心理咨询工作主要是靠咨询师的咨询理论和技术，而不是靠咨询师的生活经验。因为心理咨询师的工作不是要给求助者以具体的指导，而是通过心理咨询的技术启发求助者自己找到解决问题的办法。在这个过程中是否具有与求助者相同的生活经验不是必要条件。

当然，咨询师是否具有相应生活经验对心理咨询会带来一定的影响。如果缺乏相应经验，咨询师可能会需要更多时间来理解求助者的问题。也就是说，咨询师缺乏相应生活经验不影响求助者问题的解决，但是会影响咨询的效率。

知识窗

为什么不愿走进心理咨询室?

在我国，很多有心理困扰甚至心理疾病的人，只有很少一部分会选择走进心理咨询室，接受专业的心理咨询。除了没有心理保健意识、没有心理咨询概念、没有有效的心理咨询服务资源、没有足够的经济支付能力等以外，病耻感是阻止走进心理咨询室接受咨询的一个重要原因。

所谓病耻感，是精神疾病患者所表现的一种负性情绪体验，它对患者社会功能的康复具有不利影响。心理疾患的病耻感有以下几个表现。

1. 对很多人来说，要主动选择接受心理咨询，是一件严重伤自尊的事情。

(1)因为好“面子”的传统，如果走进咨询室，意味着没经营好自己的人生，这让感觉很失败，很没面子，自尊被伤得不轻。

(2)没有足够的心理健康意识和素养来关注心理痛苦，不认为心理上的痛苦、精神上的疾患是个事儿。总认为是“想多了”，是“太敏感了”，是“没事找事”，少想点就没事了。

(3)国人内敛而不够开放，要敞开心扉跟一个陌生人——心理咨询师讲自己的隐私，是一件难为情的事，可能有想法，但很难走出这一步。

(4)相对来讲，社会对心理问题与精神疾患宽容度不够，会带来歧视，甚至威胁到就业与发展，导致大家不敢暴露自己精神世界的痛苦而主动求助。

2. 对很多人来说，由于心理疾病有被“污名化”倾向，导致了明显的“心理问题躯体化”。

也就是说，很多心理痛苦或精神疾病，由于没有宽容的社会环境，让人感觉低人一等，这些“精神痛苦”就蹿到了身体上，以生理疾病的方式呈现出来。经常能看到有人全身上下到处疼，到处出状况：比如脖子疼、肩膀疼、偏头痛、紧张状态下的抽动症、头晕、失眠、便秘、食欲亢进、食欲不振、肌肉疼、关节疼、腰疼、背疼、手疼、脚疼、眼睛疼、鼻子不适、皮肤问题、痛经、阳痿、性冷淡等，到医院检查又查不出生理上的病理原因，这很有可能与心因性不适有关。因为，我们的社会宽容生理疾病而不宽容心理疾患，所以我的心理痛苦以社会允许的生理痛苦的方式呈现出来，这样可以巧妙地规避被精神疾患“污名化”影响。

由于心理痛苦可以暂时通过躯体症状缓冲一下，导致很多人遭遇心理问题时，总是要拖到极其严重才不得不走进心理咨询室或心理门诊。事实上，这是一件很不合理的事情，一来当事人忍受了更多更深的痛苦，二来极大地增加了咨询成本。很多比较有经验的、面向社会个案工作的心理咨询师，应当有同感：选择来做咨询的人，很多已经到了比较严重的程度。当事人或其家人已经到了苦不堪言、痛不欲生、生理上严重不适、自残自虐甚至自杀的境地，走投无路之时，才会来咨询。然而，如果在问题出现初期就及时来访，可以“事半功倍”；而硬拖到“病入膏肓”才来访，多半是“事倍功半”的。

3. 病耻感，导致人向心理咨询求助时，不切实际地希望快速治愈。

很多来访者，希望咨询师有“灵丹妙药”三两次就把他们三年、五年甚至一二十年的问题“药到病除”，否则就是咨询师不行，就是心理咨询没有用。我想说，这样想真的太理想化了。但凡经年累月所带来的心理痛苦，是不可能三两次就解决的。“冰冻三尺，非一日之寒”，心理问题是积多年之力累积而成，还得给当事人较长的时间疗愈与成长，甚至要整个家庭或家族都参与其中努力改变，才能让问题慢慢被解决。这个时间到底要多长，它不只取决于心理咨询师，它更取决于来访者。

当然，国内心理咨询行业仍不够规范，法律、行规都在完善过程中，导致很多人对心理咨询的疗效、心理咨询师的职业操守、保密性等半信半疑，难以下决心走进咨询室接受专业咨询。

请记住：病耻感有时比心理疾患更伤人！对于心理痛苦，消除病耻感，正视它，会让我们受益！

（资料来源：39 健康网社区，妈妈心语公众号，有改动，2020-07-30。）

三、心理咨询的对象与内容

心理咨询的对象主要是心理健康的人、有一般和严重心理问题的人。心理咨询的主要内容有以下十个方面。

1. 人生各个时期所遇到的心理问题，如日常生活中的人际关系问题、职业选择问题、教育过程中的问题、婚姻家庭中的问题等。

2. 各种情绪与行为障碍，如焦虑、抑郁、恐怖、紧张情绪的分析、诊断及防治。

3. 各种不可控制的强迫思维、意向和强迫行为、动作的诊断及治疗。

4. 某些性心理、生理障碍，如性变态、阳痿、早泄、性欲异常等问题的诊治。

5. 心身疾病，如冠心病、高血压、溃疡病、支气管哮喘等心理社会因素的探讨与心理治疗。

6. 康复期精神病人的心理指导，使更好适应社会与生活，预防复发。

7. 长期慢性躯体疾病久治不愈，需要心理支持及指导者。

8. 要了解各种心理卫生知识者。

9. 接受各种心理检查者(如智力测验、人格测验等)。

10. 有其他心理疑虑而需要咨询者。

知识窗

你何时需要专业及时的心理帮助?

我们何时需要心理健康专家的帮助? 下面的清单能给你一个粗略的指导，让你知道那些在生活中看似正常的问题很可能会变得超出你的掌控。

(1)长期的沮丧感，已经影响到你的健康状况、能力发挥和正常的生活。

(2)有时会感觉到压力太大，无法承受，并伴随有无法应付环境的无力感。

(3)长期的抑郁或绝望感，尤其是在没有明确原因的情况下。

(4)不愿意接触他人，只想远离他人。

(5)想到自残或自杀。

(6)某种恐惧感使你无法继续日常生活。

(7)无法与他人有效互动，无法建立友谊和恋爱关系。

四、心理咨询的原则

在心理咨询过程中遵循的基本的咨询原则是心理咨询的根本要求，是咨询者与来访者建立良好人际关系的重要条件，也是有效运用咨询方法和技术从而获得良好咨询效果的重要保证。心理的基本原则可以概括为以下几个方面。

(一)自愿原则

心理咨询是建立在咨询者和来访者双方“知情同意”基础上的，来访者必须以完全自愿为前提，咨询者不能以任何形式强迫来访者接受或维持心理咨询，这不仅是对当事人的尊重，也是确立平等信任人际关系的先决条件。

(二)发展性原则

发展性原则是在心理咨询过程中，咨询人员要以发展变化的观点来看待来访者的问题，不仅要在问题分析和本质把握时善于用发展的眼光做动态考察，而且在对问题的解决和咨询结果的预测上不轻易将来访者的问题归为某种心理障碍或某种疾病。在大学生心理咨询中，大学生的问题大多只是适应、交往和学习等方面的暂时性困难。因此，咨询者不仅要了解来访者已有的发展历程和结果，还要帮助来访者开发潜能以及提示来访者今后良好发展的可能性和发展方向。

(三)保密性原则

保密性原则是心理咨询中最重要的原则，它既是职业道德的要求，又是咨询双方建立和维系信任关系的基础，为维护心理咨询工作的信誉以及心理咨询工作的有效开展提供根本保障。心理咨询中来访者要袒露大量的个人信息，并通过诊断和测量产生许多有关来访者的新信息，来访者会非常关心咨询者如何对待和使用这些信息。咨询者有责任对来访者的有关资料予以保密，这不仅是咨询者的道德原则，而且还牵涉来访者对咨询者的信任，进而影响咨询的成效。来访者的名誉和隐私权应受到道义上的维护和法律上的保护，在没有征得来访者同意的前提下，不得随意将来访者的隐私泄露出去。

然而，对来访者资料保密并非绝对的、无限度的。咨询者在遵守保密原则的前提下，对以下特殊情况应根据道德准则认可的方式予以处理：第一种情况是在公开案例研究、教学、演讲或发表有关文章而必须使用来访者的个人资料时，要确认交流是在纯专业情景下进行的，并注意文字技巧，不可透露任何可能体现来访者特征的内容，以避免被他人对号入座。第二种情况是为了来访者的利益，需要与其他咨询者、教师或其父母等交换意见或采取配合措施时，应先确认这样做是为了来访者的最大利益。首先需要向来访者说明这样做的理由以及其应该如何与第三方交流，得到来访者的同意和信任。第三种情况是咨询者在咨询过程中意识到来访者有强烈的自杀或攻击他人的倾向、破坏公共设施的企图以及法庭要提供个案资料时，可以违背保密规定，并且咨询者不必先将此打算告诉来访者。

(四)时间限定原则

心理咨询必须遵守一定的时间限制。咨询时间一般规定为每次 50 分钟左右(初次受理时咨询时间可以适当延长)，原则上不能随意延长咨询时间。

(五)感情限定原则

咨询者不要与来访者在咨询室以外亲密接触和交往，不能对来访者产生爱憎和依恋，更不能在咨询过程中寻找欲望的满足与实现。心理咨询室以外个人之间过于亲密的接触，不仅容易使来访者过于了解咨询者的内心世界和私生活，阻碍来访者的自我表现，而且也会使咨询者该说的不能说，以至于失去客观公正地判断事物的能力。

五、心理咨询的方式

(一)按照咨询性质划分

1. 发展咨询

发展咨询是主要针对希望开发自己潜能并能做出更好选择的来访者所进行的咨询，主要是帮助来访者更好地认识自己和社会，充分开发心理潜能，增强适应能力，提高自我生活质量，促进人的全面发展。发展咨询所涉及的内容十分广泛，凡是在人生各时期出现的各种心理问题都属于咨询的范围，如工作、学习、恋爱、婚姻、家庭生活和职业选择等。发展咨询的目的在于帮助来访者了解心理发展的规律，重视自己在心理发展过程中已经出现或将要出现的各种发展性心理问题，并提供有效的处理方法，使其更好地认识自我、防患于未然；同时，帮助来访者充分挖掘潜在能力，从而更好地适应环境和促进自我更健全地发展。

2. 障碍咨询

障碍咨询是针对存在不同程度心理障碍的来访者进行的咨询，即针对存在程度不同的非精神病性的心理障碍、生理障碍者的咨询。障碍咨询的目的在于宣泄来访者的消极情绪，改变来访者在认知上的错误观念，缓解心理压力并确立正确合理的思考方向和方法，指导来访者进行有效的自我调控，激发来访者的自愈机制与潜能，帮助来访者重新建立包括和谐的人际关系在内的良好的社会适应行为。比如，有的学生有心理障碍，患有某种心理疾病，并已影响其正常生活和学习。这类面向个别学生的咨询的目的是帮助学生克服障碍、缓解症状、恢复心理平衡，如神经衰弱症、社交恐惧症、紧张焦虑症、强迫症、抑郁症、神经性厌食症，或由人际危机、情感危机或学习危机引起的轻生念头等。

(二)按照咨询方式划分

1. 门诊心理咨询

门诊心理咨询就是到心理咨询机构进行面对面的咨询。这类咨询的特点是能及时对求助者进行各类检查、诊断，及时发现问题，及时做出妥善指导和处理。因此这种方式是心理咨询中最主要而且最有效的方法。

2. 电话心理咨询

电话心理咨询利用电话给求助者进行的支持性咨询。一般多用于心理危机干预，防止心理危机所导致的恶性事件，如自杀、暴力等行为。电话咨询涵盖面很广，是比较方便的一种方式，但它也有某些局限性。

3. 互联网咨询

互联网咨询是通过互联网对求助者进行帮助。通过这种方式，可以将咨询过程全程记录，便于深入分析求助者的问题以及进行专案小组讨论。在一个付费咨询的体系中，咨询协议的具体化和程序化将使得人们更容易接受。

(三)按照咨询对象数量划分

1. 个别咨询

个别咨询是咨询者与来访者之间的单独咨询，由来访者单独向咨询机构提出咨询要求，由单个咨询者出面解答、劝导和帮助的一种形式，这是心理咨询中常见的形式，也是学校心理咨询常见的形式。其优点是针对性和保密性好，咨询效果明显，但咨询的成本较高，需要双方投入较多的时间和精力。大学生可以到学校设立的心理咨询中心或心理咨询室进行个别咨询。

2. 团体咨询

团体咨询是心理咨询的一种主要形式，是在团体情景下提供心理帮助与指导的一种咨询活动。由咨询者根据来访者问题的相似性组成小组，通过团体内共同商讨、训练和引导，促使个体在人际交往中通过观察、学习和体验，解决来访者的共同发展课题或心理障碍。团体的规模少则 2～3 人，多则十几人甚至几十人。

团体咨询是学校心理咨询中应用较广泛的一种咨询形式，它不同于一般的学生社团将学生群体作为服务对象。团体咨询没有团体目标，只有成员的个人目标，其服务对象是每一个团体成员，成员在团体咨询的过程中不断学习、体验和改变，从而达到促进成长与发展的目的。因为大学生中的问题，如人际关系问题、恋爱问题等大多比较集中，并且他们年龄相仿，非常适宜采用团体咨询。团体咨询的形式非常多，如戏剧法、系统家庭法和坦诚小组法等。这些团体咨询虽然形式各异，但也有一些共同的规律，适当把握可以使我们更好地投入团体咨询中。

六、大学生心理咨询的基本过程

大学生的心理咨询步骤一般分为三个阶段：开始阶段、帮助与改变阶段、巩固与结束阶段。这三个阶段的时间根据情况可长可短，一般来说帮助与改变阶段耗费的时间最长。

(一)开始阶段

在这个阶段，主要是建立咨访关系，收集资料，全方位了解来访者的情况并做初步诊断，帮助他们进行初步的心理调节。

1. 建立咨访关系

咨访关系是指心理咨询过程中，来访者和咨询师建立起来的关系。良好的咨访关系是心理咨询取得效果的前提条件和基础，能够促使来访者接受咨询师的建议并配合咨询师，有专家甚至提出“良好的咨访关系是咨询成功的一半”的观点。良好的咨访关系也能给来访者树立一个人际关系的模范，促使他们将这种良好的人际关系迁移到咨询室以外的环境，切实提高人际交往的能力。

在来访者和咨询师初次会面时，咨询师一般先向来访者做简单的自我介绍，然后询问来访者有什么需要帮助的地方。咨询师会将心理咨询是做什么的、能处理什么问题、不能处理什么问题、心理咨询遵循的保密原则、心理咨询的时间限制和频率限制等内容跟来访者解释，澄清来访者的预期，减少对方的困惑。咨询师会告诉来访者在这里可以对自己的心理问题畅所欲言，所谈的内容不会向他人泄露，对于心理上的困难，咨询师会尽力给予帮助。咨询过程中若心理咨询师要记录，也要对来访者解释清楚，并再次强调对谈话内容和来访者隐私的高度保密，减少来访者的戒备心理。

2. 收集信息

信息收集的主要任务是广泛深入地收集与来访者情况有关的资料，并与其建立初步的信任关系。咨询师通过谈话、观察、倾听、心理测验等方式，了解来访者的基本情况和存在的心理问题。咨询师会通过前期信息的收集和会谈过程中的倾听与引导弄清来访者究竟被什么问题困扰、问题持续了多长时间、问题严重不严重、问题产生的原因、来访者本人有没有意识到自己的问题所在等。

有时心理咨询师会根据需要给来访者做心理测试，通过心理测试帮助来访者更好地了解存在的问题。

3. 分析诊断

分析诊断是根据上一步收集到的信息材料，结合心理学的理论知识，对来访者的问题进一步进行分析和诊断，判断来访者问题的类型、性质和严重程度及原因等，以便确立咨询目标，选择咨询方法。

4. 信息反馈

咨询师将自己对来访者问题的了解和判断情况反馈给他，请来访者自己决定是否继续进行后面的咨询，来访者也可以针对咨询师反馈的信息进行补充或提问。

(二)帮助与改变阶段

这个阶段是解决问题的阶段，是心理咨询的关键，它对心理咨询的效果起着极为重要的作用。这一阶段要完成的任务主要有 3 项：制定咨询目标、选择咨询方案、实施指导与帮助。

1. 制定咨询目标

心理咨询的目标，就是心理咨询追求的结果与要达到的目的。咨询目标的确立，在咨询过程中非常重要。

心理咨询的目标有 3 个层次：终极目标、中间目标和直接目标。终极目标是指心理咨询最终要达到的目标，通常是完善来访者的人格，提高社会适应能力。中间目标是指解决来访者目前面临的重要问题，满足主要成长需要。直接目标则是指消除来访者的负面情绪和不良行为。三个心理咨询目标，远近结合，互相作用。终极目标是心理咨询的方向，直接目标是心理咨询效果的具体显现，中间目标则是介于两者之间。

通常来说，咨询目标是咨询师和来访学生双方商议后共同制定的，而且尽量保证咨询目标要具体可行，方便具体的实施和操作，咨询结束后也可以对目标的完成情况进行评估。特别强调的是，咨询目标必须是心理学范畴内的，也就是心理咨询是解决来访者的心理问题，而不是其他方面的问题。

2. 选择咨询方案

不同的心理学流派，咨询方案可能很不一样。每种方法对解决心理问题均有一定的针对性，并有其相应的实施过程。咨询师一般会根据自己的理论倾向和要解决的问题选择合适的方案。

选择咨询方案应明确下列内容：

(1)所采取咨询方法的目标；

(2)该方法的实施要求，即该做什么，如何去做，以及不做什么；

(3)该方法是否能达到预期的目的；

(4)告诉来访者必须对心理咨询的过程抱有足够的耐心，这些方法不可能立即产生奇迹，所有的改变都是循序渐进的，咨询的效果既取决于咨询师的能力和水平，也取决于来访者的能力和配合，还取决于双方相互作用的质量等因素。

3. 实施指导与帮助

实施指导与帮助阶段，不同的咨询方法有不同的要求与做法。可灵活运用鼓励与解释，对来访者的积极方面给予真诚的表扬、鼓励和支持，增强来访者积极行为的增长；可以直接指导来访者做某件事、说某些话，或采取某种行动；可以通过解释，使来访者从一个全新、全面的角度面对自己的问题，重新认识自己及周围的环境，从而提高认识能力，促进其人格的完善和问题的解决。

(三)巩固与结束阶段

经过前两阶段咨询双方的共同努力，基本达到既定的咨询目标后，即进入心理咨询的巩固与结束阶段。这个阶段的咨询师要向来访者指出他在咨询过程中已取得的进步和成长，还有哪些应注意的问题。同时，咨询师还要帮助来访者重新回顾咨询要点，检查目标的实现情况，进一步巩固咨询取得的效果。如果有可能，还可帮助来访者把学到的东西运用到生活、工作中，以便日后脱离了咨询师仍可自己应付周围环境，做到自助。

为了咨询的长期效果，咨询师还有必要在咨询结束的数月后对来访者追踪调查。调查方式可以发放反馈表请来访者填写，也可以是咨询师给来访者打电话了解近况，或者再次约谈等。如果发现咨询效果不显著，问题没有得到解决，咨询师可以建议来访者继续预约咨询。

小故事

掉进枯井的驴子

一天，有个农夫的一头驴子，不小心掉进一口枯井里。农夫想尽办法要救出驴子，但几个小时过去了，驴子还在井里痛苦地哀号着。最后，农夫决定放弃了，他想这头驴子年纪大了，不值得大费周章去把它救出来，不过无论如何，这口井还是得填起来。于是农夫便请来左邻右舍帮忙一起将井中的驴子埋了，以免除它的痛苦。

农夫的邻居们人手一把铲子，开始将泥土铲进枯井中。当这头驴子了解到自己的处境时，哭得很凄惨。但出人意料的是，一会儿之后它就安静下来了。农夫好奇地探头往井底一看，出现在眼前的景象令他大吃一惊：当铲进井里的泥土落在驴子的背部时，驴子将泥土抖落在一旁，然后站到铲进的泥土堆上面！就这样，这头驴子很快便得意地上升到井口，然后在众人惊讶的表情中快步地跑开了！

就如同驴子的情况，在生命的旅程中，有时候我们难免会陷入“枯井”里，会有各式各样的“泥沙”倾倒在我们身上，而想要从这些“枯井”中脱困的秘诀就是将“泥沙”抖落掉，然后站到上面去！

七、大学生的心理咨询可以获得什么帮助

心理咨询真的有用吗？心理咨询能给人什么帮助？很多人对心理咨询难免有疑虑。总的来说，心理咨询主要可以帮助心理正常的人群化解各类心理问题，改善不良行为，学会调整人际关系，深化自我认知，强化适应能力，提高个人心理素质，使人健康愉快地生活。具体来说，心理咨询可以提供以下几个帮助。

(一)认识自己的内外世界

人生存在同一个外部世界，但却有各自的内部世界。外部世界是由活生生的、不断变化的现实构成，不随我们的意志而改变。内部世界是由以往积累的经验构成，因人而异，可以按照自己的意志加以调整。这两个世界总是处在既一致又矛盾的状态中。

(二)纠正不合理的信念

消极的、负面的、不合理的信念往往导致负面的情绪结果，积极的、正面的、合理的信念往往带来正面的情绪结果。心理咨询可以帮助来访者纠正不合理的信念和错误的思维，帮助他们重新看待经历的事件和各种挫折，学会新的思维和信念，解决当前的心理问题。

(三)学会理解他人

心理咨询帮助来访者更好地理解他人，站在他人的角度思考问题，体验他人心，感同身受，重新看待自己与他人的关系，恢复心理平衡。比如，有个学生来进行心理咨询，他的苦恼在于平时和同学打招呼，对方好像没听见似的没有任何反应，他因此很受打击，认定自己不被他人欢迎，认定他人很无情对自己不礼貌。经过心理咨询，他有机会重新认识他人，了解到别人可能是没有看到他或者是在想自己的心事而没有应答等，从而改变了之前对他人的刻板印象和片面认识，改善了人际关系。

(四)增强自知之明

知人者智，自知者明。但因种种认识上的局限，人很难认清自己。正因为各种扭曲的认识、片面的经验、错误的推理、不合理的需求等导致人们经常失去对自我的正确认识，从而引发各种心理困扰。心理咨询可以帮助个体重新认识自己，挖掘自己身上的优点，明确前进的方向，树立新的目标，增强自我的内在力量。

(五)学会面对现实和应对现实

心理咨询可以帮助来访者学会面对现实，帮他们提高应对现实问题的能力。来访者的心理问题可能是由于不敢面对现实造成的。他们在现实生活中遭受严重挫折，沉溺于过去的痛苦回忆，或者固执地坠入对未来的想象，不敢正视现实。心理咨询可以引导人们把握当下的力量，勇敢接受现实、面对现实，扮演好生活中的角色，活出新的人生天地。

心理训练

一、心理练习

(一)案例讨论

案例:“老师,我心里堵得慌,想向您倾诉!”3月21日,某高校大二学生找到学校心理咨询室求助。她说她的父母总吵架,自己不想回家了,每到周末都待在学校求清静。可即便窝在学校,她的心里还是难受,马上要参加英语专业四级考试,却静不下心,不知道怎么办。

(1)该同学的心理困扰由什么事情引起?

______

(2)该同学有哪些心理特征?

______

(3)针对该案例你的初步判断是(　　)。

A. 这属于一般心理问题,通过自我调适就可解决或可求助心理咨询师解决。

B. 这属于严重心理问题,需要求助专业心理咨询师解决。

C. 这属于心理异常,必须要去精神专科医院就医。

(4)如果你碰到类似问题,你会如何进行自我调适?

______

______

______

(二)选择题

(1)心理咨询的基本原则是(　　)。

A. 替来访者做决定　　B. 有条件地尊重来访者

C. 为来访者保密　　D. 对来访者的行为做道德判断

(2)按照心理学的观点,大部分心理问题来源于(　　)。

A. 家庭内部　　B. 社会环境

C. 人际关系的处理　　D. 自身的内部冲突

(3)在心理咨询的各种形式中,最主要而且最有效的方法是(　　)。

A. 电话咨询　　B. 面对面　　C. 专题咨询　　D. 互联网咨询

(4)咨询师与来访者的咨询关系类似于(　　)。

A. 医生与患者　　B. 教师与学生　　C. 上级与下级　　D. 朋友与朋友

(5)研究发现,让女人最放松、最舒适的减压方式是(　　)。

A. 健身操　　B. 长途旅游　　C. 向同性密友倾诉　　D. 购物

(6)当与同学发生争执,感到愤怒时,我们应当做到(　　)。

A. 回骂、用恶言警告对方　　B. 拳脚相向

C. 忍住不发,独生闷气　　D. 停下来,冷静地分析与思考

(7)下面哪一项不属于使情绪快乐的方法(　　)。

A. 多运动、多活动　　B. 每时每刻都在玩网络游戏

C. 多参加娱乐活动，多放声大笑　　D. 多听音乐

(8)由于突然遭受严重灾难、重大生活事件或精神压力，当事人的生活状况发生明显的变化，尤其是出现了用现有的生活条件和经验难以克服的困难，以致使当事人陷于痛苦、不安状态，常伴有绝望、麻木不仁、焦虑的情绪，以及植物神经症状和行为障碍。这种现象被称为(　　)。

A. 一般心理问题　B. 严重心理问题　C. 心理障碍　D. 心理危机

二、心理活动

(一)幽默乐观的训练游戏

【活动目的】体验情绪在问题解决中的强大作用，更可以训练你的幽默和乐观的情绪。这个游戏要求你和一些朋友同做，而且要求你偏离你一贯的社会行为。

【活动时间】15～20 分钟。

【适合人数】10 人以上。

【材料准备】场地不限，室内外均可，A4 纸和笔若干。

【活动过程】

1. 你要学动物园里动物的叫声，下面的字母决定你要学的动物是什么。

你姓氏汉语拼音的第一字母分别对应下面几种动物名称。

A—F：狮子

G—L：海豹

M—R：猩猩

S—Z：热带鸟

2. 选择一个伙伴(最好在这些朋友中挑一位不太熟悉的人作为伙伴)，彼此盯着看，目光不能转移，同时用嘴大声学动物叫，至少 10 秒。

【评价讨论】

情绪有正性与负性之分。有些正性情绪，如兴奋、好玩、幽默可以激发人的创造力；而许多负性情绪，如痛苦、焦虑、恐惧则会阻碍人的创造力发挥。我们每个人都可能有因成功或失败而导致情绪波动的经历。

在这个简单的游戏中，你的感觉如何？你是否感到既幽默有趣，又有些尴尬？这个游戏尽管开始时会感到不舒服，很可能结束时已是笑声满堂。你是否注意到好玩和幽默的情绪会有助于你在这个游戏中创造性地发挥，可能会使你灵机一动，模仿出种种出人意料的叫声，获得满堂喝彩，或者逗得大家捧腹大笑？在游戏中，感到尴尬的心理却会使你羞于开口？假如你有幽默感，学动物叫就更容易开口。乐观的情绪是创造力的催化剂，因此在最困难的时候，不要忘记幽默可以使你保持乐观。

(二)放松训练

放松训练有助于降低焦虑水平，帮助我们应对环境压力，对抗焦虑。

1. 呼吸法

这是一种普遍适用、快速的放松法，使你进入精神放松状态，以调节紧张状态，提高学习效率，具体的要点如下。

(1)通过鼻子吸气，让你的胃部鼓起来，这意味着你用全肺呼吸；尽量使上胸部活动最少，缓慢地吸气。

(2)屏住呼吸2～3秒。

(3)缓慢、均匀地将气从鼻子完全呼出。呼气时，让你的双肩和下颚下垂，使你的双手和双臂感到放松。

2. 渐进性肌肉放松

渐进性肌肉放松是通过全身主要肌肉收缩—放松的反复交替训练，使人体验到紧张和放松的不同感觉，从而更好地认识紧张反应，并对此进行放松，最后达到心身放松的目的。

这种放松训练最基本的动作是：紧张你的肌肉，注意这种紧张的感觉。保持这种紧张感35秒，然后放松10～15秒，最后体验放松时肌肉的感觉。

(1)足部：把脚趾向后伸，收紧足部的肌肉，然后放松。重复。

(2)腿部：伸直你的腿，跷起脚趾指向你的脸；然后放松，弯起你的腿。重复。

(3)腹部：向里向上收紧腹部肌肉，然后放松。重复。

(4)背部：拱起背部，放松。重复。

(5)肩与脖子：尽可能耸起你的双肩(向上、向内)，头部向后压，放松。重复。

(6)手臂部：伸出双臂、双手，绷紧手臂肌肉，放松，弯起手臂。重复。

(7)脸部：紧张前额和眉头。皱起前额，皱起眉头，咬紧牙关，放松。重复。

(8)全身：紧张全身肌肉(足、腿、腹部、背部、肩颈部、手臂和脸)。保持全身紧张几分钟，然后放松。重复。

做完后，若仍感到紧张，可重复一次。如果仅一部分身体还感到紧张，可重复此部分的练习。当你完成这一练习，且感到放松时，应休息一小会儿，放松你的心理，可想象一些让你最感舒适、宁静的情境。此时要注意呼吸节奏缓慢，从鼻子深深地吸气，慢慢地呼出来；持续1～2分钟后，睁开双眼。起身时，动作要缓慢、轻柔。

三、心理测试

(一)心理承受力自测问卷

指导语：请你仔细阅读每一个题，并根据自己的实际情况，对下列题目做出“是”或“否”的回答。对这些问题的答案不要做过多的考虑，对每个问题立即做出回答比考虑后再回答更为有效。

1. 你认为自己是个弱者吗？

2. 你是否喜欢冒险？

3. 你生活在使你感到快乐和温暖的班级里吗？

4. 如果现在就去睡，你担心自己会睡不着？

5. 生病时你依旧乐观吗？

6. 你认为家人是否需要你？

7. 晚睡两个小时会使你第二天明显的精神不振吗？

8. 看完惊险片很长一段时间内，你一直觉得心有余悸吗？

9. 你常常觉得生活很累吗？

10. 你是否有一些无话不谈的知心朋友？

11. 当考试成绩不理想时，你会感到非常沮丧吗？

12. 你认为自己健壮吗？

13. 当你与某个同学闹意见后，你一直无法消除相处时的尴尬吗？

14. 大部分时间你对未来充满信心吗？

15. 你有一个关心、爱护你的家庭吗？

16. 当你在课堂上回答不出问题时，你在课后还会久久地感到烦恼吗？

17. 每到一个新地方，你是否常常会出现问题，如吃不下饭、睡不着觉、拉肚子、头晕等？

18. 即使在困难时，你还是相信困难终将过去吗？

19. 你明显偏食吗？

20. 当你与父母发生不愉快时，你是否曾想离家出走？

21. 你是否每周至少进行一次所喜欢的体育活动，如登山、打球、游戏等？

22. 你觉得自己有些神经衰弱吗？

23. 你认为你的老师喜欢你吗？

24. 心情不愉快时，你的饭量与平时差不多吗？

25. 看到苍蝇、蟑螂等讨厌的东西，你感到害怕吗？

26. 你相信自己能够战胜任何挫折吗？

27. 你是否常常与同学们交流看法？

28. 你常常因为想心事而躺在床上久久不能入睡吗？

29. 在人多的场合或陌生人面前说话，你是否感到窘迫？

30. 你是否认为你受到的挫折与其他人相比，根本算不了什么？

评分规则：

2、3、5、6、10、12、14、15、18、21、23、24、26、27、30 题答“是”记 1 分，答“否”记 0 分，其余各题答“是”记 0 分，答“否”记 1 分。

各题得分相加，统计总分。

结果解释：

0～9 分：你的心理承受能力差。你遇到困难易灰心，常有挫折感。

10～20 分：你的心理承受能力一般。你能轻松地承受一些小的压力，但遇到大的打击时，容易产生心理危机。

21～30 分：你的心理承受能力强。你能在各种艰难困苦面前保持旺盛的斗志。

(二)抑郁自评量表

指导语：请仔细阅读每一条，把题目的意思看明白，然后按照自己最近一周以来的实际情况，对下面的 20 个条目按 1～4 级计分：(1)很少；(2)有时；(3)经常；(4)持续。

1. 我感到情绪沮丧，郁闷。

2. 我感到早晨心情最好。

3. 我要哭或想哭。

5. 我吃饭像平时一样多。

6. 我的性功能正常。

7. 我感到体重减轻。

8. 我为便秘而烦恼。

9. 我的心跳比平时快。

10. 我无故感到疲劳。

11. 我的头脑像往常一样清楚。

12. 我做事情像平时一样不感到困难。

13. 我坐卧不安，难以保持平静。

14. 我对未来感到有希望。

15. 我比平时更容易被激怒。

16. 我觉得决定什么事很容易。

17. 我感到自己是有用的和不可缺少的人。

18. 我的生活很有意义。

19. 假若我死了别人会过得更好。

20. 我仍旧喜爱自己平时喜爱的东西。

评分说明：

1. 第 2、5、6、11、12、14、16、17、18、20 题反向计分，即(1)(2)(3)(4)依次计 4、3、2、1 分；其他题为正向计分，即(1)(2)(3)(4)依次计 1、2、3、4 分。

评定时间为过去一周内，把各题的得分相加得粗分，粗分乘 1.25，四舍五入取整数即得到标准分。抑郁评定的临界值为 53 分，分值越高，抑郁倾向越明显。

2. 评判标准：53～62 分为轻度抑郁，63～72 分为中度抑郁，72 分以上为重度抑郁。

反思成长

1. 通过本模块的学习，我知道不是有问题就是精神病，心理问题分几种状态：

____

____

2. 通过本模块的学习，我清楚在什么时候去寻求心理咨询帮助：______________

____

资源导航

推荐书籍：

1. 岳晓东．登天的感觉——我在哈佛大学做心理咨询．上海：上海人民出版社，2008.

2. 郭念峰．心理咨询师(基础知识)．北京：民族出版社，2005.

3. [美]理查德·格里格，菲利普·津巴多．心理学与生活．王垒，王甦等译．北京：人民邮电出版社，2008.

4. [日]多湖辉．改变人心的技巧[M]．张克云，赵伟译．北京：中国青年出版社，2002.

第二部分

了解自我　发展自我

• 模块三
• 大学生自我意识与自我管理

名人名言

在这个世界上，你是独一无二的一个。你生下来是什么，这是别人给你的礼物，你将成为什么，这是你给别人的礼物。

——柏格森

导读

“你认识自己吗?”如果你没有仔细思考过这个问题，你可能会觉得这个问题很容易。但是如果你非常认真地静下心来问自己这个问题，也许你会发现这问题并不是自己想象的那么容易。正如苏格拉底所说，人最难认识的就是自己。随着自我意识的觉醒，大学生在进入大学以后，对于自身的思考会变得越来越强烈。“我是一个什么样的人”“我在别人眼中是什么样子的人”“我要成为什么样的人”等与自我意识有关的自省问题经常困扰着许多大学生。因此，大学生们需要正视这些困惑，认识自己、接纳自己、完善自己并超越自己，从而走向健康成长的彼岸。

学习目标

序号	目标维度	具体内容
1	知识目标	(1)认识自我发展的重要性; (2)了解并掌握自我意识发展的特点; (3)识别在自我意识发展过程中出现的偏差及原因。
2	能力目标	对自我意识发展过程中出现的偏差进行调适。
3	情感和态度价值观目标	建立自尊自信的自我意识。

典型案例

小U，女，大一学生。时常感到非常孤独，觉得周围同学家境非常优越，而自己从小家境贫寒，无论在吃上还是在穿着上总和大家格格不入。对外面的事情了解得也少，在同学面前什么都不懂，平时同学们聊天插不上话，怕自己说的话同学们听不懂。总感觉自己样样不如别人，也很少跟同学来往，怕身边同学瞧不起自己，内心很苦恼。

(来源：根据真实心理咨询案例整理而成。)

思考题：

1. 你觉得小U内心苦恼的主要原因是什么?
2. 为什么说小U最重要的任务也许就是学会认识自己?

3.1 认识自我意识

自我意识是人类特有的高级心理活动形式，是人生的重要课题之一。它是社会的产物，反过来又作用于社会，指导个体适应社会生活，并对周围社会环境产生积极或消极的影响和作用。自我意识的确立是大学生心理发展的重要标志之一，对于大学生的人格形成、心理健康起着重要作用，对促进大学生全面发展具有重要意义。

一、自我意识的含义和分类

(一)自我意识的含义

通俗地说，自我意识就是人对自身的探索和发现，以了解自己是一个什么样的人，有什么样的特点和能力，能发挥什么作用等，是人认识自己和对待自己的统一。通常认为自我意识包括两个方面，一是个体对自身的认识、体验和评价；二是个体对自己与周围世界关系的认识、体验和评价，并通过自身改造以达到个人实现或完善的过程。

知识窗

斯芬克斯之谜

传说，古希腊的奥林匹斯山住着西方诸神，包括西方的主神宙斯及他所统率的众神。凡人是难以涉足神界的，而神的箴言——“人，认识你自己”——应该让人知晓。

于是，传说中的一个奇特的生物——“狮身人面”的斯芬克斯，作为神的使者，带着神对人类的忠告，从奥林匹斯山来到忒拜城堡，驻扎在城堡通向城外的唯一的一条道路上。她把那句神的箴言化作一个谜语——“什么东西早晨用四条腿走路，中午用两条腿走路，晚上用三条腿走路?”每个路过的人都必须猜一猜她的谜语，如果猜不到，就会被她毫不留情地吃掉。

当时，忒拜城堡中没有一个人知道谜底，因而城堡陷入恐慌之中。有一天，一个叫俄狄浦斯的青年路过这里，解答出了斯芬克斯的谜语，谜底就是人本身。新生婴儿不会走路，只能在地上爬，是用“四条腿”走路的；长大了能够直立行走了，是用“两条腿”走路的；但是到了老年，就需要求助拐杖了，是用“三条腿”走路的。人一生中从婴儿到成年再到晚年，正相当于一天中的早晨、中午和晚上。俄狄浦斯解答了斯芬克斯之谜，解救了城堡里的人；斯芬克斯也完成了自己的使命，即告诫人类要反思和认识自己。

(来源：根据古希腊神话故事整理而成。)

(二)自我意识的分类

1. 生理自我、社会自我、心理自我

从内容上看，自我意识可分为生理自我、社会自我和心理自我三种类型。

(1)生理自我。生理自我是个体对自己生理属性的意识，包括对自己的身高、体重、体型、容貌、仪表、性别、体能、健康状况等方面的认识、体验和评价，如“我长得漂亮”“我是一个身体健康的大学生”等。生理自我是个体形成自我体验的基础。

(2)社会自我。社会自我是个体对自己社会属性的意识，包括个体对自己在各种社会关系中的角色、地位、作用、权力、人际关系等方面的认识、体验和评价，如“我是受人欢迎的”“我是班长”。

(3)心理自我。心理自我是个体对自己心理状态的意识，包括个体对自己的能力、气质、性格、兴趣爱好、情感意志等的认识、体验和评价，如“我是个积极乐观的人”“我的信念很坚定”等。

2. 现实自我、理想自我、投射自我

从认知中的自我观念看，自我意识可分为现实自我、理想自我和投射自我三种类型。

(1)现实自我，又称为现实我，是个人从自己的立场出发，对自己目前实际状况的看法，如“我觉得我很有魄力”。

(2)理想自我，又称为理想我，是指个人想要达到的完善的形象，如“我想成为一个有魄力的人”。理想我对个人的认知、情绪和行为影响较大，是个人行为的动力和参照系。

(3)投射自我，又称为镜中自我，是个人想象中他人对自己的看法和评价，以及由此而产生的自我感，如“同学们说我是一个有魄力的人”。

现实自我是个人对自己现实的观感，理想自我是个人追求的目标。现实自我与理想自我不一定相符，两者差距太大，往往会导致个人对自己失望、苛责等。同样，现实自我不一定与投射自我相符，当两者之间差距加大时，个人会感到自己不被别人所了解。

二、自我意识的结构

自我意识是一个多维度、多层次的复杂心理系统。从形式上看，自我意识表现为认知的、情感的和意志的三种形式，分别称为自我认知、自我体验和自我调控。这三种心理成分相互联系、相互制约，统一于个体的自我意识之中。

(一)自我认知

自我认知是自我意识的认知成分，是“主观我”对“客观我”的认知和评价，涉及的是“我是一个什么样的人”“我为什么是这样的人”等问题，包括自我观察、自我分析和自我评价等内容。其中，自我分析是在自我观察的基础上对自身状况的反思；自我评价是最主要的方面，集中反映了个体自我认知乃至思维意识的发展水平，也是自我体验、自我调控的前提。

在客观的自我认知基础上做出正确的自我评价，对于个人的心理活动、行为表现及个体在社会群体中人际关系的协调，都具有重大的影响。例如，一个人如果认为自己没有什么价值，那么与人交往时就会产生自卑感，在做事情的过程中也容易缺乏信心，没有胜任感，没有主动性和积极性，做什么事都保证不了质量。相反，如果一个人只看到自己的优点，往往就会过分自我欣赏，自以为是，难以与他人相处，甚至会被他人讨厌、拒绝或是被群体孤立。

(二)自我体验

自我体验是自我意识的情感成分，是“主观我”对“客观我”所持有的一种态度，涉及的是“我是否接受自己”“我是否喜欢自己”等问题，包括自信、自卑、自尊、自傲、责任感、义务感、优越感等自我体验。自我体验往往与自我认知、自我评价有关，也和自己对社会的规范、价值标准的认识有关，良好的自我体验有助于自我调控的发展。

(三)自我调控

自我调控是自我意识的意志成分，是主体对自身心理行为与思想言语的主动掌握，涉及的是“我应该做什么、不应该做什么”“我如何改变自己”“我怎样才能成为理想的自己”等问题，包括自主、自立、自强、自律、自治、自慰、自我监督、自我控制、自我教育等方面。心理学研究表明，自我控制与大脑额叶的发展密切相连，当我们生理正常时，自我认知与自我体验决定了自我调控。因此，大学生可以通过发挥自己的主观能动性，选择认知角度，转变认知观念，调整自我认知评价体系，从而感受积极自我。

综上所述，自我认知、自我体验和自我调控三者有机统一。通过自我认知，可以明确“我是一个怎样的人”；通过自我体验，可以解决“我这个人怎么样”；通过自我调控，可以最终解决“我应当成为一个怎样的人”等问题。

为了更好地理解自我意识，我们可以从生理自我、社会自我和心理自我三个层面来深入剖析自我意识的三个方面，如表 3-1 所示。

表 3-1　自我意识的结构

层次	自我认知	自我体验	自我调控
生理自我	对自己的身高、体重、体型、容貌、仪表、性别、体能、健康状况的认识。	英俊、漂亮、有吸引力、迷人、自我悦纳。	追求身体的外表、物质欲望的满足、维持家庭的利益等。
社会自我	对自己在各种社会关系中的角色、地位、作用、权力、人际关系等的认识。	自尊、自信、自爱、自豪、自卑、自怜、自恋。	追求名誉地位、与他人竞争、争取得到他人的好感。
心理自我	对自己能力、气质、性格、兴趣、爱好、情感意志等特点的认识。	有能力、聪明、优雅、敏感、迟钝、感情丰富、细腻等。	追求自我价值的实现，注重心智健康的发展，注重和谐的人际关系。

三、自我意识的发生发展

人的自我意识并不是生来就有的，它是在个体成长过程中逐步发展起来的，有一个萌芽、形成、发展完善的过程。心理学研究表明，个体的自我意识从发生、发展到相对成熟，大约要经过二十多年的时间。

(一)自我意识萌芽期

生命之初的婴儿没有自我意识，不能分清自己和他人及自己和周围其他事物的区别。婴儿在 8 个月左右，生理自我开始萌生，这就是自我意识的最初形态。1 岁左右，儿童开始能把自己的动作和动作对象区分开来，初步意识到自己是动作的主体，如当他手抓玩具的时候，不会再把玩具当成是自己身体的一部分。1 岁半左右的儿童，学会使用自己的名字，表明他们能把自己和他人区分开来。2 岁左右的儿童，逐渐学会用代词“我”来代表自己，由此实现了自我意识发展的一次飞跃，而掌握“我”字是自我意识萌芽的主要标志。3 岁左右的儿童，自我意识有了新的发展，主要表现为出现了羞愧感与疑虑感，出现了占有欲和嫉妒感，“我”的使用频率逐渐提高，许多事情都要求“我自己来”，并开始有了自我独立的要求。

3 岁儿童的自我意识有了一定的发展，但其行为还是以自我为中心的，即他们总是以自己的身体为中心，以自己的想法和情感来认识和投射外部世界。因此，心理学上称这一时期为“自我中心期”，将这一阶段个体自我意识的发展称为“生理自我”发展阶段，也是自我意识最原始的形态。

（二）自我意识形成期

3 岁至青春期，是个体接受社会文化、学习社会角色的重要时期。儿童在家庭、幼儿园、学校中通过游戏、学习、劳动等不同形式的活动，进行模仿、认同、练习，逐步习得社会规范，形成各种角色观念，如性别角色、家庭角色、伙伴角色、学生角色等。到了学前期，3～4 岁幼儿的自我评价开始发生，4 岁左右有了自我体验，4～5 岁幼儿自我控制已经出现，其独立性、目的性、自觉性得以发展。到了学龄初期，儿童出现道德评价能力，能从道德原则、主观动机等方面评价自己行为的好坏。到 10 岁左右，他们自我评价的独立性、批判性获得发展。进入少年时期，自我意识产生质变，他们不仅能认识到自己的外部特征，而且能反映和体察自己的内心世界，意识到自己的人格。少年时，开始关心、思索自己是什么样的人，产生了解自己特点与人格的愿望。

尽管这一时期的青少年开始将目光转向关注自己的内心世界，但他们主要还是通过外在的、他人的观点去评价事物，认识他人，对自己的认识也服从于权威或同伴的评价。因此，心理学上称这一时期为“客观化时期”，将这一阶段个体自我意识的发展称为“社会自我”发展阶段。

（三）自我意识发展完善期

从青春发育期到青春后期，大约 10 年时间，个体自我意识接近成熟，他们不但关心自己是什么样的人，而且极为看重自己将成为什么样的人，以及如何成为理想中的人，他们能进行自我调控、自我反省，有意识地培养优良的人格品质。到了青年晚期，个体自我意识已经成熟，他们努力实现现实我与理想我的有机统一，能较为全面、客观地认识和评价自我，能有目的、有计划地改造自我、健全自我，能有意识地协调自己的心理与行为。随着自我意识的发展完善，个体的人格也趋于成熟和稳定。

心理学上称这一时期为自我意识“主观化时期”，将这一阶段个体自我意识的发展称为“心理自我”发展阶段。

3.2 大学生自我意识的发展特点与偏差

大学阶段是个体逐渐走向成熟、走向独立的重要阶段，是大学生走向社会的适应阶段。大学生的自我意识还在不断发展中，在当前多元化的人生观、价值观的冲击下，在复杂多变的时代环境影响下，大学生有必要了解自我意识发展的规律、自我意识发展的特点及可能出现的偏差，并学会积极应对偏差。

一、大学生自我意识发展的规律

大学生的自我意识在大学期间得到了迅猛发展，他们的自我认知、自我体验、自我调控逐步协调一致。大学生自我意识会出现一个“分化—冲突—统一”的过程，这一过程是大学生自我意识不断发展、逐渐趋于成熟的过程。

(一)自我意识的分化

自我意识的分化是大学生自我意识开始走向成熟的标志。大学生需要更多地在他人与自身的比较中重新审视自己的内心世界和外部行为、自己的角色和责任等。同时，随着知识的增长、自主学习能力的增强，他们的自我意识进一步分化，一个完整的“我”一分为二，成为两个不同的“我”，出现自我意识的分化。

从自我观察的角度来看，大学生的自我意识分化为“主体的我”(我是什么，我做什么)和“客体的我”(别人怎样看我，对我的态度如何等)。处在观察者地位的是“主体的我”，被自己观察的是“客体的我”。这样，大学生既是自我的观察者，又是被观察的对象。这就为大学生客观地评价自己和他人，合理调节自身的行为和活动奠定了基础。

自我意识的明显分化，使大学生主动对自己的内心世界和行为有了新的意识，开始意识到自己那些从来没有被注意到的“我”的许多方面和细节。这一时期，大学生的自我沉思、自我分析、自我反省的时间明显增多；对自我新的认识、体验、控制带来的种种激动、焦虑、喜悦和不安也显著增加；为自己应该怎样做、能怎样做、不应该怎样做等开始认真地动脑筋，不像中学生那样随心所欲。一些西方心理学家将青年期称为“急风暴雨”式的“大动荡”时期。

(二)自我意识的矛盾

美国精神病学家爱利克·埃里克森(Erik H. Erikson)提出，青年期的重要发展课题是自我同一性的确立。但大学生自我意识的发展会出现一些冲突，主要表现为以下五对矛盾。

1. 理想我与现实我的矛盾

这一矛盾可以说是大学生自我意识冲突最突出和最集中的表现。主要表现为：一方面，每个大学生心中充满抱负，成就动机强，对未来充满希望；另一方面，大学生的生活范围相对狭窄，社会交往比较单一，缺乏社会阅历。因此，理想我与现实我会出现矛盾。

2. 自尊与自卑的矛盾

主要表现为：一方面，大学生常带有浓厚的优越感和很强的自尊心，他们对自己的能力、才华和未来充满信心；另一方面，他们发现大学里“山外有山”，在学习、社交等方面遇到困难和不足的时候，又表现出自我怀疑和自我否定，出现自尊与自卑的矛盾冲突。

3. 交往需要与自我闭锁的矛盾

主要表现为：一方面，大学生迫切需要友谊，渴望理解，寻求归属和爱，有强烈的交往需要，希望能向知心朋友倾吐对人生和生活的看法，盼望有人能分担痛苦、分享快乐；另一方面，又存在着自我闭锁的倾向，许多人往往不愿意主动敞开自己的心扉，而把自己的心灵深藏起来，在公开场合很少发表个人的真实意见。他们在与他人交往时存在有较强的戒备心理，表现为交往需要与自我闭锁的矛盾冲突，因此，常常表现为孤独和寂寞。

4. 追求上进与自我消沉的矛盾

主要表现为：一方面，许多大学生都有较强的上进心，他们希望通过努力来实现自身的价值；另一方面，在追求上进的过程中碰到困难、挫折时，一些学生开始出现情绪波动，在困难面前望而生畏、消极退缩。这种矛盾表现为追求上进与自我消沉的矛盾，导致内心困惑、烦躁、不安、焦虑。

5. 独立与依附的矛盾

主要表现为：一方面，大学生在心理上渴望以独立的个体面对生活、学习中遇到的问题；另一方面，由于缺乏丰富的社会阅历和经验，大学生很多时候又依赖家人、老师和朋友的支持与帮助，会出现独立与依附的矛盾。

（三）自我意识的统一

大学生的自我意识经过一段时间的矛盾冲突，便在新的水平和方向上达到协调一致。理想我和现实我矛盾统一的类型分为以下五种。

1. 自我肯定型

自我肯定型是一种积极的统一类型，其特点是理想自我与现实自我通过积极的矛盾斗争达到统一。这类学生在自我意识出现矛盾时，会主动按照社会要求的理想自我自觉改变现实自我的不足，扬长避短，使现实自我逐步完善，以便与正确的理想自我趋于统一，这是有抱负、有志气的青年所采取的一种统一类型，它最典型地反映了年轻人积极向上、努力进取的精神，是值得鼓励和提倡的。

2. 面对现实型

这类学生一方面不断完善现实自我，另一方面又根据现实自我的实际状况修正理想自我，达到两者统一。在这里，虽理想自我也有朝现实自我“靠拢”的修正，但出于较现实的考虑，仍不失为一种积极的统一。

3. 自我否定型

这是一种消极被动的类型。这类学生一般采取强调客观因素或原谅自己的办法去解决自我意识的矛盾，当理想自我与现实自我产生矛盾时，往往以“我本来就不行”而自我安慰；或者勉强拼搏一阵子，遇到困难，就降低理想自我的要求，获得自我意识的虚假统一。这种迁就现实、自我平庸型的大学生需要教师推动其自我意识的发展。

4. 自我扩张型

这类学生多盲目自信、狂妄自大，过高地估计现实自我的能力，理想自我标准太高。这样就造成理想与现实的强烈反差，以主观臆想代替客观现实，沉浸于自我陶醉之中。若经过长期努力仍不能实现理想，往往颓废到无所追求的现实自我，以此求得心理的平衡。

5. 消极补偿型

这类学生常以不正确的方式从消极方面努力，以摆脱、发泄理想与现实的矛盾所带来的痛苦，补偿理想自我的需要。例如，有些女大学生由在中学时全班瞩目的“明星”变成普通一员后，为了维持心理平衡，一方面热切寻求外界的肯定，对教师和同学的反应十分敏感，一方面以穿着打扮补偿现实自我的不足，以维护理想自我的尊严。

二、大学生自我意识发展的特点

处在青年早期的大学生，随着个体心理和意识的不断发展，学生自我意识的发展达到了新的水平。独立感、自尊心、自信心、好胜心等逐步趋于熟，自我认知、自我体验、自我调控三方面趋于协调发展，自我意识的核心——世界观、人生观已基本确立。总的来说，大学生自我意识的发展表现出以下特点。

（一）自我认知趋于成熟

大学这一特殊的学习、生活环境，为大学生提供了一个博览群书、自由发展、自我实现的新天地。这个新天地为他们的自我认识向广度和深度发展提供了有利条件。具体体现在：首先，自我认识的广度和深度大大提高。大学生的视野更开阔了，关心的社会问题也多了，他们的自我认识不仅涉及自己的气质、能力和性格等一般问题，而且还涉及自己的社会地位、社会责任、自我价值等问题。其次，自我认识的自觉性和主动性明显提高。大学生对于“我将来做个什么样的人？成就什么事业？我能为社会做些什么贡献？”等问题的思考相比少年时期更主动、更自觉，也具有更高水平。再次，自我评价能力提高。随着年龄的增长、智力的发展、生活经验的不断积累，抱负水平渐趋稳定，大学生的自我评价更加符合客观情况，大多数人对自己的分析、评价逐渐变得全面、客观和主动，对自己的优缺点有了较正确的认识和评价，并能选择自己的长处进行发展，开始具备在自觉基础上的“自知之明”，但是大学生自我评价能力有很大的个体差异。

（二）自我体验丰富复杂

大学生的自我体验明显不同于童年时期和少年时期那种被动的、短暂的、肤浅的自我体验。随着自我认识的全面和深入，大学生的自我体验也随之丰富复杂，可以说是一生中或种种社会群体中“最善感”的一个年龄阶段或群体。大学生对人生、对世界、对社会和对自然的体验更加真切和丰富，对美的体验和追求更加高雅和迫切，其自我的社会观和人文观更加全面和深刻。一般说来，大学生自我体验的情绪情感基调是积极的、健康的。

大学生的自我体验敏感、细腻、闭锁、深刻，强度和波动性较大，两极性明显。情感体验的基调倾向于热情、憧憬、自信、舒畅、紧张、急躁、愁闷等。当他们取得成绩而受到表扬，或言行举止被别人接纳时，就会表现出愉快、喜悦等积极的、肯定的情感体验；当他们受到挫折、批评时，就会产生低沉、忧郁等消极、否定的情感体验，甚至会自暴自弃。男生比女生更有自信心，更富于活力，容易急躁；女生则表现得更加热情，取得成功的要求更加迫切，但心境变化较大，易多愁善感，具有明显的情景性。

(三)自我调控能力提高

大学生的自我调控能力在自觉性、坚持性和自制性的水平上明显高于中学生，自我设计的愿望十分强烈，他们的苦恼常常围绕的是自我设计、自我价值的实现。很多大学生把意大利文学家但丁的名言“走自己的路，让别人说去吧”作为自己的座右铭，在一项调查中发现72%的大学生希望成为“德才兼备，博学多才，富有开拓精神，适应性强的大学生”。强烈的独立和反抗倾向、逐渐确立的成人全新自我形象，是大学生自我调控能力发展的主要特点。同时，他们主观上的渴望独立和客观上的依附，使得他们内心充满纠结和矛盾。

可见大学生自我意识的发展水平较高，但还没有完全成熟，仍然需要进行正确的引导。

三、大学生自我意识发展的偏差

大学生处于心理趋向成熟但又尚未成熟的时期，自我意识还在不断发展中。大学生的自我认同与“我是谁”和“我将走向何方”两大问题密切相关，如果这两个问题完成得好，那么大学生就能达到自我同一性，否则就容易出现自我同一性危机，迷失方向，出现各种发展偏差。

(一)自卑

自卑是个体由于自我认知偏差而形成的自我轻视和自我否定的情绪体验。大学生自我认知偏差具体表现在四个方面：一是自我认同感低。即对自己缺乏一种正确的认识，自我否定，对自己没有信心，也对自己不认同，一遇到有错误的事情，就以为是自己不好，觉得自己处处不如人。二是过度追求完美。追求完美是人类共同的特点，但由于过度追求完美，反而容易对自己目前的状况不满意或者未达不到自己的目的感到失望和沮丧，不相信自己的能力，对自己缺乏激励；一旦失败又不停地拿失败的经验去验证此前过低的自我认识，进一步强化了自卑的体验。三是过分的敏感。由于过分敏感，常常会伴有心理防御，对他人的言行十分敏感，并且小心谨慎，总担心自己的言行被同学们注意，或者担心别人是不是在议论或者在批评自己，甚至产生猜疑心理，人际交往退缩，逐渐失去自信。四是挫折经历和不恰当的归因。如多次受到别人的嘲笑、讽刺和打击的挫折经历，有可能让大学生出现归因偏差，对自己的能力产生怀疑，导致过低的自我评价，继而逐渐走向自卑。

知识窗

如何正确看待自卑心理？

同学们，如果在你的学习生活当中，在你的人生经历当中，曾经有过自卑或者正在经历自卑，这并不可怕。心理学家阿德勒认为每个人一生下来就带有不同程度的自卑感，自卑心理人人有，自卑感既能摧毁人也能塑造人，关键是如何处理。

通常人们对待自卑心理有两种处理方式：一种是积极补偿，另一种是消极补偿。

1. 积极补偿。积极补偿是指当一个人面对自卑时会积极地寻求各种适当的补偿方式。积极补偿就是化自卑为动力，用正向、积极的力量，把自卑情结慢慢地化解掉，把不完善的地方完善起来。比如，当我的身高不够、容颜不够时，我就用其他的才华来补偿；当我家境贫寒时，我就用优异的学业成绩来补偿。

2. 消极补偿。消极补偿是指当一个人面对自卑时缺乏补偿或者过度补偿。消极补偿把自己设定在限制的范围内，看到的是所有事物消极的一面，而且用消极的方式去解读别人。

(1)缺乏补偿是指个体面对自己的卑微，不敢正视现实，极力掩饰，并放弃自我改善处境的想法。常常表现为：退缩、逃避、隔离、嫉妒等，从而使自己萎靡不振。比如，一位男同学总觉得自己普通话说得不标准(实际上还不错)，认为自己不善言辞，觉得自己不受人欢迎，尽管很想跟同学交朋友，但害怕同学们不接纳他，于是总是一个人独来独往。

(2)过度补偿是指个人为了摆脱卑微，极力寻求另外一种满足，以掩饰某方面的自卑感，甚至不顾别人的需要和社会的要求，妄自尊大。常常表现为：过度自尊。

自卑的前提是自尊，当人的自尊需要得到满足，又能恰如其分、实事求是地分析自己时，就没那么容易产生自卑心理。自卑是把双刃剑，它既有积极的一面，也有消极的一面，关键是我们怎样用一种积极的心理防御机制把自卑做一种调整，去发掘有助于人生发展的积极面。

如何克服自卑心理？

对于大学生来说，克服自卑心理首要的任务是正确认识自我，积极悦纳自我，然后有效调控自我，从而塑造良好的自我形象。克服自卑心理常用的方法有以下几个。

1. 合理认知法。就是辩证地看待自己和他人，知道每个人都有优点和缺点，正如“金无足赤，人无完人”“尺有所短，寸有所长”，从而接受不完美的自己，不苛求自己。

2. 恰当比较法。就是用合理的评价参照系来评价自己，正确地与他人进行比较，最重要的是自己跟自己比。

3. 积极补偿法。就是通过努力奋斗，以某方面的成就来补偿自身的缺陷，学会扬长补短。

4. 行动训练法。就是通过具体的实际行动，做出改变，解决实际存在的困扰，并提高内在能量，如注重个人卫生和形象、培养自身特长、磨炼个人的意志、多与人交往等。

当然，自卑心理的形成是一个长期的过程，因此，自我成长也需要一个过程，切勿急于求成。

(二)自负

自负是个体自以为是、自命不凡的一种情感体验和情绪表现。一个人不能客观地认识自己、过高地评价自己，就会表现出自负。伴随着社会文化的变革，传统的中庸之道和谦逊淡泊等处事原则逐渐从人们的价值体系中淡出，自信、个性张扬成为当代许多大学生的一大特色，他们有独立思考的精神，对未来踌躇满志，锋芒毕露、信心十足。但有些大学生自信过了头，自我感觉太好，听不进他人的意见，一意孤行，成为不受欢迎的自负者。

(三)虚荣

虚荣心是一种追求虚假荣誉，以期获得尊重的心理行为，是自尊心的过分表现。社会生活中人人都有被尊重的需要，都希望得到认可。但虚荣者不是通过实实在在的努力，而是利用吹牛、撒谎、投机等非正常手段去沽名钓誉。追求虚假的荣誉，只是自欺欺人，不仅会使个体失去诚实、他人的尊重和友谊，而且会使之失去实在的追求，留下空虚空白的人生。

(四)从众

从众是指在群体舆论的压力下，放弃个人意见而与大多数人保持一致的自我保护行为。从众心理人人都有，但从众心理过强的大学生缺乏独立思考，缺乏主见，丧失自我，有碍于心理发展。造成从众心理过强的原因是多方面的。一是害怕孤立，为求得小团体的认同，避免被孤立，从而放弃了主见，随大流，凑热闹，以求合群；二是缺乏自信，因对自己的能力缺乏自信而不敢自己做决定，只好随大流；三是过分强调“听话”“服从”的家庭和学校教育，让一些大学生形成了极富惰性的人格特质，独立思考精神被窒息，习惯于从众。

(五)逆反

逆反是指为维护自尊，而对对方的要求采取相反的态度和言行。大学生智力发展虽然达到高峰，但阅历有限，经验不足，情绪富于两极性，易于感情用事，主观片面、脱离实际，容易形成偏见。当这种偏见在现实生活中碰壁时，在青年期特有的强烈独立意识和批判精神驱使下，他们很容易出现逆反心理，如对师长的教育或班干部的工作抵触，以“顶牛”“对着干”的方式来显示自己的“高明”“非凡”；对正面的教育和宣传表现出一种怀疑、不认同的态度；对社会、人生和个人前途表现出玩世不恭的态度。逆反心理的出现是大学生批判精神、独立意识增强的标志，这是值得肯定的，但如不加以正确引导，消极作用很大，如助长个人自由主义倾向，使人际关系僵化，不利于个人的社会化，不健康的思维模式和行为方式及情感反应固执等。

(六)任性

当代大学生大多数从小集家庭的宠爱和社会的关爱于一身，在顺境中长大，缺乏挫折的磨炼，一部分大学生因此出现了任性孤傲的毛病，如很少自我克制，一味地要求他人对自己忍让，习惯让别人服从自己、迁就自己；待人接物单从个人好恶出发，只凭一时意气用事，容易被本能的欲望和偶然的动机与不良的情绪所左右；而社会上片面主张个性自由的思潮，也使他们对自己的弱点不以为意，进而发展到以自我为中心、唯我独尊的境地。

3.3 大学生自我意识的完善

自我意识是人特有的现象，是人能够反省自己的一种能力，它使人能够超越具体的世界，生活在“可能”的世界之中。正是有了自我意识，人才能在面对自我、他人或外界事物时，从多种可能性中进行选择。

大学生健全的自我意识的标准有如下几个。

第一，自我意识健全的人，应该是一个有自知之明的人，既知道自己的优势，也知道自己的劣势，能正确评价自我和发展自我。

第二，自我意识健全的人，应该是自我认识、自我体验和自我调控协调一致的人。

第三，自我意识健全的人，应该是积极自我肯定的、独立的并与外界保持一致的人。

第四，自我意识健全的人，应该是理想自我与现实自我统一的人，有积极的目标意识和内省意识，积极进取，永无止境。

要有健全的自我意识，最根本的办法就是要真正了解自己，这也是一个人成长的核心所在。在你自己心中有可能是一个自卑的你，但真正的你在现实中表现的已经很自信，很受同学的欢迎，而你意识不到这样的自己；在你心中也有可能是一个优秀的你，你觉得自己样样都比别人优秀，但在现实生活中，你却是一个很自以为是的人，常常和别人过不去，甚至不合群。所以，对自身的认知如果不足，则会导致内在和外在的矛盾发生。既然认识自己如此重要，那么我们究竟该如何认识自己呢?

一、正确认识自我

“人贵有自知之明”。德国著名作家约翰·保罗曾说，一个人真正伟大之处，就在于他能够认识自己。正确地认识自己就要全面地了解自己、评价自己，其中最重要的是要了解自己的长处和短处，把握自己与他人的关系、自己与群体的关系以及自己在社会生活中所处的位置，对自我做出恰如其分的评价。正确认识自我是建立健全自我意识的基础，有利于调适现在的我和构建未来的我。

可以通过以下几种途径来正确认识自我，全面评价自我。

(一)内省法

子曰：“吾日三省吾身。”内省法就是通过自我反省与分析，从我与我的关系中认识自己，这是自我认识的一个重要方法。

内省法常用的方法有以下三个。

1. 从自我意识的内容上，即生理自我、社会自我、心理自我等三个方面展开自省。

2. 从自我意识的自我观念上，即现实自我、理想自我和投射自我等三个方面认识自己。

3. 从自我意识的结构，即自我认知、自我体验、自我调控等三个方面进行自省。

(二)他人评价法

唐太宗有句名言：以铜为鉴，可正衣冠；以史为鉴，可知兴替；以人为鉴，可明得失。他人对自己的态度和评价犹如一面镜子，可以帮助我们纠正自己的认识偏差，形成较客观的自我概念。

对待他人对自己的评价时，需要注意以下三个方面。

1. 对待别人的评价要有一个正确的态度，不因他人过高的评价而飘飘然，也不为他人过低的评价而失去信心。既要重视与自己观点一致的意见，也要重视与自己观点不一致的意见。

2. 多重视熟悉自己或与自己打交道比较多的人的评价，如父母、老师、好朋友的评价，他们对自己了解比较全面，评价比较客观。

3. 特别重视具有一致性的评价。如果不止一个人说到自己有某方面的问题，那么可能自己在这方面的问题已经很明显了。

知识窗

乔哈里视窗理论

美国心理学家乔瑟夫·勒夫特(Joseph Luft)和哈里·英格拉姆(Harry Ingram)提出关于人自我认识的窗口理论，此理论用他们两人的名字命名，即乔哈里视窗理论。他们认为人对自己的认识是一个不断探索的过程，每个人的自我都有四部分：公开的我、秘密的我、盲目的我、潜在的我，见表 3-2。

表 3-2 乔韩窗口

类别		自我观察	
		认识到	未认识到
他人观察	认识到	A 公开的我	B 盲目的我
	未认识到	C 秘密的我	D 潜在的我

该理论认为，每个人的自我都由这四部分构成，但其比例是不相同的，而且随着个人的成长与生活经历，自我的四个部分也会发生变化。一个人 A 部分越大，自我认识就越正确，自我评价越全面，心理就越健康，越有利于自身发展；B 部分越大，说明对自我认识偏差大，可能盲目夸大了自己的优点和缺点，盲目自负或自卑；C 部分越大，表明越害怕别人看清自己，进而否定自己，总是按照别人对自己的评价和期许来表现自己，隐藏真实的自我，因而 C 越大，越觉得别人不理解自己；D 的存在使我们无法完全认识自己。

因此，大学生应如实地展示自我，并主动征求他人的意见，留心观察和分析他人对自己的态度，力图缩小 B 部分，力争全面认识自我；同时，应按照自己的本来面目展示自己，不有意掩饰自我，以缩小 C 部分。因为当一个人秘密领域缩小，公开领域扩大，其生活会更加真实，不论是与人交往还是自处，都会显得更加轻松愉快而有效率；而盲目领域和未知领域变小，人对自己的认识越清楚，越能在生活中扬长避短，进而发挥自己的潜能。

(三)比较法

比较法是从我与人的关系认识自我，包括与他人比较和与自己比较。每个人在认识自我的过程中，总是不由自主地将自己和他人进行比较。他人是反映自我的一面镜子，与他人比较是客观、全面认识自我的重要方式。同时，与自己比较，是我们常用的也最能影响我们对自己看法的方式。

1. 横向比较法

与他人比较，需要掌握比较的艺术。一方面，如果你希望获得激励或改善狂傲的个性，那么多“向上”比，与比自己优秀的人比，从而给自己树立榜样和目标，帮助认识自己的不足，激励自己努力进取，改进和提高自我。另一方面，如果你希望增强自信，多些主观幸福感，那么多“向下”比，和不如自己或境况比自己差的人比较，能让你珍惜所拥有的，并心存感激。

2. 纵向比较法

与自己比较，通过在与自己的过去、现在和将来的比较中认识自我。同样，运用纵向比较法要注意以下两个方面的问题：一方面，经过比较之后，勇于超越自我，不要满足于现有的成绩；另一方面，要确立恰当的抱负水平，不要一味地跟自己过不去，而从自己的发展历程中进行比较，从比较中认识自我、改变自我、塑造自我。与自己比较，这是每个人都需要学会的一种比较方式。当我们学会与自己的过去比较，必然能获得强大的心灵能量，因为战胜自己本来就是对自己最好的肯定。此外，我们还需要学会与理想我比较，让理想我成为自我发展的目标、方向和动力。

(四)实践成果法

实践成果法是从我与事的关系认识自我。社会衡量一个人的价值主要是通过其实践成果来认定的，实践成果的价值有时直接标志着自己的价值。理想的实践成果可以使个体进一步认识自我，发现自我的价值，从而进一步开发潜能、激发自信。如学习成绩、综合测评成绩、各种文体活动成绩等的结果，可以帮助自己了解自己的优势和不足，了解自己的潜能。所以，大学生在大学期间要勇于实践，在实践的成功与失败中客观地认识自己的知识才能、兴趣爱好，进一步发挥自己的长处，弥补自己的不足。

(五)测验法

常见的测验法有投射测验和心理测试，通过测验法了解自己的心理特征，如智力、人格特点、心理健康水平等。

1. 投射测验

投射测验首先由精神分析学家使用，他们希望通过这种测验解释个体的无意识动力。这种测验，通过给受测者一系列的模糊刺激，如抽象模式，可以解释很多的未完成图片、绘画，要求被试叙述模式、完成图片或者讲述画中的故事，以此来了解个体的性格、人格。

常用的投射测验有罗夏墨迹测验和主题统觉测验。

(1)罗夏墨迹测验。罗夏墨迹测验是由瑞士精神病学家赫尔曼·罗夏(Hermann Rorschach)在1921年创立的。测验通过向参与者呈现标准化的、由墨渍偶然形成的对称的墨迹图(见图3-1)，让测试者说出对图所做出的联想与想象，并记录来访

图 3-1　罗夏墨迹测验

者所说的、反应的时间、拿图片的方式。这些图片的目的都是诱导出来访者的生活经验、情感、个性倾向等心声，让测试者在不知不觉中暴露自己的真实心理。因为在讲述图片上的故事时，测试者已经把自己的心态投射入情境之中了，以此来了解内在的自我。

(2)主题统觉测验。主题统觉测验是摩根(C. D. Morgan)和亨利·默里(H. A. Murray)于1935年设计研究幻想的一种方法。全套测验有30张黑白图片和1张空白卡片，向被试呈现的是模糊情境的图片，要求被试根据图片讲述一个故事，包括情境中的人在干什么、想什么、故事是怎么开始的，根据被试的故事情节，评价其个体行为、关心的问题和动机，以及人格特征。

2. 心理测试

心理测试是一种比较先进的测试方法，它是指通过一系列手段，将人的某些心理特征数量化，来衡量个体心理因素水平和个体心理差异的一种科学测量方法。常见的了解自我心理特征的心理测试有《气质量表》《性格类型测验》《自尊量表》《自我和谐量表》等。

二、积极悦纳自我

积极悦纳自我就是无条件地接受自己的一切，包括优点和缺点、优势和劣势等各方面。美国心理学家卡尔·罗杰斯(Carl Ranson Rorgers)说过："自卑在本质上其最深层次的来源是：对负面自我的不接纳"。任何试图通过"努力填补令你自卑的缺陷"或"努力追求成功获得自信从而摆脱自卑"的方法都是治标不治本。有许多大学生以为找到了他们的自卑来源，比如缺爱、总是把自己和别人对比、把别人理想化等，但很多人即便解决了他们自认为造成他们自卑的这些原因，他们依旧还是会自卑。

一项关于大学生"我的长处和短处"的调查表明：大约有70%的大学生能比较客观地写下自己的长处与短处；有15%的学生只写长处，不愿写自己的短处；10%的学生只写短处，写不出自己的长处；还有5%的学生没有答案。由此可见，大多数大学生能积极接纳自己，还有部分学生不能正确地面对自己、接纳自己，表现为过分夸大自己的优点而产生自负心理或过分夸大自己的缺点而产生自卑心理，这两种情况都会对一个人的发展产生不利影响。因此，作为大学生，只有接纳自己，尤其是接纳自己的不足，才能坦然面对一切，真正自信、自强，从而进一步完善自己、超越自己。

具体来说，积极悦纳自我可以从以下四个方面进行努力。

(一)无条件接受自己的一切

俗话说："金无足赤，人无完人。"每个人都有自己的优点和缺点、长处和短处，积极悦纳自我就是无条件接受自己的一切，对自己的长处能充分发挥，对自己的短处也要正确对待。

下面这则西方寓言故事，将会引起我们关于对自我优点和缺点的深层思考，从而指导我们积极接受和喜欢自我。

有一天，一群动物聚在一起，彼此羡慕对方的优点，抱怨自己的缺点，于是，决定成立一所学校，希望通过训练，使自己成为一个通才。他们设计了一套课程，包括奔跑、游泳、飞翔和攀登，所有动物都报了名，选修了所有的科目。最后的结果是：小白兔在奔跑方面名列前茅，但是一到游泳课的时候就浑身发抖；小鸭子在游泳方面成绩优秀，飞翔也还差强人意，但奔跑和攀登的成绩却糟糕透顶；小麻雀在飞翔方面，轻松愉快，但就是不能正经奔跑，尤其是碰到水就几乎精神崩溃；至于小松鼠，固然爬树的本领高人一筹，奔跑的成绩也还不错，却在飞翔课中学会了逃课。大家越学越迷惑，越学越痛苦，终于决定：停止盲目学习别人，好好发挥自己的长处。他们不再抱怨自己、羡慕别人，因此又恢复了往日的活泼和快乐。

同寓言中的一群小动物一样，大学生如果以积极的态度认可和接纳自己，便会形成自尊；如果以消极的态度拒绝自我，便形成自卑。自卑者往往片面地夸大自身的缺点和短处，甚至否认自我存在的价值，从而极大地阻碍正确自我意识的形成。

(二)积极肯定自己的长处

肯定自己的长处，可以最大限度地调动个体的能动性，使自己心情愉悦，智力和创造力得到充分的发挥，并朝着自我完善的方向大踏步地迈进。大学生，可以做以下一些练习：如找出最近一次或几次自己做过的比较成功的事情，用心体会成功的愉快心情，庆祝自己的胜利；及时了解自己各方面的发展、进步和成绩，肯定自己的能力；记录别人对自己的积极评价和态度，增加自信等。这样，就能把注意力集中在自己的优点和成功上，而不是集中在自己的缺点和失败上，有助于建立和巩固良好的自我感觉，悦纳自我。

(三)正确善待自己的短处

学会正确地对待自己的短处是积极悦纳自我的关键。通常，短处有两种：一种是自己可以改变的，如不良的生活习惯、自私自利、懒惰等，这类短处要坚决改正。另一种是自己不能改变的，如先天的身材矮小、相貌一般等，对此则要勇于面对现实、坦然接受，然后再设法通过适当的修饰加以弥补，也可以通过在其他方面取得的成就而进行“补偿”。比如：注意提高自己的内在修养，在学问上狠下功夫，培养内在的心灵美，发展自己的才能，做到“我虽然外貌一般，但我很有才华”，“我很丑，但我很温柔”等。针对自己的不足，可以多做这样的造句练习：“虽然我……，但是我……”。

相反地，过分追求完美、过分苛责自己，无异于心理上的作茧自缚，会窒息人的活力，使人心情压抑、行为退缩，失去许多展示自己的机会。正确的态度是承认和允许自己的不完美，接受自己的全部缺点和优点。

(四)正确对待挫折与失败

个人在成长过程中难免会遇到挫折，要有勇气面对挫折。失败并不可怕，可怕的是你对待失败的错误态度。大学生由于自我认识存在一定的片面性，当他们面临挫折时，如考试成绩不及格、与同学发生人际冲突、失恋和毕业时，找不到理想的工作时等，他们常常会变得非常消沉，看不清自己的未来和希望，甚至全盘否定自己。因此，大学生要学会正确地看待挫折与失败，清醒地认识到：挫折是难以避免的，“人生不如意十之八九”，重要的是我们对待挫折的态度。那就是要把挫折看成是一种人生的磨炼，大学生只有做到不因遭遇挫折而盲目地否定自己，才能得到完整的人生体验，树立健全的自我意识。

成功的体验会带来积极的情感体验，从而产生悦纳自我的意识。因此，大学生也要给自己创造获取成功体验的机会，让成功的喜悦成为个人强大的内在动力，从而推动自己去争取更大的成功。比如，大学生在参加各类活动竞赛之前，要注意有所选择，不要盲目参加，以避免给自己带来不必要的失败体验。同时，可以有意识地选择自己感兴趣、有专长、适合自己的项目去参加，以自己的优势来证明自己的能力，享受成功的体验。

知识窗

自我设限——我圈住自己成功的高度

曾有科学家做过这样一个有趣的实验：先把跳蚤放在桌上，一拍桌子，跳蚤迅速跳起。跳起的高度均在其身高的100倍以上，堪称世界上跳得最高的动物！然后在跳蚤头上罩一个玻璃罩，再让它跳，结果跳蚤碰到了玻璃罩。连跳多次都碰到玻璃罩顶部之后，跳蚤改变了跳起的高度以适应环境，结果每次跳跃总保持在罩顶以下的高度。接下来逐渐降低玻璃罩的高度，跳蚤也都会跟着降低自己跳起的高度，以避免碰到罩子的顶部。最后，当玻璃罩的顶部降低到接近桌面的高度时，跳蚤已经无法再跳了。此时即使把玻璃罩打开，再拍桌子，跳蚤仍然不会跳，变成“爬蚤”了。显然，跳蚤变成“爬蚤”，并非它真的丧失了跳跃能力，而是由于一次次受挫习惯了，麻木了。虽然时过境迁，玻璃罩已经不存在了，但它却已经连“再试一次”的勇气和欲望都没有了。玻璃罩已经成了潜意识的一部分，罩在了心灵上。行动的欲望和潜能均被潜意识的玻璃罩给限制了，科学家把这种现象叫做“自我设限”，即个体在心中为自己设了限制，认为自己没有能力，不够优秀，注定失败等。

许多人都可能有相似的经历，在成长的过程中，尤其是早期自我意识形成的过程中，受到外界尤其是重要他人太多的批评和打击。通过内化这一心理过程，逐渐把这些评价当成对自己真实的评价，于是成功的信心和欲望被自我设限压制封杀，甚至不再给自己哪怕只是尝试一下的机会。既害怕失败，又对失败习以为常，没有了信心和勇气，便可能慢慢养成懦弱、犹疑、自卑、孤僻、害怕承担责任、不思进取、不敢拼搏的个性特征。然而，就像跳蚤与生俱来能够跳高一样，对成功的渴望、希望得到尊重和赞美，是每个大学生与生俱来的需求。而要打破罩在我们潜意识中的罩子，我们就需要重新找回失落的本真的自己，给自己一片没有限制的天空，自由地锻炼和发现自己的力量。

三、合理地塑造自我

自我调控使人主动、定向地改变自己的心理品质、特征以及行为的心理过程。有效地自我调控是大学生健全自我意识、完善自我的根本途径。在进行自我调控时要处理好以下四个方面。

(一)有效调控自我

自我调控是人主动地改变自己的心理品质、特征及行为的心理过程，是大学生健全自我意识、完善自我的根本途径。很多大学生的自我期望较高，但由于主客观条件的限制，特别是缺乏足够的自制力和较强的意志力，经常遭受挫折和打击，无法实现预期的理想目标。大学生应根据自己的实际情况和社会发展的需要，确立适合自我的抱负水平，对理想的自我实现过程中遇到的身心矛盾和困扰进行合理的控制与调节，以达到最终理想自我的实现。

大学生要有效调控自我，可以从以下三个方面努力。

1. 保持合理的期望值

人的意志力与人的认识密切相关，人的认识越高越能节制自己。大学生要面对现实，建立合乎自身实际情况的抱负水平，确立适宜的理想自我和具体的奋斗目标，把远大理想分解成一个个远近高低不同的子目标，从而由近到远、由低到高，循序渐进，逐步实现。分解目标的关键是每个子目标都应适当、合理，是经过努力可以达到的，以免失去信心。

2. 明确和增强行动目的

一个人真正认识到所做的每件事的目的以后，就能产生克服困难的决心和勇气，就越有助于自我完善。

3. 重视行动过程

人的一生是在行动中完成的，生命的意义也在于行动。因此，大学生应该在行动中积极进行自我认识、自我分析、自我体验、自我调控，才能最终实现理想抱负和目标。大学生都有很高的抱负和远大的理想。古人说得好，要“齐家、治国、平天下”须先从“修身、养性”做起，即从点滴小事开始，从积极行动开始，知行并重。要想开阔视野，就要多读书、多思考、多交流。在行动时，无论对人对事，均认真对待，全力以赴，使自己的能力品性得到最大限度的发挥。行动之后再反省得失原因，再度投入行动，吸取教训作为经验，一旦有成果，便再反省总结。如此反复进行，对自我的认识便一步一步地得到扩展和深化，自我的境界也就自然而然地得到开拓与提升。

(二)不断增强意志力

意志是自我完善的保证，而人的意志是锻炼出来的。许多大学生有发展自我的良好愿望，也制订了行动计划，但在实施的过程中遇到困难却往往半途而废。丘吉尔在剑桥大学演讲时说他成功的秘诀有三个：第一，决不放弃；第二，决不放弃；第三，还是决不放弃。为此，大学生要不断增强意志力，提高自控力。意志是人们自觉地确定目标，并根据目标支配和调节行为，克服困难，实现预定目标的心理过程，是人类特有的心理现象。它有三方面的特征：明确的目的性、以随意运动为基础和与克服困难相联系。其中，克服困难是意志行动的核心内容。自控力是个体自觉地调节和控制自己的心理活动和行为的意志品质。自控力的强弱对个体能否实现既定目标起着举足轻重的作用。大学生只有不断增强意志力，提高自控力，才能抵制外界的各种诱惑，并把自己内部的心理活动调节到有利于目标实现的最佳状态，最终达到自我实现。

(三)勇敢超越自我

超越自我是对自身能力或素质的突破，这不仅仅是心理潜能的激发，更多的是人性的完善、境界的提高或智慧的凝结。完善自我、超越自我不是一帆风顺的过程，需要付出艰辛的努力和沉重的代价，是一个"新我"形成的过程，是从"小我"走向"大我"，从"昨天我"向"今天我"、并向"明天我"迈进的过程。珍惜已有的自我，追求更好、更高的自我，做一个"自如的、独特的、最好的自我"。心理学研究表明：每个人都具有无限的潜能。

要做到勇敢超越自我，可以从以下两个方面做努力：一是勇于尝试。对于自己没有经历过的事情可以给予自己第一次尝试的机会，允许自己有失败的可能。二是坚持小步子大跃进。研究发现，坚持和积累比素质和技巧都重要得多。每天进步一点点，水滴石穿，经过多次的小步子和大飞跃，我们的潜力就能凝聚成相当可观的实力。对于大多数人来说，智力的差距并不大，知识和技巧也差不多，这时自我超越的重点，更应该倾向于坚持和积累。

大学生自我意识发展的过程就是其自我成熟的过程，是其自我不断走向完善的过程，也是从个人小我走向社会大我的过程。相信每一位大学生都能够在正确认识自我的基础上投身于热烈的人生实践中，锁定生命的坐标，体验自我的成长，做一个自强自立的人，做一个开放和开阔的人，做一个健康幸福的人。要相信自己，在全面认识自我、积极悦纳自我、有效调控自我的基础上，只要坚持不懈地努力奋斗，我们就一定能超越自我，从而塑造理想的自我。

知识窗

6个自信训练方法

1. 给自己一个自信的新形象

从形象入手，不论你相貌美丑，换一个精神的发型，走路步伐加大十五厘米，把你走路的速度加快25%，说话声音加大二十分贝，在走廊与旁人热情地打招呼……这是建立自信新形象的开始，让同学们刮目相看，给你重新定位。

许多心理学家将懒散的姿势、缓慢的步伐跟对自己、对工作以及对别人的不愉快的感受联系在一起。但是心理学家也告诉我们，借着改变姿势与速度，可以改变心理状态。你若仔细观察就会发现，身体的动作是心灵活动的结果。

那些遭受打击、被排斥的人，走路都拖拖拉拉，完全没有自信心。另一种人则表现出超凡的信心，走起路来比一般人快，像跑。他们的步伐告诉整个世界："我要到一个重要的地方，去做很重要的事情，更重要的是，我会在15分钟内成功。"使用这种"走快25%"的技术，抬头挺胸走快一点，你就会感到自信心在滋长。

2. 做自己能做的事

做自己做得到的事时，个性会显现出来。重要的是，与其急于恢复自我形象，不如找出现在可以做的事。知道应该做的事，然后加以实行，就可以从自我的形象中获得解放。总之，要试着记下马上可以做的事，然后加以实践，没有必要非是伟大、不平凡的行动，只要是自己能力所及的事就足够了。因为我们就是想一步登天，所以才找不到事做。"今日事今日毕"，今天能动手做的事如果拖到第二天，那么那些延迟的工作就会使自己的负担加重。

3. 挑前面的位子坐

你是否注意到，无论在教学或教室的各种聚会中，后排的座位是怎么先被坐满的吗？大部分占据后排座的人，都希望自己不会"太显眼"，而他们怕受人注目的原因就是缺乏信心。

坐在前面能建立信心。把它当做一个规则试试看，从现在开始就尽量往前坐。当然，坐前面会比较显眼，但要记住，有关成功的一切都是显眼的。

4. 练习正视别人

一个人的眼神可以透露出许多有关他的信息。某人不正视我们的时候，我们会直觉地问自己："他想要隐藏什么呢？他怕什么呢？他会对我不利吗？"不正视别人通常意味着：在你旁边我感到很自卑；我感到不如你；我怕你。躲避别人的眼神意味着：我有罪恶感；我做了或想到什么我不希望你知道的事；我怕一接触你的眼神，你就会看穿我。这都是一些不好的信息。

正视别人等于告诉你：我很诚实，而且光明正大。我相信我告诉你的话是真的，毫不心虚。

5. 练习当众发言

拿破仑·希尔指出，有很多思路敏锐、天资高的人无法发挥他们的长处参与讨论，并不是他们不想参与，而只是因为他们缺少信心。

在会议中沉默寡言的人都认为："我的意见可能没有价值，如果说出来，别人可能会觉得很愚蠢，我最好什么也不说。而且，其他人可能都比我懂得多，我并不想让你们知道我是这么无知。"这些人常常会对自己许下很渺茫的诺言："等下一次再发言。"可是他们很清楚自己是无法实现这个诺言的。每次这些沉默寡言的人不发言时，他就又中了一次缺少信心的毒素了，他会越来越丧失自信。从积极的角度来看，如果尽量发言，就会增加信心，下次也更容易发言。所以，要多发言，这是信心的"维生素"。不论是参加什么性质的会议，每次都要主动发言，也许是评论，也许是建议或提问题，都不要有例外，而且，不要最后才发言，要做破冰船，第一个打破沉默。也不要担心你会显得很愚蠢，因为总会有人同意你的见解。所以不要再对自己说："我怀疑我是否敢说出来。"用心获得会议主席的注意，好让你有机会发言。

6. 咧嘴大笑

大部分人都知道笑能给自己很实际的推动力，它是医治信心不足的良药，但是仍有许多人不相信这一套，因为在他们恐惧时，从不试着笑一下。真正的笑不但能治愈自己的不良情绪，还能马上化解别人的敌对情绪。如果你真诚地向一个人展颜微笑，他实在无法再对你生气。拿破仑·希尔讲了一个自己的亲身经历："有一天，我的车停在十字路口的红灯前，突然'砰'的一声，原来是后面那辆车的驾驶员的脚滑开刹车器，他的车撞了我车后的保险杠。我从后视镜看到他下来，也跟着下车，准备痛骂他一顿。""但是很幸运，我还来不及发作，他就走过来对我笑，并以最诚挚的语调对我说，'朋友，我实在不是有意的。'他的笑容和真诚的说明把我融化了。我只有低声说：'没关系，这种事经常发生。'转眼间，我的敌意变成了友善。"

咧嘴大笑，你会觉得美好的日子又来了。笑就要笑得"大"，半笑不笑是没有什么用的，要露齿大笑才能有功效。我们常听到："是的，但是当我害怕或愤怒时，就是不想笑。"当然，这时，任何人都笑不出来。窍门就在于你强迫自己说："我要开始笑了。"然后，笑。要控制、运用笑的能力。

20个自我提升技巧

你可以利用这些自我提升技巧作为提升自我的纲领。

(1)自律。如果你想在生活中积极向上，这是十分重要的一点。每个成功者都是高度自律的人。如果你懒惰又没有强有力的一面，你很可能就要过着平庸的生活了。

(2)设定目标。你需要在生活中设定目标以实现自我提升。否则，你便会在自己的安乐窝中停滞不前。尽管你知道改变将会让你在多方面受益，缺乏目标的你还是不愿意去改变自己的处境。

(3)积极态度。积极的态度能激发出你最好的一面，它会抵制你偶尔出现的消极的自我暗示。同时伤感以及其他负面情绪也会在你生活中逐步消失。

(4)感恩的心。每当你经历美好的事情，就表达你的感激之情。这会为你带来更多更美好的事物，感激可以创造奇迹。你也可以开始一段感激之旅——每天花五分钟时间写下你的感激。

(5)锻炼。每天的锻炼可以缓解压力，强身壮体，也能改善自我感觉。

(6)深思熟虑。认真思考会理清你的思路，消除负面思想并把你的幸福感提高到新的层面，这将会改善你的生活。

(7)发挥自己的价值。当你开始想要发挥自身作用时，你会发现你在不断提升自我。如果你诚心诚意地付诸行动，人们也会好好犒赏你并衷心感谢你。

(8)深化你的知识体系。坚持每天至少花30分钟(1小时更佳)学习感兴趣的学科，这将增强你的自信心，同时提高智力。

(9)有条不紊。尝试提前做日计划，你将能避免浪费时间，并把精力集中在重要的事情上。

(10)保持整洁。整洁的生活环境也能使你的思路更为明朗，你也会更有效率，更好地掌控自己的生活，这是最能统筹自我提升的思想之一。

(11)多与积极向上的人来往。尝试结交积极向上的人，花时间和那些让你感受被爱和尊严的朋友在一起 。

(12)改造你的安乐窝。多在生活中寻求变化，不要失去活力。不断地改造舒适区域会提升生活质量，让自己更勇敢。这一点需要强大的意志力，是自我提升中难以企及的一环。

(13) 提升财富增幅。设想自己变得富有，尝试去感受变富的感觉，这会改变你的财富增幅。

(14)为他人高兴。当别人获得成功时，为他们喝彩，这会让人备感良好，他们也会因此感谢你。当你收获感激时，你也会感觉更好。

(15)善待自己。好好照顾自己，这也会大大改善心情。这意味着穿戴整齐大方，滋养你的皮肤，有足够的时间休养。

(16)善始善终。不要半途而废，完成一件事情可以提升你的自信心，自我激励。很多人没能做到这点，同样，他们也没能取得优秀的成果。

(17)克服恐惧。恐惧是唯一能阻挡你前进的东西。想要克服恐惧，你先要感受恐惧，然后想办法克服它，好好体会这一点。只有如此，方能克服恐惧。最终你会更自信，更能因时而变。你会常常回首过去，对过去害怕的事物一笑而过。

(18)改变一个习惯。至少彻底改变一个习惯。举个例子，如果你每天晚起床，设闹钟让自己早起一些。这可并不简单，但如果你坚持30天，这项新任务将成为你的习惯。

(19)投入多一倍的时间去从事爱好。尽可能多地抽时间去做你喜爱的事情。这也将不断地改善你的身心健康，兴许你还能依靠你的爱好赚钱呢。

(20)多微笑。你会感觉更好，美好的事情也会不断找上门来。简简单单的一个微笑，会给生活带来很大的改观。你所需要的，仅仅是从现在开始去做。

心理训练

一、心理练习

(一)在相应的格子里分别列出“我是”“别人觉得我是”“我希望我是”为首的句子。

我是……	别人觉得我是……	我希望我是……

(二)投射练习

请你完成以下句子，然后与同学分享。

假如我是一种植物，我希望是____________，因为__________。

假如我是一种动物，我希望是____________，因为__________。

假如我是一种食物，我希望是____________，因为__________。

假如我是一种家具，我希望是____________，因为__________。

假如我是一种颜色，我希望是____________，因为__________。

假如我是无所不能，我希望是____________，因为__________。

(三)你自信吗?

A. 非常自信(　)B. 比较自信(　)C. 一般(　)D. 比较不自信(　)E. 非常不自信(　)

具体表现：________________________

(四)请结合你自己的学习和生活经历，谈谈如何让自己更自信。

____

二、心理活动

(一)独特的我

【活动目的】帮助同学进一步认识自己，并学习接纳每个人的独特性。

【活动时间】30分钟。

【适合人数】6～8人小组，若干组。

【活动准备】每人1支笔，1张卡片，视频手语操《我真的很不错》。

【活动过程】

1. 热身活动

6～8人一组，面对面而坐。要求学生仔细思考，用一种动物代表自己，并在卡片上写下这种动物的名字。等所有人写完后，同时亮出卡片，请组内成员看看在这个小小动物园中有哪些动物，哪些与自己相似，哪些与自己不同。然后让大家讨论，轮流介绍自己为什么会选这种动物代表自己，该种动物的优点和缺点是什么。

活动要求：当一个组员说话时，其他组员认真倾听，与发言者保持目光接触，但整个过程中不能发言。

2. 欣赏自己

小组成员轮流对其他人表达：我喜欢我……，活动要求同1。

小组交流：当我表达对自己的欣赏时，自己内心的感受；当我看到别人认真地听我表达时，我内心的感受；我真诚表达，同时抱着对他人的兴趣，去了解团体内每一个人。

3. 做真实的自己

真诚、负责任地表达：小组成员轮流对其中一人表达：我不喜欢你的……，这只是我个人的看法，我对此负责任。我很喜欢你……，活动要求同1。

【讨论要点】

小组交流：这个活动你有什么收获？

【活动总结】

1. 我对自己的真实感受负责，我尊重别人有自己的看法，别人的看法是客观的存在，不会影响我的情绪。

2. 学做手语操《我真的很不错》，让同学们在“我真的很不错”手语操中坚定对自我的悦纳。

(二)理想的我

【活动目的】帮助学生建立积极的自我信念，逐步实现理想的我。

【活动时间】15分钟。

【适合人数】6～8人小组，若干组。

【活动准备】2张纸，1支笔，歌曲《真心英雄》或《勇往直前》。

【活动过程】

1. 想象你想成为的那个人(理想的我)：闭上眼睛，全身放松，尽可能清晰地想象出你想成为什么样的人——漂亮的我、自信的我、快乐的我。你的长相如何？你的感觉如何？你将在哪里？

2. 制订行动计划：找出自己已具备的实现理想的我的有利条件与不利条件，为了使自己成为想成为的那个人，你将从哪些方面去努力，拟订一个具体可行的行动计划，并付诸行动。

3. 齐唱歌曲：全体学生手拉手围成大圆圈，齐唱歌曲《真心英雄》或《勇往直前》。

【讨论要点】

交流：当你清晰地想象出自己想成为什么样的人时，你的感受如何？这个活动中，你有什么感触？

【活动总结】

现实我与理想我的统一，重在行动。在接下去的学习生活中，按自己制订的行动计划朝理想我努力奋进。

（三）魅力四射

【活动目的】让学生发掘自身的优点，并将自己的优点表达出来，促进学生之间的相互鼓励和支持；增强学生的自信心。

【活动时间】20 分钟。

【适合人数】10 人以上。

【活动准备】

每人一张“魅力无限卡”，与学生人数相符的水彩笔，舒缓轻柔的音乐。

【活动过程】

1. 将“魅力无限卡”发给每个学生，每人一支水彩笔。

2. 全班学生坐在一起，围成两个圈，一个内圈，一个外圈。外圈的学生要和内圈的学生一一对应，确保每个内圈的学生都与一个外圈的学生面对面而坐。

3. 宣布活动规则：当音乐声响起时，所有内圈的人都需要把自己的“魅力无限卡”交给对面的人，然后告诉他自己的一个优点、兴趣或擅长做的事情，由外圈的人记录，签上自己的名字后还给内圈的人。当音乐声停止时，所有的人都要停下来。然后，内圈的人不动，外圈的人按顺时针的方向转动，换个位置。音乐声再次响起的时候，内圈的人把自己的“魅力无限卡”交给对面的人，再告诉他自己的另外一个优点、兴趣或擅长做的事情，外圈的人记录、签名并归还“魅力无限卡”。依次轮流，直到所有的学生都轮过一圈。

4. 内外圈学生交换位置。按上述的规则由原先外圈的学生告诉原先内圈的学生他的优点。

5. 请学生将他们的“魅力无限卡”的内容念给大家听。

【讨论要点】

讨论：当你告诉他人自己的优点时，什么感受？当你收回“魅力无限卡”的时候又是什么感受？

【活动总结】

每一个人都是独特的，关键要有一双发现独特性的眼睛。

三、心理测试

（一）自尊量表

指导语：这个量表是用来了解您是怎样看待自己的。请仔细阅读下面的句子，选择最符合您情况的选项。请注意，这里要回答的是你实际上认为你自己怎样，而不是回答你认为你应该怎样。答案无正确与错误或好与坏之分，请按照你的真实情况来描述你自己。请你注意要保证每个问题都做了回答，且只选一个答案。

自尊量表（Rosenberg，1965）

序号	题目	非常不符合	不符合	符合	非常符合
1	我感到我是一个有价值的人，至少与其他人在同一水平上	1	2	3	4
2	我觉得我有许多优点	1	2	3	4
3	归根结底，我倾向于认为自己是一个失败者	1	2	3	4
4	我能像大多数人一样把事情做好	1	2	3	4
5	我觉得自己没有什么值得自豪的地方	1	2	3	4
6	我对自己持有一种肯定的态度	1	2	3	4
7	总的来说，我对自己感到满意	1	2	3	4
8	我要是能更看得起自己就好了	1	2	3	4
9	有时我的确感到自己毫无用处	1	2	3	4
10	我时常认为自己一无是处	1	2	3	4

计分方法：

量表分四级评分：1、2、4、6、7题，“非常符合”计4分，“符合”计3分，“不符合”计2分，“非常不符合”计1分；3、5、8、9、10题反向计分，“非常符合”计1分，“符合”计2分，“不符合”计3分，“非常不符合”计4分。

总分范围是10～40分，分值越高，说明自尊程度越高。

（二）自卑量表

指导语：请你认真完成下列选择题，根据你当前的实际情况，在A、B、C选项中进行选择。测试完后，请将总分与结果对照，可以从中发现你是不是自卑的人，并找到自卑的原因。此测验有助于你走出自卑，树立自信。

1. 与周围的人相比，你身高如何？

A. 相当矮　　B. 差不多　　C. 高

2. 早晨照镜子时，第一个念头是什么？

A. 再漂亮点就好了　　B. 想精心打扮一下　　C. 别无他想，无所介意

3. 当你心爱的异性被比你更漂亮的同性追求时，你会怎样？

A. 灰心丧气　　B. 向那异性挑战　　C. 毫不在乎

4. 老师批过的考卷发下来，朋友要看怎么办？

A. 将考卷藏起来，不给看

B. 把打分的题目折起来，其余让朋友看

C. 任他们看

5. 如果你在某些方面不管如何努力，总是输给竞争对手，会怎样？

A. 甘愿认输　　B. 继续挑战，并更加努力　　C. 在其他方面竞争

6. 看到你的近照，有何想法？

A. 不称心　　B. 拍得很好　　C. 还算可以

7. 如果能再次出生，你想做？

A. 异性　　B. 同性　　C. 同性、异性均无所谓

8. 是否想过几年后会有是你不安的事情？

A. 常想　　B. 没想过　　C. 偶尔想

9. 被朋友起过绰号，挖苦过吗？

A. 常被　　B. 没有过　　C. 偶尔有

10. 对体育运动，有过“自己不行”的感觉吗？

A. 常有　　B. 没有　　C. 偶尔有

11. 碰到寂寞和讨厌之事时，会怎样？

A. 在吃喝玩乐时忘却　　B. 陷入深深的烦恼之中　　C. 向朋友和父母诉说

12. 你受周围人们欢迎和爱戴吗？

A. 受　　B. 不受　　C. 不知道是否受

13. 有过在某件事上绝不亚于他人的自信吗？

A. 有过几次　　B. 没有过　　C. 没考虑过

14. 被异性称作“不知趣的蠢东西”时，你会怎么样？

A. 不在乎　　B. 困难过而流泪　　C. 回敬：“笨蛋！没教养！”

15. 如听到朋友在说你喜欢的人的坏话，会怎样？

A. 断然反驳　　B. 有所担心　　C. 让别人说去

记分办法和结果解释：

1～5 题的得分说明，选 A 得 5 分，选 B 得 3 分，选 C 得 1 分。

6～10 题的得分说明，选 A 得 5 分，选 B 得 1 分，选 C 得 3 分。

11～15 题的得分说明，选 A 得 1 分，选 B 得 5 分，选 C 得 3 分。

选择结果倾向：

15～29 分：自卑的原因在于环境的变化，平时没有自卑感，是个自信者，只有进入人才济济的环境时，才有所感觉。

30～44 分：自卑的原因在于理想过高，不满现状，一心出人头地，与周围人

计较长短胜负，过于追求虚荣。

45～60 分：自卑的原因在于信心不足，做事情之前，往往先下自己不行的结论，事实上并非如此。因此，要注意了解周围人们的真实情况。

61～75 分：自卑的原因在于性格懦弱，易用消极悲观的眼光看待事物，对自己的体魄和外貌缺乏自信，看不起自己的长处。因此，要更积极主动地看待工作和学习，使自己经历风雨，坚强起来。

反思成长

1. 通过本模块的学习，发现自己的优点有：________________________。

自己缺少：________________________________。

你可以接纳这个世界上独一无二的你自己吗？

____。

2. 全面看看自己，你发现自己存在哪些限制呢？你可以怎么突破自己？

____。

资源导航

推荐书籍：

1.［西］卡萨尔斯．我是谁——在纷扰的世界中找回自我的精神力量之旅．王路，译．北京：现代出版社，2011.

2.［奥］阿尔弗雷德·阿德勒．自卑与超越．曹晚红，译．北京：中国友谊出版社，2017.

3. 杨国枢，陆洛．中国人的自我：心理学的分析．重庆：重庆大学出版社，2009.

4. 朱建军．我是谁——意象对话解读自我．合肥：安徽人民出版社，2009.

• 模块四
• 大学生人格心理

名人名言

成人的人格的影响，对于年轻的人来说，是任何东西都不能代替的最有用的阳光。

——乌申斯基

导读

古罗马著名政治家、法学家、哲学家西塞罗曾言，修养之于心地，其重要犹如食物之于身体。古往今来，人们重视对人格的培养与发展："我是谁?""我是怎样的人?""我在别人眼中是什么样的?"人无完人，没有完美的人格存在，每个人总有或多或少的缺陷。

只要你愿意正视自我、完善健全自我人格，必能成为最好的自己！

学习目标

序号	目标维度	具体内容
1	知识目标	(1)了解人格相关概念； (2)了解大学生人格发展特质； (3)了解健全健康人格的标准及方法。
2	能力目标	(1)全面了解自己的人格特质； (2)掌握塑造健全健康人格的方式方法。
3	情感和态度价值观目标	确立健全健康人格重要性，树立健全完善自我人格发展观念。

典型案例

我到底怎么了?

小P，男，大一，来自一个二线城市。他自幼独立，自小学起就寄宿在学校；性格开朗，跟不同时期的舍友关系都很密切。在作为大学新生入学后，他却一直感觉没能“找到自己”，跟同学们的关系若即若离，也无意参与各类学校学习与文娱生活，自述跟过去的自己判若两人。他感觉自己在同学中显得幼稚、孤陋寡闻，很难真正融入同学们的交谈与活动，在交际交往中显得吃力而退缩。他渴望能够拥有真挚的友谊，但是对周围同学的言行举止多有评判，进而觉得自己跟大家不是一类人，无法深入沟通探讨。在入学三个月后，他越发感觉到自己与同学的格格不入，排斥在大众面前展现自己，猜测同学对自己有不好的评价；担心自己的语言、行为出错，时常处于防备和紧张的状态；言行谨小慎微，注意力无法集中，饮食睡眠也陆续有所影响，精神状态欠佳。

(来源：根据真实咨询案例整理而成。)

思考题：

1. 小P入学以来的困境主要是什么？你认为，造成这些困境的主要原因都有哪些？

2. 你觉得他该如何调整自己？

3. 现实生活中，你或者你身边的同学是否也曾有类似的体验，你们都如何处理？

4.1 认识人格

世界巨富沃沦·巴菲特(Warren E. Buffett)和比尔·盖茨(Bill Gates)曾一同出席某大学演讲，学生们问道："你们怎么变得比上帝还富有?"巴菲特说："这个问题非常简单，原因不在智商。为什么聪明人会做一些阻碍自己发挥全部工效的事情呢？原因在于习惯、性格和脾气。"对此，盖茨表示赞同。古希腊哲人赫拉克利特说："一个人的性格就是他的命运"。性格决定命运，这一说法无论是在工作和生活中都得以印证，如果说人生好比一幅画，那么性格就好比是这幅画的基底色，它将很大程度地影响着画的风格与美感。

一、人格的概念与特征

(一)人格的概念

心理学中的人格一词，源自拉丁文"persona"。"persona"指的是古希腊演员所戴的面具，它能够反映演员所演绎的不同角色的行为特征及行为模式，以及对角色不同的要求。这类似于我们传统艺术魁宝京剧中的脸谱所展现的角色形象特征，"红脸的关公，黄脸的典韦，白脸的曹操，黑脸的张飞"，让人对各个角色的性格行为特征有着最直观的联想。

心理学对人格的定义为个体内在的心理生理系统的动力组织和由此决定的独特的思维、情感和行为模式。张春兴教授在《现代心理学》里给人格的定义是：人格是个体在对人对己及一切环境中事物适应时，所显示的异于别人的性格；个体的性格，是在遗传与环境交互作用下，由逐渐发展的心理特征所构成；而其心理特征表现于行为时，则具有相当的统合性与持久性。

(二)人格的特征

1. 独特性

个体的人格是在遗传、成熟、环境、教育等先、后天环境交互作用下形成的。不同的遗传、存在及教育环境，形成了各自独特的心理特点，我们经常所说的"人心不同，各如其面"就是指的这个意思。

2. 稳定性

人格的稳定性是指那些经常表现出来的特点，是一贯的行为方式的总和。正如我们所说："江山易改，本性难移"。个体的人格是较为稳定的，虽然具有一定的可塑性和可变性，仍然很难在短时间内有较大的变化。

3. 统合性

各种人格结构的组合千变万化，因而使人格表现得色彩纷呈。在每个人的人格世界里，各种特征并非简单地堆积，而是如同宇宙世界一样，依据一定的内容、秩序与规则有机组合起来的动力系统。人格的有机结构具有内在一致性，受自我意识的调控。当一个人的人格结构的各方面彼此和谐一致时，人们就会呈现出健康的人格特征，否则就会出现各种心理冲突，导致“人格分裂”。

4. 功能性

人格是一个人生活成败、喜怒哀乐的根源。正如人们常说的“性格就是命运”，人格决定了一个人的生活方式，甚至有时会决定一个人的命运。当人格功能发挥正常时，表现为健康而有力，支配着人的生活与成败；当人格功能失调时，就会表现出懦弱、无力、失控甚至变态。

二、人格的结构

心理学各流派对人格的结构提出自己的不同见解，颇具代表性的有以下几种理论。

(一)精神分析流派

精神分析学派创始人西格蒙德·弗洛伊德(Sigmund Freud)的经典理论，主要包括潜意识与人格理论、本能论、人格发展理论、梦论、焦虑与心理防御机制和社会文化理论等。精神分析理论强调无意识的力量和内部冲突对行为的影响作用。

弗洛伊德曾提出著名的潜意识、意识及前意识“冰山理论”模型，并认为人格结构由本我(id)、自我(ego)和超我(superego)三个部分构成。其中，本我代表人的生物本能和欲望，是人格中与生俱来的、以满足机体“及时行乐”为目的、来自潜意识原始本能力量的部分；自我，是人格中在现实生活环境下，应对处理现实需要的、处于本我与超我之间的兼具潜意识和意识的部分，通常充当本我与超我的调节者；超我，代表了道德良知的力量，是代表社会文化规范和道德化了的人格部分。

(二)行为主义流派

行为主义理论认为，人格无非是一组习得而来的反应或者习惯。作为传统学派代表的约翰·华生(John B. Watson)和斯金纳(Burrhus Fredric Skinner)认为，人及动物所做的一切都是基于环境和行为刺激的反应，并且通过一定形式得以强化。据此，行为主义理论的推崇者们以经典条件反射和操作性条件反射来解释被称为人格的行为模式的发展。

知识窗

自我实现者的人格特征

马斯洛根据他心目中成功人士的人格得出的自我实现者人格特征：

(1)全面和准确地知觉现实。自我实现者对世界的知觉是客观的、全面的和准确的，因为他们在感知世界时，不会掺杂自己的主观愿望和成见，或带有自我防御，而是按照客观世界的本来面貌去反映。与此相反，心理不健康者则是以自己的主观方式去知觉世界的，他们试图使世界与自己的主观愿望、焦虑和担心相吻合。

(2)接纳自然、自己与他人。自我实现者能够接受自然、自身及他人的不足与缺陷，而不会为这些缺陷而忧心忡忡。当然，对于可以改造或可以调整的不足与缺陷，他们会以积极的态度来对待，而对那些不可改变的不足与缺陷，他们能顺其自然，不会自己跟自己、他人和自然过不去。

(3)对人自发、坦率和真实。在人际交往中，自我实现者具有流露自己真实感情的倾向，他们不会装假或做作，他们的行为坦诚、自然。一般而言，他们都有足够的自信心和安全感，这就使得他们足以真实地表现自己。

(4)以问题为中心，而不是以自我为中心。自我实现者热爱自己所从事的工作，献身于某种事业或使命，并能全力以赴。与常人相比，他们工作起来更刻苦、更专注。对他们来说，工作并非真正的劳苦，因为快乐恰恰寓于工作之中。

(5)具有超然于世和独处的需要。自我实现者以自己的价值和感情指导生活，不依靠别人来求得安全和满足，他们依靠的只是自己。他们一般都喜欢安静独处．这样做并不是因为害怕别人，也不是要有意逃避现实，而是为了在减少干扰的条件下，更好地深思，更全面地比较，以便去寻求更为合理的解决问题的方案。他们平静安详，保持冷静，安然地度过或顶住各种灾难和不幸。

(6)具有自主性，在环境和文化中能保持相对的独立性。自我实现者行为的动力主要来自自身内部发展和自我实现的需要(即 B—驱动)，而不是来自于因缺少某种物质或精神上的东西需要外部的补充(D—驱动)，因而他们更多依赖自己而不是外部环境，能够抵制外部环境和文化的压力，独立自主地发挥思考的能力，自我引导和自我管理。

(7)具有永不衰退的欣赏力。自我实现者能够对周围现实保持奇特而经久不衰的欣赏力，充分地体验自然和人生中的一切美好东西。他们不会因事物的重复出现而习以为常，失去敏感，相反，他们对每一个新生儿、每一次日出或黄昏，都像第一次见到时那样新鲜，那么美妙。

(8)具有难以形容的高峰体验。高峰体验是人感受到的一种强烈的、心醉神迷的狂喜或敬畏的情绪体验。当它到来时，人会感觉到无限的美好，具有极大的力量、自信和决断意向，甚至连平凡的日常活动，也可以被提升为压倒一切的、妙不可言的活动。马斯洛认为所有人都具有享受高峰体验的潜在能力，但只有自我实现者更有可能、更常得到这种体验。

(9)对人充满爱心。自我实现者所关心的不仅局限于他们的朋友、亲属，而是扩及全人类。他们把帮助穷困受苦的人视为自己的天职，具有同所有的人同甘苦、共患难的强烈意识，千方百计为他人着想。在自我实现者看来，他人的快乐就是自己的快乐，他们已经把自己从满足自身狭隘需求的牢笼中解放了出来。

(10)具有深厚的友情。自我实现者注重与朋友间的友谊，他们交友的数目虽然不多；同伴圈子比较小，但友情深切和充实。就对爱的理解来说，他们认为爱应当是全然无私的，至少应当是给予爱和得到爱同等重要。他们能够像关心自己一样，关心所爱者的成长与发展。

(11)具备民主的精神。自我实现者谦虚待人，尊重别人的权利和个性，善于倾听不同的意见。对他们来说，社会阶层、受教育程序、宗教信仰、种族或肤色，都是不重要的，重要的是他们是否掌握真理。自我实现者极少偏见，愿意向一切值得学习的人学习。

(12)区分手段与目的。自我实现者的行为几乎总是表现出手段与目的界限。一般说来，他们强调目的，而手段必须从属于目的。自我实现者常常将普通人看成是达到目的的手段，把活动经历当做目的本身，因而比常人更能体验到活动本身的乐趣。

(13)富于创造性。这是马斯洛研究的所有对象共同的特征之一，他们每个人都在某个方面显示出独到之处和创造性。虽然、他们中某些人并不一定是作家、艺术家或发明家，但他们具有同儿童天真想象相类似的能力，具有独创、发明和追求创新的特点。

(14)处事幽默、风趣。自我实现者善于观察人世间的荒诞和不协调现象，并能够以一种诙谐、风趣的方式将其恰当地表现出来。但他们绝不把这种本领用之于有缺陷的人。他们对不幸者总是寄予同情。

(15)反对盲目遵从。自我实现者对随意应和他人的观点和行为十分反感，他们认为人必须具有自己的主见，认定的事情就应坚持去做，而不应顾及传统的力量或舆论的压力。他们这种反对盲目遵从的倾向，显然不是对文化传统或舆论的有意轻视，而是他们自立、自强的人格的反映。

据估计：世界上大概只有1%的人，最后能成长到上述这种“不惑”、“知天命”、“耳顺”、“随心所欲而不逾距”、圆融逍遥、充满智慧的人生境界。

我们不敢期望每个人都能达到这个境界，然而我们相信，当我们越趋近这种境界时，我们的人生会越有喜乐、越有意义。

成长是必须付代价的，因为成长永远包含着冒险、面对未知、尝试新经验、扩展个人的极限与改变。若不必成长，我们就不用改变自己，不用面对未知的危险，更不用花心神面对生活的挑战，从各种选择中做出新的决定。

(《马斯洛的需要论与自我实现论》，见郑雪：《人格心理学》，广东，暨南大学出版社，2007。)

(三)社会认知流派

美国心理学家阿尔伯特·班杜拉(Albert Bandura)是社会认知流派的代表人物。社会认知理论对人格的观点是，行为不仅受外界刺激和反应模式的影响，还受到认知过程以及学习的影响和控制。班杜拉认为，环境、行为本身和个人或认知因素三者彼此影响并决定构成人格的行为模式。三个因素通过交互或者相互交换的关系相互影响，这种关系也称为交互决定，最终形成了个人的人格。

(四)人本主义流派

人本主义流派的代表人物罗杰斯(C. R. Rogers)和马斯洛(A. H. Maslow)等被称为心理学的“第三势力”，他们关注使人成为独特的人的人格方面，如主观感受和自由选择。马斯洛认为对那个内部的分析中心是动机理论，主张人类有一些本能化的需求，同时也有高层次的需求，分别依次是生理、安全、爱和从属、尊重及自我实现的需求。他认为自我实现的人是“成功地利用和开发天资、能力、潜能等，这样的人似乎竭尽所能，使自己趋于完美”。他为我们了解常人、发现自己的潜能，并使自己的人格日趋走向完美，提供了宝贵的启示。

三、影响人格形成和发展的因素

人格的形成和发展是一个非常复杂的过程，受到了多种因素的影响和制约。其中，主要有生物遗传因素、社会文化因素、内外环境因素、早期成长经验以及自我调控因素等，这些因素相互影响和制约着人格的形成与发展。

(一)生物遗传因素

人格发展过程是遗传与环境交互作用的结果，遗传因素影响着人格发展方向及形成的难易。

(二)社会文化因素

社会文化具有塑造人格的功能，这反映在不同文化的民族有其固有的民族性格，不同的地域有着不同的文化传统，不同的文化发展时期有着不同的文化认同。

(三)内外环境因素

这里的内外环境主要指家庭环境和学校教育环境。家庭对一个人的人格的形成和发展具有重要和深远的影响。家庭是儿童的最初环境，社会和时代的要求往往是通过家庭在儿童心灵上打下烙印的。许多精神分析学家认为，从出生到五六岁，是人格形成的最主要阶段，这时一个人的人格类型已基本形成。在这个阶段，绝大多数儿童在家庭中生活，在父母抚养中长大。因此，父母的教养态度对于一个人人格的形成和今后的发展起着重要作用。

学校是一种有目的、有计划地向学生施加影响的教育场所。教师对学生人格的发展具有指导定向作用。教师的人格特征、行为模式与思维方式对学生产生巨大影响，教师的公平公正性对学生有着至关重要的影响。班集体是学校的基本组织结构，班集体的特点、要求、舆论和评价对于学生人格的发展具有“弃恶扬善”的作用。

(四)儿童早期经验

人格发展的确受到童年经验的影响，幸福的童年有利于儿童向健康人格发展，不幸的童年也会引发儿童不良人格的形成。但二者不存在一一对应的关系，溺爱也可使孩子形成不良人格特点，逆境也可磨炼出孩子坚强的性格。早期经验不能单独对人格起决定作用，它与其他因素共同来决定人格。早期儿童经验是否对人格造成永久性影响因人而异，对于正常人来说，随着年龄的增长、心理的成熟化，童年的影响会逐渐缩小、减弱，其效果不会永久不衰。

(五)自我调控因素

自我调控系统的主要作用是主体对人格的各个成分进行调控，保证人格的完整、统一、和谐。

4.2 大学生人格发展特质

人格发展的个体差异性较大，通常我们从了解个体的人格个性心理特征及人格类型出发，以更为全面详尽地了解自我与他人之间人格发展特质。我们将通过对人格发展特质的了解，结合大学生人格发展特点，带领大家一起探索自我人格发展。

一、人格的个性心理特征

人格的个性心理特征指的是，个体在心理活动中所表现出来的较为稳定的因素，它通常包括气质、性格和能力。个体所表现出的心理特征因气质、性格和能力的各不相同而千差万别。我们将对人格的个性心理特征中的气质和性格两个内容展开分析。

(一)气质

心理学中的“气质”和我们日常生活中常用的“气质”的含义大相径庭。作为人格的重要基础之一，在心理学中，气质是指人格结构中较为稳定的，并与遗传因素密切相关的部分。气质这一心理活动，主要表现为心理活动的强度、速度、稳定性和灵活性等方面的心理特征。我们通常称之为一个人的秉性、脾气、性情，它使个体的心理活动更具独特色彩。人的气质差异是先天形成的，气质是人的天性，没有好坏之分。

气质学说最早源于古希腊医生希波克里特的体液说，他认为人体内有四种液体：黏液、黄胆汁、黑胆汁和血液，这四种体液的配合比率不同，形成了四种不同类型的人。据此，他认为气质的类型可分为胆汁质、多血质、黏液质和抑郁质四种。

1. 胆汁质

气质类型特点：直率热情，精力旺盛，表里如一，刚强；但暴躁易怒、脾气急、易感情用事、好冲动。代表人物有张飞、李逵、鲁智深等。

2. 多血质

气质类型特点：活泼好动，反应迅速，热爱交际，能说会道，适应性强；但稳定性差，缺少耐性，见异思迁。具有明显的外向倾向，粗枝大叶。代表人物有贾宝玉、王熙凤。

3. 黏液质

气质类型特点：安静稳重踏实，反应性低，交际适度，自制力强(性格坚韧)，话少，适于从事细心、程序化的学习，表现出内倾性，可塑性差；有些死板，缺乏生气。代表人物一般是科学家居多，如陈景润、牛顿、达尔文、爱因斯坦、爱迪生。

4. 抑郁质

气质类型特点：行为孤僻，不善交往，易多愁善感，反应迟缓，适应能力差，容易疲劳，性格具有明显的内倾性。代表人物有林黛玉。

从以上对气质的解说中，我们不难看出，每种气质类型都有自己的优缺点。每个人都有自己的特长与短板，了解自己的气质类型有助于我们扬长避短，发挥自己优势功能的同时，补足改善自己的短板，促进自我成长与发展。

(二)性格

著名心理学家荣格认为，一个人毕其一生的努力，就是在整合他自童年时代起就已形成的性格。性格，是一个人对现实表现的稳定态度，以及与之相适应的惯常行为方式中所表现出的比较稳定的具有核心意义的个性心理特征的总和。性格通常是在社会实践与生活中，在与客观环境相互作用的过程中所形成的，它具有一定的稳定性。在特定的情境下，个体所产生的即时、偶发的反应与表现，并不能作为个体的性格特征。当代大学生只有在全面地了解自己的性格特征，并在学习、生活与实践中不断优化自己的性格，才能更好地处理自己与他人、事件、社会环境的关系。

1. 性格对大学生心理健康的影响

性格反映了人对现实的态度和行为方式中比较稳定的心理特征。不同的性格特点往往会造就不同的性格特质，表现出相应的情绪、行为、意志特质。因此，不良的性格特征不仅容易造成人际交往的障碍，而且还会影响到大学生的身心健康。

2. 优化自我性格

良好的性格是大学生建立良好人际关系的基础，也是大学生通往成功之路的敲门砖。我们通常可以通过参与各类社交活动、增强自我认识、提升自我素养等方式来优化自我性格。

综上所述，气质由于受到了较多遗传生物因素的制约，因此，它具有先天性、稳定性；而性格更多是后天养成的，相较于气质，性格的可变性更高。我们也可以理解为，性格可变，但人格的基本结构本质是不会变的。气质没有好坏之分，性格却有善恶之分。大学生要正视自己的气质与性格，充分认识自我气质与性格特征，尽量做到扬长避短，塑造良好的人格品质。

二、人格类型与发展

(一)荣格心理类型说

作为心理分析学派的创始人、深度心理学的代表人物，卡尔·荣格(Carl·Jung)对于人类个体的探索始终贯穿在他的心理学研究中。他发现，在个体身上普遍存在着两种倾向：一种人向内思索，思考自身；另一种人则向外探求，靠近客观世界。他将前者称为内倾型，而将后者称为外倾型。

任何人都可以在不同程度上被归入其中一种类型。在荣格看来，之所以存在内倾和外倾两种类型，是因为世界存在两种真实：外在真实，即外部客观世界；和内在真实，即人内在的精神模式。

一般而言，个体的态度类型是由他们对待客体的特殊态度来区分的。内倾型对待客体的态度是抽象的，他们与客体的关系含有对抗意味，实际上对客体抱有不信任的态度，需要通过抵御外界的要求来保存自己的能量、稳固自己的地位；而外倾型却对客体保持着一种过分信赖的态度，他们坚信客体的重要性，并时刻调整自己的主观态度来保持与客体的关联。

同时，在荣格看来，如果个体在成长过程中，由于种种原因，类型的本质在外界的影响下有所改变，那么这个个体在日后便会不可避免地变成神经症患者。只有当个体态度的发展过程与其天生属性完全吻合时，才有可能被成功治愈。

虽然在现代语境中，人们对这两种类型的理解与荣格最初提出时的概念略有所不同，但当我们在日常生活中自然地使用着“内向”与“外向”等描述性词语时，依然应该感谢荣格在近100年前开创性地提出了内倾与外倾的概念，为人类探索自身打开了新的可能性。

在根据态度将个体分为内倾型和外倾型之后，荣格又提出了用四种心理功能作为标准，采取了“思维—情感”和“感觉—直觉”两个维度，将个体进一步划分为不同类型。

思维，主要是指对事物的判断和推理，是一种根据其自身规律用某种方式表达概念关系的心理功能，属于理性功能的范畴。荣格认为思维有两个来源：其一是来自主观最后归结为无意识的根源，其二是由感官直觉传送的客观事实。偏向外倾型的思维会更多地受客观事实影响，而内倾的思维则依赖于主观的加工。

情感，是指用感官对事物进行感知和判断，属于非理性功能的范畴。在荣格看来，情感唯一的价值标准是通过感觉对客体本质进行反应。外倾型的情感会更多地被客观价值和标准所影响，个体同时会调整自己的情感去与客体情感保持协调；内倾型的情感则更多地受主观影响，会形成以自我为中心的情感强化。

感觉，是对事物的好恶倾向，属于理性功能的范畴。感觉是基于客观事物而形成的判断，受客观价值的制约。在外倾型态度中，感觉的主观性受到了阻止和压抑，只有具体的、通过实际的感官被感知的部分才会激起外倾型的感觉；在内倾型看来，感觉则明确地建立在知觉的主观部分上，最初引起感觉的刺激物被主观反映所替代。

直觉，是对事物变化的预感，无需解释和推论，属于非理性功能的范畴。荣格认为直觉属于一种无意识过程，包含主动性与创造性，其基本功能是传送纯粹的意象、关系的和环境的知觉。直觉在外倾型态度中会更倾向于客体，出现一种决定性的对外部环境的依赖；而在内倾型态度中，直觉则依靠主观感受而进行判断，依靠意象构建起意象，而没有在现象与个体自身之间建立起任何联系。

根据两种态度和四种心理功能，荣格提出了以下八种人格类型。

1. 外倾感觉型

外倾感觉型的个体常常拥有一种魅力和明快地追求欢乐的能力，他们需要感知客体，要拥有感觉，如果可能的话还要欣赏感觉。但同时，过度地追求感觉可能导致个体沦为寻欢作乐者或肆无忌惮的酒色之徒。外倾感觉型的主要心理过程是“参与—体验—享受”。

2. 内倾感觉型

内倾感觉型的个体定向于客观刺激所释放的主观感觉要素的强度，他们对于偶发事件的选择是非理性的，常被所发生的事情牵着鼻子走。他们沉浸在自己的主观幻想中，在他们的感觉和实际客体之间不存在协调的联系。内倾感觉型的主要心理过程是“落实—确认—计算”。

3. 外倾直觉型

外倾直觉型的个体对那些具有远大前景而尚处于萌芽状态的事物具有敏锐的嗅觉，不断追求新鲜事物和可能性。他们通常被认为是不道德和冷酷的冒险家，一旦感受到摆脱稳定与限制的可能性，便会将全部命运托付给它。外倾直觉型的主要心理过程是“考虑—洞察—促使”。

4. 内倾直觉型

在荣格看来，内倾直觉型的个体一方面是神秘莫测的梦幻者和窥测者，另一方面又是幻想的狂热者和艺术家。他们试图把自己与幻觉联系起来，通过主观的幻想来指导直觉和自己未来的行为。内倾直觉型的主要心理过程是“想象—确信—预测”。

5. 外倾思维型

外倾思维型的个体常常将他们的整个生命活动与理智的结论联系起来，且这些结论总是定向于客观事件。他们希望用理智的程式来衡量世间的善恶与美丑，并想要尽可能多地认识和理解客观世界。外倾思维型的主要心理过程是“调节—规划—执行”。

6. 内倾思维型

内倾思维型的个体同样重视思维，受到理念的决定性影响，但是这些理念并非来自客观事件，而是源于其主观判断，这有时会使得他们的理性判断显得冰冷、固执和武断。内倾思维型的主要心理过程是“命名—界定—理解”。

7. 外倾情感型

外倾情感型的个体会逐渐将情感发展为一种调节功能，他们的情感与客观环境和普遍的价值观保持一致。对他们而言，快速地调节情感以符合客体需求比思维过程更加重要，所以他们的思维通常是被压抑的，成为了情感的附属物。外倾情感型的主要心理过程是“验证—肯定—协调”。

8. 内倾情感型

内倾情感型的个体大多沉默寡言，难以接近，让人捉摸不透。他们将自己生命的控制权交付给了主观倾向的情感，所以他们的真实动机一般都被掩盖起来了，呈现出了一种内敛的特质。内倾情感型的主要心理过程是“判断—评价—确立”理念。

虽然我们并不能完全地依据人格类型理论把个体分类并简单地贴上不同标签，毕竟每个人都是在不同的成长、环境等因素作用下形成的独特个体，但人格类型理论却常常可以帮助我们更好地探索和了解自我，也能为我们更好地理解他人提供方法与窗口。

知识窗

MBTI 人格类型量表

在 20 世纪 40 年代，美国心理学家伊莎贝尔·布里格斯·迈尔斯(Isabel Briggs Myers)和她的母亲凯瑟琳·布里格斯(Katharine Briggs)构建了一套自我报告式的性格评估问卷，用来了解人们觉察外部世界和做决策的心理学倾向，这就是著名的“迈尔斯-布里格斯类型指标”，即我们熟悉的 MBTI(Myers-Briggs Type Indicator)人格类型量表。这一著名的人格类型量表，通过测验将人格分为了 16 种类型。

虽然 MBTI 人格类型量表的应用相当广泛，但按照传统的心理测量学标准，MBTI 测试并不能真实得出它所声称可以得出的测试结果，在有效性上有所局限；同时，它也无法在不同测试背景下得出稳定的结果，信度和可预测性都非常低。由于 MBTI 测试存在信度和效度上的问题，导致其至今仍在学术界饱受争议。许多荣格分析师并不使用量表进行工作，但是人格类型仍然是他们进行心理分析工作的一个重要理论支撑。

在一篇相关的文章中，昆士兰大学心理学教授 S. 亚历山大·哈姆拉斯(S. Alexander Haslam)曾这样比喻：“如果你妄想通过 MBTI 测试来解开自我的奥秘，就如同你希望通过看动画片《摩登原始人》就能了解石器时代一样。”

虽然 MBTI 测试本身存在着许多局限性，但是它却毫无疑问地为人们探索自我和人格类型提供了一些参考和思路。许多人都知道 MBTI 测试，但了解其来源的人却可能并没有那么多。实际上，迈尔斯和布里格斯母女，是从荣格的人格类型理论中汲取了灵感，从而开发出了自己的这套量表。

著名荣格分析师约翰·毕比(John Beebe)在《类型与原型》一书中将人格类

型归纳为以下八种，并描述了不同人格类型的心理过程，见表 4-1。

表 4-1　人格类型分类

人格类型	心理过程				
外倾感觉 (Se)	参与 (Engaging)	→	体验 (Experiencing)	→	享受 (Enjoying)
内倾感觉 (Si)	落实 (Implementing)	→	确认 (Verifying)	→	计算 (Accounting)
外倾感觉 (Ne)	考虑 (Entertaining)	→	洞察 (Envisioning)	→	促使 (Enabling)
内倾直觉 (Ni)	想象 (Imaging)	→	确信 (Knowing)	→	预测 (Divining)
外倾思维 (Te)	调节 (Regulating)	→	规划 (Planning)	→	执行 (Enforcing)
内倾思维 (Ti)	命名 (Naming)	→	界定 (Defining)	→	理解 (Understanding)
外倾情感 (Fe)	验证 (Validating)	→	肯定 (Affirming)	→	协调 (Relating)
内倾情感 (Fi)	判断 (Judging)	→	评价 (Appraising)	→	确立理念 (Establishing the value)

比如，当一个人使用自己的内倾思维功能时，他会更多地去解决“是什么”的问题，并通过与其他的事物比较来界定它，最终能够充分理解这一事物。这就使得内倾思维型的人表现得更加擅长分析与评估。而与之相反的内倾情感型则表现出了另一种特质，他们首先判断事情的价值与意义，进而界定其中的公平性，并小心运用自己的立场与权力，最终为自己树立信念。

(二)埃里克森的人格发展八阶段论

埃里克森(E. H. Erikson)是美国著名精神病医师，新精神分析派的代表人物。他认为，人的自我意识发展持续一生，他把自我意识的形成和发展过程划分为八个阶段。这八个阶段的顺序是由遗传决定的，但是每一阶段能否顺利度过却是由环境决定的，所以这个理论可称为心理社会阶段理论。每一个阶段都是不可忽视的。埃里克森认为，人要经历八个阶段的心理社会演变，这种演变成为心理社会发展(psycho-social development)。这些阶段包括四个童年阶段、一个青春期阶段和三个成年阶段。每一个阶段有这些阶段应完成的任务，并且每个阶段都建立在前一阶段之上，这八个阶段紧密相连。

1. 婴儿期(0～1 岁)

发展信任感，克服不信任感，体验着希望的实现。这个阶段婴儿要解决的危机是信赖一自主。此时是基本信任和不信任的心理冲突期，因为这期间孩子开始认识人了，当孩子哭或饿时，父母是否出现则是建立信任感的重要问题。信任在人格中形成了“希望”这一品质，它起着增强自我的力量。

2. 幼儿期(1～3岁)

这个阶段是儿童社会化迅速发展的阶段，主要任务是获得自主感，避免怀疑感和羞耻感，体验着意志的实现。这一时期，儿童掌握了大量的技能，如爬、走、说话等。更重要的是他们学会了怎样坚持或放弃，也就是说儿童开始“有意志”地决定做什么或不做什么。这时候父母与子女的冲突很激烈，也就是第一个反抗期的出现，一方面父母必须承担起控制儿童行为使之符合社会规范的任务，即养成良好的习惯，如训练儿童大小便使他们对肮脏的随地大小便感到羞耻，训练他们按时吃饭、节约粮食等；另一方面儿童开始了自主感，他们坚持自己的进食、排泄方式。这时孩子会反复应用“我”“我们”“不”来反抗外界控制，而父母决不能听之任之、放任自流，这将不利于儿童的社会化。反之，若过分严厉，又会伤害儿童自主感和自我控制能力。如果父母对儿童的保护或惩罚不当，儿童就会产生怀疑，并感到害羞。因此，把握住“度”的问题，才有利于在儿童人格内部形成意志品质。

3. 学前期(4～6岁)

这一阶段的任务是获得主动感，克服内疚感，体验着目的的实现。在这一时期如果幼儿表现出的主动探究行为受到鼓励，幼儿就会形成主动性，这为他将来成为一个有责任感、有创造力的人奠定了基础。如果成人讥笑幼儿的独创行为和想象力，那么幼儿就会逐渐失去自信心，这使他们更倾向于生活在别人为他们安排好的狭窄圈子里，缺乏自己开创幸福生活的主动性。当儿童的主动感超过内疚感时，他们就有了“目的”的品质。埃里克森把目的定义为：“一种正视和追求有价值目标的勇气，这种勇气不为幼儿想象的失利、罪疚感和惩罚的恐惧所限制。”

4. 学龄期(7～12岁)

这个阶段是儿童自我成长的决定性阶段，勤奋感和自卑感是本阶段的社会心理危机。获得勤奋感，克服自卑感，体验着能力的实现。这一阶段的儿童都应在学校接受教育。学校是训练儿童适应社会、掌握今后生活所必需的知识和技能的地方。如果他们能顺利地完成学习课程，他们就会获得勤奋感，这使他们在今后的独立生活和承担工作任务中充满信心。反之，就会产生自卑。另外，如果儿童养成了过分看重自己的工作的态度，而对其他方面木然处之，这种人的生活是可悲的。

5. 青春期(12～18岁)

这个阶段的主要任务获得自我统一性，避免角色混乱，体验着忠诚的实现。一方面青少年本能冲动的高涨会带来问题，另一方面更重要的是青少年面临新的社会要求和社会的冲突而感到困扰和混乱。所以，青少年期的主要任务是建立一个新的同一感或自己在别人眼中的形象，以及他在社会集体中所占的情感位置。这一阶段的危机是角色混乱。

6. 成年早期(18～24 岁)

这一阶段的主要任务是获得亲密感，避免孤单感，体验着爱情的实现。只有具有牢固的自我同一性的青年人，才敢于冒与他人发生亲密关系的风险。因为与他人发生爱的关系，就是把自己的同一性与他人的同一性融合一体。这里有自我牺牲或损失，只有这样才能在恋爱中建立真正亲密无间的关系，从而获得亲密感，否则将产生孤独感。埃里克森把爱定义为"压制异性间遗传 的对立性而永远相互奉献。"

7. 成年期(25～65 岁)

即从成年到老年，是成家立业的阶段。这个阶段的主要任务是获得繁衍感，避免停滞感，体验着关怀的实现。当一个人顺利地度过了自我同一性时期，以后的岁月中将过上幸福充实的生活，他将生儿育女，关心后代的繁殖和养育。他认为，生育感有生和育两层含义，一个人即使没生孩子，只要能关心孩子、教育指导孩子也可以具有生育感。反之没有生育感的人，其人格贫乏和停滞，是一个自我关注的人，他们只考虑自己的需要和利益，不关心他人(包括儿童)的需要和利益。

8. 老年期(从 65 岁到生命结束)

这个阶段主要任务是获得完善感，避免失望感，体验着智慧的实现。由于衰老过程，老人的体力、心力和健康每况愈下，对此他们必须做出相应的调整和适应，所以被称为自我调整对绝望感的心理冲突。

(三)大五人格

在心理学研究中，人格(personality)是构成一个人思想、情感及行为的独特行为模式。许多心理学家都尝试对人格进行分类归纳，而大五人格就是其中影响最广泛的一个体系。

大五人格的诞生可以追溯到美国心理学家卡特尔(Raymond Bernard Cattell)编制的《卡特尔十六种人格因素量表》(*Cattell's Sixteen Personality Factors*，简称16PF)，他采用因素分析的方法，提取出 16 种人格的根源特质。1961 年，美国心理学家托普斯(Ernest C. Tupes)和克里斯托(Raymond E. Christal)在此基础上对人格特质的划分进行了进一步研究，他们比较分析了八个不同的人格测评结果，发现尽管施测样本、施测环境或者施测方式不同，但是最后总能提取出 5 个相同的因素，它们分别是开放性、尽责性、外倾性、宜人性、神经质。到 1987 年，美国心理学家科斯塔(Costa)和麦克雷(McCrae)在大五人格理论的基础之上，编制了大五人格量表。

大五人格，是人格心理学中"特质流派"的典型代表。研究者发现在不同的种族和文化中，都可以用五个维度来描述一个人的人格特质。这五个维度是：O-Openness，"开放性"(也译作求新性)；C-Conscientiousness"尽责性"；E-Extraversion"外向性"(也译作外倾性)；A-Agreeableness"宜人性"；N-Neuroticism"神经质"(也译作情绪性)。

上述是大五人格的五个维度，它们的首字母拼凑在一起便构成了 OCEAN——

人格的海洋。这五个维度是研究者将所有形容人格的词语进行因素分析，发现它们一共能被归为五个潜在因素，而后将这五个因素命名成如上五个维度名。

可见，大五人格中的每一个维度都是一系列特质的集合，每个维度的高低分都有不同的特质表现。我们可以通过专业的量表进行测试，来了解自己的人格。

人格特质可以预测“行为倾向”，即描述个体做出某种行为的可能性。但是，人格测评工具只是了解自己的参考，而不能作为绝对标准。

大五人格量表在心理学人格研究中的应用十分广泛，研究人员常用它分析人格特质与学业成就、收入、关系质量等方面的关联，甚至一些企业也会参考人格测试结果进行招聘。例如，尽责性描述一个人是否自律、谨慎、能够承担责任，该维度总是与成就或者工作情境相连。多项研究表明，尽责性维度是预测人们职业绩效、收入，甚至是生活满意度的重要指标。

三、大学生人格发展特点

人格发展具有较为明显的阶段性特征，由此心理学家们提出了诸多人格发展阶段理论。

人格发展受到了生理成熟、内外部环境和社会因素等影响，而具有较为明显的阶段性发展和个体差异，同时也呈现了一些共同的发展规律。我们认为当代大学生的人格发展主要呈现出以下几个特点。

（一）自我认知发展趋于完善

相较于过去，大学生对自我的了解与认识更为全面具体，亦逐渐形成稳定的自我效能感。但在大学阶段仍然需要面临现实与理想化自我、自我与他人认知差异等矛盾与冲突，并在此间不断调整与成长。

（二）情绪情感丰富

大学生的情绪情感经验相对丰富，而变得愈加细腻深刻，但情绪的波动性与情感的稳定性、情绪的外显性与情感的内隐性并存，伴随着生活事件的体验经验丰富，个体的情绪情感的自我调控能力也得到了相应的提升。

（三）认知能力水平较高

大学生处于智力、记忆力、观察力、思维力和注意力发展的最佳状态，各种认知能力的有机结合使得其思辨能力、逻辑思维能力、创新创造能力都处于较高水平。

（四）适应能力不断提升

大学相较于中学阶段较为稳固的生活环境与学习生活内容，更为灵活多变、绚烂多彩，也令大学生们面临更多不可预测性与挑战，从而提升了个体应变能力，激发了个体的活力与创造力，提升了自我调适与驾驭能力，为将来步入社会工作生活奠定了基础。

4.3 健全健康人格发展

心理学家卡尔·荣格认为，文化的最后成果就是人格。我国著名教育学家蔡元培认为，所谓健全的人格，内分四育：体育、智育、德育、美育。学校教育注重学生健全的人格，故处处要使学生自动，即人格教育的特别之处在于它着眼于内在心灵成长，我们教育的目的是使得学生们能够塑造健全健康的人格，它是个人整合发展的关键所在。

一、健全健康人格标准

(一)和谐的人际关系

人际关系最能体现一个人人格健康的程度，是检验个人人格健康的试金石。人格健康的人乐于与他人交往，能与他人建立亲密的关系，与人相处时，尊敬、信任等正面态度多于嫉妒、怀疑等消极态度。健康的人常以诚恳、公平、谦虚及宽容的态度尊重他人，同时也受到他人的尊重和接纳。

(二)良好的社会适应能力

社会适应能力反映了人与社会的协调程度。人的社会适应能力是在社会化过程中不断发展起来的。人格健康的人能和社会保持良好的密切接触，以一种开放的态度主动关心社会、了解社会，观察接触到的各种事物和现象，看到社会发展的积极面和主流，在认识社会的同时，使自己的思想、行为跟上时代的发展，与社会的要求相符合，表现出很快适应新环境的能力。

(三)乐观向上的生活态度

乐观的人常常能看到生活的光明面，对前途充满希望和信心，对自己所从事的工作或学习抱着浓厚的兴趣，并在工作和学习中发挥自身的智慧和能力，最终获得成功。即使在生活中遇到困难和挫折，也能耐心地去应付，不畏艰险、勇于拼搏。青年学生的主要活动是学习，因此，对学习的兴趣可以反映出对生活的基本倾向。人格健康的学生对学习怀有浓厚的兴趣，表现出观察敏锐、注意集中、想象丰富、充满信心、勇于克服困难的特点；而对学习和生活缺乏兴趣，处于苦恼烦闷中的青年，必然影响人格的健康发展。

(四)正确的自我意识

自我意识是个体对自己和自己与他人、与周围世界关系的认识。自我意识表现于认知过程就是正确地认识自己，客观地评价自己；表现于情感过程就是自尊、自信、自豪感、责任感、悦纳自己；表现于意志过程就是能够自我监督、自我调节，努力发展身心潜能。具有健康人格的大学生对自己有恰如其分的评价，充满自信，扬长避短；在日常生活中能有效地调节自己，与环境保持平衡。而缺乏正确自我意识的人常常表现出自我冲突，自我矛盾；或者自视清高，妄自尊大，做力所不能及的工作；或者自轻自贱，妄自菲薄，甘愿放弃一切可以努力的机遇。

（五）良好的情绪调控能力

情绪标志着人格的成熟程度。人格成熟的人情绪反应适度，具有调节和控制情绪的能力，经常保持愉快、满意、开朗的心境，并富有幽默感；当消极情绪出现时，能合情合理地宣泄、排解、转移和升华。

总之，人格健康的人，其人格的各个方面是统一的、平衡的。上述标准不仅是衡量一个人人格健康的尺度，同时也为大学生改善自己的人格提出了具体的努力目标。

知识窗

性格与高血压的关系

在日常生活中，我们常会看到一些人情绪激动时，面色发红、发白、发青，甚至在盛怒之下猝然昏倒而发生中风，这是什么原因呢？主要是剧烈情绪变化引起血压突然升高的缘故。

据调查，个性过强，容易激动，遇事急躁，难以自抑，过分自负，刻板固执，多疑多虑，个性怪癖，或情绪压抑并抱有敌意，具有攻击倾向的人，均可引起体内代谢失调，生理功能紊乱，甚至患高血压。有人报道，这种性格的人，在一次调查中占高血压组的19.71%，这意味着这种个性特征的人易患高血压病。

为什么上述性格的人容易患高血压呢？

这是因为，人在情绪改变时，大脑皮质和丘脑下部兴奋性增高，体内常产生一些特殊物质，如肾上腺素、儿茶酚胺、血管紧张素等，这些物质会使血管痉挛，血压增高。

原发性高血压是生物因素与社会心理因素综合作用所致的疾病。国外一些人格心理研究者认为，人格决定人对环境的独特适应性，而高血压的发生可以说是心身系统不能适应环境变化的结果。环境变化包括自然界的，也包括社会的。生活中常有所谓的紧张事件，一个人对紧张事件是否适应以及适应的强度有多大，持续的时间有多久，恰恰是造成高血压病的重要因素。另一方面是人格特征影响着人对环境变化所致的反应。

首先是生理反应，每个人的生理反应具有不同特征。有的人遇到刺激后生理反应迅速、持久、明显；有的人则相反。这种不同的生理反应正是人格特征致病的途径。其次是心理反应，个体遇到紧张刺激后，所做出的主要心理反应是情绪变化，而人格特征则会影响到情绪变化反应的形式。不良刺激包括悲哀、愤怒、忧郁等，如果长期存在于个人机体中，无疑会导致某些生理、生化指标长期处于高水平状态，使某些器官所承担的负荷加重，甚至受损，最终导致器官衰竭，造成机体发病。

（《高职生的个性心理》，见高美华，孔玉芝：《高职生心理健康教育》，65页，北京，北京航空航天大学出版社，2007。）

二、大学生常见的人格发展偏差

人格发展偏差并不是人格障碍。人格障碍，主要是针对有心理疾病的人而言。人格发展偏差是基于心理健康的基础上，在人格发展过程中每个人或多或少都可能会出现的。生理发育趋于成熟的大学生们，在心理发育层面也在不断地发展，但还没能够完全成熟。因此，在此阶段，大学生人格发展也难免容易出现偏差。但是，有些大学生自认为自己的人格是正常的，可走入社会后却发现矛盾重重。因此，让大学生充分了解自身个性，找出缺陷并进行调适，有助于他们今后更加适应社会。

(一)悲观及其矫正

有些人遇到不如意、失败的情况时便垂头丧气、怨天尤人，面临重任、挑战便自认无能为力，甘愿失败，对前途失去信心，心灰意懒……这些都是悲观的表现。

大学生中有的人常从消极的角度去看问题，总把眼睛盯着伤心、弱点和困难的方面，或认为失败无法改变。这实际上是用悲观来对待挫折，结果是“帮助”挫折来打击自己，在已有的失败感中又增添新的失败感，就像在伤口上又撒了一把盐。这种悲观心理的发展，会使人浑浑噩噩、毫无生气，甚至厌世轻生。

悲观的矫正措施主要有以下两个方面。

1. 要懂得积极态度所带来的力量，要坚信希望和乐观能引导你走向胜利。即使处境危难，也要寻找积极因素。这样，你就不会放弃争取微小胜利转机的努力。你越乐观，你克服困难的勇气就越大。

2. 以幽默的态度来接受现实中的失败。有幽默感的人，才有能力轻松地克服厄运，排除随之而来的倒霉念头。

既不要被逆境困扰，也不要幻想出现奇迹，要脚踏实地、坚持不懈，全力以赴去争取胜利。不管多么严峻的形势向你逼来，你也要去发现有利的条件。不久，你就会发现，你到处都有一些小的成功。这样，自信心自然也就增大了。不要把悲观作为保护你失望情绪的缓冲器。乐观是希望之花，能赐给人力量。

(二)自我中心及其矫治

自我中心的表现：都以自己的兴趣和需要为中心，只关心自己的想法和感受，不考虑他人的感受，完全从自己的角度、自己的经验去认识和解决问题，似乎自己的态度就是他人的态度。

克服自我为中心要注意以下三个方面。

1. 克服自我中心的关键是换个立场看问题，学会换位思考。

2. 坦然接受批评和建议，容许有不同意见。

3. 学会一些人际交往的技巧，要使自己融入集体中，又能在集体中保持自己独立的个性。

(三)自卑心理及其矫治

自卑心理的表现：消极的自我评价或自我意识。过低评价自己的形象、能力和品质，总是拿自己的弱点和别人的长处比较，觉得自己事事不如人，在人前自惭形秽，从而丧失自信，悲观失望。

自卑心理的矫正措施主要有以下几点。

1. 相信自己。这是一种信念，每天默念数遍。
2. 找出自卑源，理性分析其合理性。
3. 欣赏自我。
4. 调整理想自我。
5. 建立乐观的生活态度。积极使你的力量与自我形象相吻合，培养积极乐观的生活态度，是建立自信的基础。
6. 敢于面对错误与挫折。
7. 经常使用自我鼓励与自我暗示。

(四)嫉妒心理及其矫治

心理学家认为嫉妒是担心别人超过自己引起的抵触情绪的体验。从心理学角度看，嫉妒是一种变异心理，是对超过自己的人感到恐惧和愤恨的混合心理，是自私自利、唯我独尊的心理表现。

消除嫉妒心理要注意以下几点。

1. 加强思想意识修养，树立正确的人生观。
2. 消除嫉妒心理，必须从狭隘的“自我”中解放出来，心理换位。
3. 必须积极克服自己性格上的弱点。
4. 正确评价自己，增强竞争意识。

(五)害羞及矫正

害羞是一个人自我防御心理过强的结果。害羞的人常常过于胆小和被动，过于谨小慎微，过于关注自己，自信心不足。他们特别注意自己在别人心目中的形象，总觉得自己时时处在众目睽睽之下，于是敏感拘束，一句话要在喉咙口反复多次，一件事总要左思右想，为此搞得神经紧张，坐立不安。

害羞之心人皆有之，但过分的害羞会导致压抑、孤独、焦虑等不良心理状态，还会阻碍人际交往。

害羞的调节要点有以下三个。

1. 要增强自信心。
2. 放下思想包袱。
3. 要有意识地锻炼自己。

(六)怯懦及矫正

怯懦主要表现为缺乏勇气和信心，害怕可能面临的困难和挫折，在挫折、困难面前常常知难而退，甚至不战而败。有些大学生过去经历一帆风顺，因而特别害怕失败。“只能成功，不能失败”的非理性意念是造成一些大学生怯懦的认知因素。

改变怯懦的最好办法是要敢于抓住机遇，积极锻炼，不怕失败，不怕丢面子，不怕担子重，多给自己鼓励和加压，在生活的词典中去掉“不敢”二字。

（七）懒惰及矫正

懒惰是不少大学生为之感到苦恼并难以克服的一种人格发展缺陷，是意志活动无力的表现，懒惰是影响大学生积极进取、张扬青春活力的天敌。

处于懒惰状态的大学生也常因此感到内疚、自责、后悔，但又觉得无力自拔，心有余而力不足。这主要是因为他们往往想得多而做得少，缺乏毅力。要克服懒惰，应充分认识到其危害性，自己对自己负责，振作精神，起而行之；从日常小事做起，并努力做到不给自己找借口，不原谅自己的偷懒，力争今日事今日毕；多与人交往，多关心外部世界，多参加有益身心的社会活动。而做到这一切，有一个坚定而有价值的理想是非常重要的。

（八）狭隘及矫正

受功利主义影响，大学生中的狭隘现象有增无减。凡事斤斤计较、耿耿于怀、好嫉妒、好挑剔、容不得人等，都是心胸狭隘的表现，即日常说的“气量小”。心胸狭隘往往影响人际关系，伤害他人感情，也常给自己带来烦闷、苦恼，影响自己的情绪和在他人心目中的形象，因此，于人于己有百害而无一利。狭隘人格多见于内向者，尤其是女性。

克服狭隘，一要胸怀宽广坦荡，一切向前看。正如歌德所言，比海洋更广阔的是天空，比天空更广阔的是心灵。二要丰富自己，一个人的视野越开阔，就越不会陷入狭隘之中，这就是所谓的站得高，看得远。三要学会宽容，宽以待人。

（九）拖拉及矫正

拖拉是不少大学生的通病。拖拉是指可以完成的事而不及时完成，今天推明天，明天推后天：春天不是读书天，夏日炎炎正好眠，秋多蚊虫冬又冷，一心收拾待明年。导致拖拉的原因，一是试图逃避困难的事，二是目标不明确，三是惰性作怪。拖拉一方面耽误学习、工作，另一方面并没有使人因此而轻松些。相反，拖拉往往会导致心理压力，引起焦虑，总觉得有事情没完成，干别的事也难以安心，还会贻误时机。

改变拖拉，首先要充分认识其危害性，找到自己拖拉的原因，下决心改变。其次要科学安排时间，凡事有轻重缓急，要一件一件完成，还要讲究科学的学习和工作方法。再次要敢于做不合心意或者需要花大力气的工作，必须完成的事与其拖着、欠着，还不如及早动手干，完成后会有一种如释重负的感觉，会有一种欣喜感、满足感、成就感，而拖拖拉拉只会带来疲倦、松垮及焦虑。

三、塑造健全健康人格的方式

拥有健全、健康的人格是一个人心理健康的重要基础，塑造健全、健康的人格是我们成长和发展的重要任务。因此，掌握塑造健康人格的途径和方法，能够使我们的人格素质趋于完美，还能让我们收获更加璀璨的人生。塑造和培养健全、健康的人格，是心理健康发展与成熟的必要过程，也是一项系统的自我提升与自我实现的工程。我们可以通过以下几种方式来努力塑造健全、健康的人格。

(一)提升自我认识，强化自我意识

认识自我，是自我发展与成长的基石。我们可以通过对自我性格特征、言谈举止和思维方式等的梳理，不断地进行自我反思。我们还可以通过他人对自己的评价与建议，客观分析和评价自己的优势与不足，更为准确、明晰地认识自我，从而推动自我的发展。

自我意识是人格的重要组成部分，它影响和制约着大学生人格的形成与发展，是自我成长与发展的重要因素。因此，在大学生塑造健康人格的过程中，强化自我意识扮演着举足轻重的作用。对自我的认同与悦纳，是对自己当下的所作所为、对自己努力成长的方向与目标的肯定，是推动健康人格发展的内在动力。此外，我们还应和谐与人相处，积极面对生活。一个妄自菲薄的人会觉得自己活得很累，一个狂妄自大的人也需要面对随时被社会抛弃的威胁。因此，我们要在能够看到自己闪光点的同时，还能认可他人的价值；在为自己的努力而自豪的同时，也能由衷地为别人的成功而鼓掌。处理好自我与社会的关系，需要做到自我设定与社会发展相统一、自我目标与社会需要相统一、自我价值与社会价值相统一。另外，我们要发挥自我认识与自我教育的作用，使自己能够从道德、政治品质、思想意识等方面全面而客观地进行自我剖析、自我评价、自我调控，从而使自己能根据现实社会发展的要求，确立自己的理想人格目标和人格发展方向。

(二)进行心理调适，优化人格整合

人格塑造也就是为了实现优化人格整合，以达到人格的健全、健康发展的目的。人格整合的基本含义是：随着个体心理的成熟，人格的各个方面逐渐由最初的互不相关，发展到和谐一致状态的过程。

优化人格整合，就要择优汰劣。择优，即选择优良的人格特征作为自己努力和发展的目标，如自信、勇敢、勤奋、坚毅、善良、正直等优良的人格品质特征。汰劣，即针对自己人格上的缺点、弱点予以纠正和完善，如自卑、胆怯、抑郁、冷漠、懒惰、任性、自我中心等。

大学生的自我控制与调适是优化提升人格发展、实现人格整合的良好途径。学会自我控制与调适，可以使我们提升自我发展能力，增强适应生活的能力，健全心理防卫机制，从而促进健全整合的人格发展，拥有良好的自我心理健康素养。除此之外，我们还可以通过相应的社会支持与协助来辅助提升自我心理调适水平，例如，主动接受个体心理咨询服务和团体心理拓展活动，积极参加各种社会活动等。

(三)提高个人综合素养

荣格曾有句名言："文化的最后成果是人格"。人格发展缺陷还经常源于我们对知识的匮乏及对事物缺乏正确的认知，较低的认知水平容易使人心智水平较低、性格自卑、行为粗鲁，而较高的认知水平则更容易让人养成谦虚、自信、坚强、理智等良好的人格特征。各学科的全面发展是人格健全发展的智力基础，是人格发展的速度与质量的有力保障。

实践是人格发展的必经之路。无论是知识的获取、性格的养成、能力的形成，还是意志的磨炼都离不开实践，诸如勤奋、坚韧、乐观、细致等良好的人格特征都是长期实践锻炼的结果。大学生通过积极参加各种有益身心健康的实践活动，可以促进自我人格发展，塑造良好的人格品质，如参与各类青年志愿服务活动对于大学生人格的发展与塑造就很有意义。

(四)建立良好的人际关系，融入集体

人格发展的过程是个体提升心智水平、实现社会化的过程，是个体与他人、集体、社会相互作用与协同发展的过程。健全良好的人格特征，通常能够使人在人际交往过程中充分展现自己的魅力，而良好的人际关系也促进了健全、健康人格的进一步发展与巩固，因此建立良好的人际关系是塑造健全、健康人格的一剂良方。

大学生要塑造健全人格，就必须要建立和发展良好的人际关系。家庭是人格形成的土壤，集体则是人格塑造的熔炉。通过与集体交往，我们的某些人格品质可能会受到赞扬、鼓励，某些人格品质则会受到压制、排斥，这会有助于我们对人格品质进行有针对性的调整，从而使人格品质更加完善。

(五)防止“过犹不及”，完善自我成长

过犹不及，事缓则圆。在人格成长与发展过程中，我们需要时刻把握好人格发展和表现的“度”。这就要求我们，在人格塑造过程中运用辩证法不断确认与调整这个“度”，否则可能会出现过犹不及、适得其反的效果。

我们要发展健康良好的人格特质，具体的表现为：为人自信而不自负，态度谦虚而不自卑，行为勇敢而不鲁莽，做事果断而不冒失，决策稳重而不犹豫，为人谨慎而不怯懦，性格好强而不跋扈，活泼而不轻浮，机敏而不多疑，忠厚而不愚昧，干练而不世故等。

对人格“度”的把握还表现在不同的人格特质需协调发展的同时，还要因地制宜、因势利导，在不同的时间、空间，面对不一样的事件与人物，适时把控、调整人格特征表现的“度”，塑造具有韧性的人格，较强的应变和适应能力，这样才能真正形成合理、和谐的人格结构。

积薄而为厚，聚少而为多。塑造健全、健康的人格，要求我们从方方面面入手，从小事做起，积土成山，积水成河。只要我们掌握塑造健康人格的途径和方法，积极面对成长中的艰难与挑战，就会逐渐达成塑造健全、健康人格的目标。

知识窗

健全人格的基础："四自人格"

我国学者黄希庭(2002)通过理论和实证研究，提出自立、自信、自尊、自强的"四自人格"来概括具有我国文化传统的人格特征，也是健全人格的基础。

1. 自立是指个体从自己过去依赖的事物中独立出来，是自己行动、自己做主、自己判断、对自己的承诺和行为负起责任的过程。自立大致可分为身体自立、行动自立、心理自立、经济自立和社会自立五个方面。还可分为特质自立和状态自立。高自立意识的大学生在行为上表现出较多的自主与自控行为，能较好地安排自己的生活计划，对挫折与困难能主动进行自我调节和控制，能积极参加学校的各种社团活动和其他形式的集体活动。他们有定向型的自我同一性，对自己有一致感，对未来有比较明确的认识，对自己有比较积极的认识，因此更积极地投入学习和生活。他们拥有更和谐的人际关系，遇到挫折时采取更成熟的应对方式。

2. 自信就是相信自己。自信可以分为能力自信和品格自信，是一种具有正面情绪色彩的人格特质，在行为选择上扮演重要角色。自信水平高的人肯定自己的价值，有积极乐观情绪、健康心态，会选择比较现实的活动或目标。自信的人敢于尝试新领域，能更快地发展自己的兴趣和才华，与学习、任务完成、比赛等方面的高绩效有密切联系。

3. 自尊是指个人评价自己的价值和重要性的情感体验，与自我价值感同义。黄希庭等提出多维度、多层次的自我价值感模型，抽象程度由高至低依次包括总体自我价值感、一般自我价值感(社会取向和自我取向两种)和特殊自我价值感(生理的、心理的、人际的、道德的、家庭的五个具体方面)三个层次。高自尊者乐观、主动、热情、乐于助人、有成就、少焦虑、无破坏感、感到充实和力量；而低自尊者表现为失望、抑郁、无助、孤立、不可爱、怕惹人生气、怕被注意。

4. 自强是指个人对未来充满希望，面对困难的挑战或挫败而不被负面情绪所压倒，相信自己能够设定目标，想出实现目标的办法，并推动自己来达成目标。自强也是不断提升自我，充分发挥自身潜能，努力进取，克服困难的意志力。自强的人对未来抱有希望，把精力集中在如何产生积极的与目标相关的结果、达成目标的中介条件以及如何达成理想目标的途径上。

(黄希庭：《健全人格的基础："四自人格"》，见《教育部重点课题》，2008。)

心理训练

一、心理练习

活动主题：个性发现

【活动目的】认识他人、坦诚反馈、了解自己的个性。

【活动时间】约 40 分钟。

【适用对象】团体所有成员。

【材料准备】每人 1 张“个性特征表”，1 张白纸、笔。

【活动过程】

1. 指导者给每人发 1 张“个性特征表”(见表 4-2)，请大家详细阅读。

2. 然后研究一下团体内其他成员每个人的个性，把你的认识记下来，对每个人可选择一种类型或选择多种(3～5 种)特征。

3. 每人都写完后，指导者按顺序找出其中一人，请其他人说出对他的分析。最后由本人发表对别人评价的感受及自我的分析。

表 4-2　个性特征表

类型	长处	短处	适合职业
乐天型	热切，诚恳，乐观，抱希望，富感情，优越感，感性强	冲动，浮躁，不坚定，意志弱，易怒，易懊悔	宣讲员，企业家，演员
暴躁型	意志坚决，坚强，敢冒险，独立思想，清楚，敏锐	急躁，激烈，不太会同情人，易谋私利，骄傲自大，报复心重，不太会深思	将军，老板，政治家
忧郁型	思想深远，透彻，能自制，信实，可靠，有天分，理想主义，完美主义，忠心	抑郁，沉闷，忧愁，痛苦，多猜疑，情绪化，好自省，过分追求完美，易怒悲观	艺术家，哲学家，教授
冷静型	平静，稳定，随遇而安，温和，自足，实事求是，善分析，有效率	冷淡，缺感情，迟钝，懒惰，无动于衷，自抑，不易悔悟，自满	教师，科学家，作家

【评价讨论】

通过了解自我个性特征，综合他人对自己的评价，尝试更为客观深入地做自我分析。他人对自己的评价，跟自我评价也许非常一致，也许差别很大。深入探讨与分享自己的感受与体验，思考为什么评价呈现出一致性和差异性，或有更多的收获。

二、心理测试

(一)人格发展异常的表现与评估

指导语：健康人格有时可以从一些小动作中表现，请尝试你做一做下面的小测试：

1. 当你站立时，为了舒服，总爱把胳膊放在椅背上吗?

2. 你有咬手指和指甲的习惯吗?

3. 当你与人交谈和倾听别人谈话时，你总是不停用手指击打桌面吗?

4. 当你站立时，你喜欢双臂抱肩吗?

5. 开会时，你总是不断改变姿势，以求坐得更舒服些吗?

6. 当你谈话时：

(1)你感到抑扬顿挫，眉飞色舞，手舞足蹈；

(2)你感到有些紧张；

(3)你把手自然下垂，偶尔有点手势。

7. 聚会时，不论你想不想吸烟，你总爱点上一支吗?

8. 参加宴会时，你总是把眼睛盯在一盘或附近几样菜上，是吗?

9. 看到别人把大拇指藏在手心，拳头紧握时，你害怕吗?

评分办法：

第6题回答(1)得2分，(2)得1分，(3)得0分。其余8题，答“是”得1分，“不是”得0分。

0～3分：人格健康，不论在什么情况下，都能沉着、坚定、稳重，你的举止表明你是一个沉着老练、遇事不慌、自信、自强、分寸得当、自制力强的人。这种自我控制能力是健康人格的重要特点。

4～7分：人格健康的状况欠佳。表面上看，你很平静，但常失去平衡。高兴时，信口开河、夸夸其谈；不高兴时，冷眼相看、袖手旁观，情绪变化大。对你来说，至关重要的是学会自我控制，从而达到人格结构的稳定和健全。

8～10分：人格健康问题严重。你很不沉着，如果不学会自我控制，坚定信心，你在哪里都无法安定，总不舒服，也许你自己还不以为然，可在别人看来却很刺眼。关键问题是达到内心的平衡、和谐和安定，同时注意与周围环境相适应。

(二)气质类型测试

指导语：下面60道题，可以帮助你大致确定自己的气质类型。具体做法是：请你仔细阅读每道题，根据自己的实际情况，实事求是地作答。你认为“很符合”自己情况的题，记2分；“比较符合”自己情况的题，记1分；“介于符合与不符合之间”，即拿不准的题，记0分；“比较不符合”自己的，记－1分；“完全不符合”，记－2分。答题过程请把每题的得分都标出来，并在结束后分别记入题后表格进行统分。

1. 做事力求稳妥，不做无把握的事。

2. 遇到可气的事就怒不可遏，想把心里话全说出来才痛快。

3. 宁肯一个人干事，不愿很多人在一起。

4. 到新环境很快就能适应。

5. 厌恶那些强烈的刺激，如尖叫、噪声、危险的情境等。

6. 和人争吵时，总是先发制人，喜欢挑衅。
7. 喜欢安静的环境。
8. 善于和人交往。
9. 羡慕那种善于克制自己感情的人。
10. 生活有规律，很少违反作息制度。
11. 在多数情况下情绪是乐观的。
12. 碰到陌生人觉得很拘束。
13. 遇到令人气愤的事，能很好地自我克制。
14. 做事总是有旺盛的精力。
15. 遇到问题常常举棋不定，优柔寡断。
16. 在人群中从不觉得过分拘束。
17. 情绪高昂时，觉得干什么都有趣；情绪低落时，又觉得什么都没意思。
18. 当注意力集中于一事物时，别的事很难使我分心。
19. 理解问题总比别人快。
20. 碰到危险情景，常有一种极度恐怖感。
21. 对学习、工作、事业怀有很高的热情。
22. 能够长时间做枯燥、单调的工作。
23. 符合兴趣的事情，干起来劲头十足，否则就不想干。
24. 一点小事就能引起情绪波动。
25. 讨厌做那种需要耐心、细致的工作。
26. 与人交往不卑不亢。
27. 喜欢参加热烈的活动。
28. 爱看感情细腻、描写人物内心活动的文学作品。
29. 工作学习时间长了、常感到厌倦。
30. 不喜欢长时间谈论一个问题，愿意实际动手干。
31. 宁愿侃侃而谈，不愿窃窃私语。
32. 别人说我总是闷闷不乐。
33. 理解问题常比别人慢些。
34. 疲倦时只要短暂的休息就能精神抖擞，重新投入工作。
35. 心里有话宁愿自己想，不说出来。
36. 认准一个目标就希望尽快实现，不达目的，誓不罢休。
37. 学习、工作同样长的时间后，常比别人更疲倦。
38. 做事有些莽撞，常常不考虑后果。
39. 老师讲授新知识时，总希望他讲慢些，多重复几遍。
40. 能够很快地忘记那些不愉快的事情。
41. 做作业或做一件事，总比别人花的时间多。

42. 喜欢运动量大的剧烈体育活动，或参加各种文艺活动。
43. 不能很快地把注意力从一件事转移到另一件事上去。
44. 接受一个任务后，就希望把它迅速解决。
45. 认为墨守成规比冒风险要强一些。
46. 能够同时注意几件事物。
47. 当我烦闷的时候，别人很难使我高兴。
48. 爱看情节起伏跌宕、激动人心的小说。
49. 对工作抱认真严谨、始终一贯的态度。
50. 和周围人们的关系总是相处不好。
51. 喜欢复习学过的知识，重复做已经掌握的工作。
52. 希望做变化大、花样多的工作。
53. 小时候会背的诗歌，我似乎比别人记得清楚。
54. 别人说我“出语伤人”，可我并不觉得这样。
55. 在体育活动中，常因反应慢而落后。
56. 反应敏捷，头脑机智。
57. 喜欢有条理而不甚麻烦的工作。
58. 兴奋的事常使我失眠。
59. 老师讲新概念，常常听不懂，但是弄懂以后就难忘记。
60. 假如工作枯燥无味，马上就会情绪低落。

胆汁质	题号	2	6	9	14	17	21	27	31	36	38	42	48	50	54	58	总分
	得分																
多血质	题号	4	8	11	16	19	23	25	29	34	40	44	46	52	56	60	总分
	得分																
黏液质	题号	1	7	10	13	18	22	26	30	33	39	43	45	49	55	57	总分
	得分																
抑郁质	题号	3	5	12	15	20	24	28	32	35	37	41	47	51	53	59	总分
	得分																

计分与解释：

请按下列题号，填入分数，并将得分加起来，即可看出每种气质型的总得分。

如果某一类型的总得分超过20，而其他三类型的总得分较低(10分以下)，则为典型的高分类型，如典型的多血质、典型的黏液质；如果某类型的总得分在20分以下、10分以上，而其他三类得分较低，则为一般高分类型，如一般胆汁质、一般多血质等；如果有两类型的得分明显超过另外两类型的得分，且分数比较接近(相差在4分内)，则为两高分类型的混合型气质，如胆汁—多血质混合型，胆汁—黏液质混合型，黏液—抑郁质混合型等；如果某类型的总得分很低(0分或负分)而其他三类型的得分都不高，且很接近(相差在 4 分内)，则为三高分类型的混合型，如多血—胆汁—黏液质混合型等。

在现实生活中，多数青年大学生的气质是一般型气质或两种气质的混合型，而典型气质和三种气质混合型的大学生是少数。关于每种气质的表现特点，前面已介绍，此不赘述。混合型气质即为混合气质的综合特点，如胆汁—多血质的人，其行为特点是以胆汁质的表现为主，辅之以多血质的表现；或在多数场合下表现为胆汁质特点，少数场合下表现为多血质特点。

(三)性格类型测验

指导语：下面一组题目，请自己据实答“是”与“否”。

1. 对人十分信任。
2. 喜静安闲。
3. 能在大庭广众之下工作。
4. 工作时不愿他人在旁观看。
5. 不常分析自己的思想和动机。
6. 遇到集体活动愿留在家中而不去出席。
7. 自己擅长的工作愿意别人在旁观看。
8. 宁愿节省而不愿耗费。
9. 能将强烈的情绪(如喜、怒、悲)表现出来。
10. 很讲究写应酬信。
11. 不拘小节。
12. 常写日记。
13. 与观点不同的人自由联络。
14. 不是十分熟悉的人，不轻易信任。
15. 喜欢读书，常刨根问底。
16. 常回想自己。
17. 喜欢常常变换工作。
18. 在公共场所中肃静无哗。
19. 不愿别人提示，而愿别出心裁。
20. 三思而后决定。

计分与解释：

20 道题分两组。第一组：1、3、5、7、9、11、13、15、17、19；第二组：2、48、10、12、14、16、18、20。

第一组“是”多，性格是外向型；第二组“是”多，性格是内向型；两者相差不多，属于中间型。

反思成长

1. 你对自己的气质和性格有了什么样的新认识与思考？

2. 根据大学生健全人格的标准，请你尝试分析自己人格存在哪些优势与不足。

3. 请思考如何能够使自己塑造健全健康的人格。

资源导航

推荐书籍：

1. [奥]阿尔弗雷德·阿德勒. 自卑与超越. 曹晚红，译. 北京：中国友谊出版社，2017.

2. [美]大卫·范德. 人格心理学：人与人有何不同. 许燕等，译. 北京：世界图书出版公司，2018.

3. [美]戴尔·卡耐基. 人性的弱点. 亦言，译. 北京：中国友谊出版社，2017.

4. [美]亚拉伯罕·马斯洛. 动机与人格. 许金声等，译. 北京：中国人民大学出版社，2012.

第三部分

自我心理调适

• 模块五

• 大学生学习心理

名人名言

未来的文盲不再是不识字的人，而是没有学会学习的人。

——阿尔文·托夫勒

导读

学习是我们人生中一个重大任务，但我们似乎总找不到努力的方向与方法。你是否有这样的困惑："我不知道我为什么而学习？我需要要学什么？""我好像没有什么要学的。我学什么都一样……"

面对学习之路上的迷惘，或许，我们可以借此机会，一起重新回顾过去，梳理现在与期待未来，从心理学角度探索别样的思路与途径，为我们的学习生涯开启新篇章。

学习目标

序号	目标维度	具体内容
1	知识目标	(1)认识了解学习的特点及学习心理特殊性； (2)了解大学生学习心理的常见问题与分析； (3)了解大学生学习心理障碍的表现及成因； (4)了解提高学习能力的方式方法。
2	能力目标	(1)自主调整学习心态； (2)学会调适学习心理障碍； (3)掌握提高学习能力方式。
3	情感和态度价值观目标	激发自主学习动力，调适自我学习心理，树立良好的学习心理状态。

典型案例

学习的烦恼

案例一：新生小红在入学以来一直苦恼着自己找不到学习的方向，平时上课无法集中注意力，甚至犯困，课后想自学不知道该从何入手，觉得很迷惘，非常怀念高中的学习生活。小红对咨询师说："虽然高中学习生活节奏很快，但是感觉生活得很充实，每天时间都排得满满的。当时觉得没时间玩，有点郁闷，现在时间多了，反倒觉得日子过得很空洞。一学期快过去了，感觉自己一事无成，每天都在浪费时间。她也曾经想好好规划一下，给自己报了大学英语四级考试，还报了升学课程。但是书买了，课程费交了，她却不想看、不想读。每天都觉得自己有很多事要做，最后什么都没做。她实在不想让自己这么混日子，可是又不知道该怎么办。"

案例二：新生小白主动来咨询，跟咨询师诉说自己的矛盾与痛苦。他在高中成绩一直都还不错，但是因为高考时生病和紧张，考试成绩不是很理想；本来想复读，最后怕自己承受不了再来一次的压力，选择来了这所学校。入学前，他曾做了规划，希望自己能够再努力，把各类资格证都考了，并努力做升学考试准备，争取考取研究生，不辜负家人的期望。不过入学以来的体验和感受时常让自己很纠结。他有时自己想好好读书，又觉得去图书馆自习会减少跟舍友相处的时间；刚开学时自己经常抢坐第一排，有时会被同学讥笑自己"假正经"。所以，后来上课时自己就不敢太积极认真。久而久之，自己好像失去了学习的动力，感觉这样生活挺滋润的，很轻松，不用逼自己太紧，成绩也不会太差。但是，一回到家，爸妈的关爱让他的负罪感和压力倍增。最近一段时间，他每天都在为要跟舍友熬夜刷剧聊天，还是在自己小窝里读书而纠结；为要去晨读，还是跟舍友一样到点再去上课等诸如此类的选择与矛盾所困扰。

(来源：根据真实心理咨询案例整理而成。)

思考题：

1. 你觉得小红和小白分别遇到了什么困境？
2. 如果是你，你会如何调整自己？
3. 在实际学习生活中，你是否有过类似的体验和感受，你的经验是什么？
4. 如果你有什么不一样的困惑或者不同的观点，也请与我们分享。

5.1 认识学习

“活到老学到老”“好好学习天天向上”“读书破万卷，下笔如有神”“知识就是力量”“学而不思则罔，思而不学则殆”“活着就要学习，学习不是为了活着”“劳动教养了身体，学习教养了心灵”……与学习相关的名言警句不胜枚举。学习作为人类的重要活动形式之一，其不可替代的重要性不言而喻。学生身份更赋予我们不一般的学习使命，我们要将学习作为我们在生活中的核心活动内容。

一、什么是学习

学习的定义

学习，主要指我们因练习、经验而获得新的、相对持久的信息、行为模式或能力的过程。具有行为主义倾向的心理学家一般把学习定义为“由练习或经验引起的相对持久的行为变化”。

美国心理学家鲍尔(G. H. Bower)和希尔加德(E. R. Hilgard)在他们著名的《学习论》一书中把学习定义为：“一个主体在某个规定情境中的重复经验引起的、对那个情境的行为或行为潜能的变化。不过，这种变化是不能根据主体的先天反应倾向、成熟或暂时状态(如疲劳、酒醉、内驱力等)来解释的。”这个定义比一般行为主义的定义增加了在学习的变化中行为潜能的变化。美国教育心理学家罗伯特·加涅(Robert M. Gagne)则更明确地把学习定义为：“学习是人的倾向或能力的变化，这种变化能够保持且不能单纯归因于生长过程。”加涅实际上是用人的内部的变化来定义学习。不过，加涅认为，内部的变化不能观察，必须通过外部的行为，通过行为表现的变化来做出学习是否发生的推论。

知识窗

学习的定义

1. 我国古代对学习的定义

我国古代教育家，对学习有许多精辟的分析和深刻的论述。最早把“学”和“习”联系在一起的是孔子。孔子说：“学而时习之，不亦说乎?”

“学习”二字成为一个词，则最早见于《礼记·月令》：“季夏之月，鹰乃学习”一语。古代，所谓“学”就是获取知识，所谓“习”就是反复练习。《说文》里说：“习，数飞也。”鸟初学飞，时常数飞不已。可见，我国古代“学习”二字的内涵，主要指获取知识，形成技能。

2. 现代对学习的定义

在现代学习理论中，学习是一个含义极广的概念，它是人及动物在生活过程中获得个体的行为经验的过程。人和动物的学习，既有共同之处，又有本质的区别。一般说来，动物的学习都是无意识的，而人的学习，主要是有意识的。更重要的是动物的学习是被动地适应环境，而人的学习则在于能动地认识世界和改造世界。另外，人的学习是他与其他人在进行社会交往中通过言语的中介掌握历史经验的认识过程，这更是动物无法比拟的。

人类的学习是复杂多样的。小孩认识动物、用筷子、懂得文明礼貌是学习，熟悉如何开汽车是学习，科学家在发明创造中也有学习，学生在学校里的学习，也是一种学习。学习是个体在生活过程中，由于反复的实践和经验的结果，而产生的行为或行为潜力的比较持久的变化。

(《高职学生的学习心理》，见王立科：《高职学生心理健康教育》，175 页，北京，科学出版社，2009。)

二、大学生学习的特点

学习是大学生在校期间的一大主题，这个时期的学习相较于中小学时期的学习活动，以及未来步入社会后的学习生活颇具独特性。

首先，学习是人类所掌握的一种特殊认知形式，是区别于其他物种的、彰显人类高级属性的认知方式。其次，正值青春年华的大学生也处于人类智力发育发展的高峰时期，这个时期的我们拥有较为康健的身体、旺盛的精力、良好的记忆力以及丰富的想象力和创造力。再者，在通过中小学的学习过程，大家掌握了相应的知识体系，为开展大学的专业化教学教育奠定了扎实基础，这也使得大学生与中小学的学习活动既有共通之处，又彰显了不同的特点。它既不同于中小学以掌握基础知识为主要目的的学习活动，也不同于其他一般以达成某些职务职能为目的的职业技能教育，大学教育是具有特定的专业性、目标性及研究性的学习活动，其特殊性主要具体反映在大学生学习活动中的几个方面。

（一）自主性学习能力要求增强

相较于中小学时期有父母陪伴及在老师的监督、指导与陪伴下完成的学习活动，大学学习过程中更提倡学生能够主动参与学习，具有自主性的学习活动方式。如果过去长时间是以被动学习为主，依赖性较高，缺乏主动性、自觉自主性学习的同学们可能经常会因此感到不适，而无法自觉自主地投入常规学习生活。因此，提高自主性学习能力是大学生们的学习活动的重要主题之一。

首先，在大学阶段，学生学习生活时间较为灵活松散，大多数的课余时间都是由个体自主支配。习惯了中小学较为规律的学习生活作息安排的新生们将面临自我调控调节能力的挑战。此外，教师教授方式不再像过去那般讲解入微、分析透彻，更多时候教师是以纲领提要方式提炼专业课程的重点、难点，传授教师对于本专业学习的重要经验。学生需要利用自己较为灵活的课余时间，自主研修、理解、掌握所学课程。在课堂上，也不再一成不变地以教师占据主导地位，而是在教师的带领与引导下，更多地鼓励学生参与体验式教学活动。这种较为充分的自主性学习方式将贯穿整个大学学习过程。自主性学习能力的提升不仅能够使得学生们顺利完成大学学业，也能为其将来的学习、工作、生活具有更强的适应能力打下基础。

据此，提高大学生自主性学习能力要求，具体表现在学生个体需要具备对自我学习督促与管理、统筹规划、合理安排、提升效率等方面的能力。

小故事

爱丽丝的故事

“请你告诉我，我该走哪一条路？”

“那要看你想去哪里。”猫说。

“去哪儿无所谓。”爱丽丝说。

“那么走哪一条路也就无所谓了。”猫说。

摘自刘易斯·卡罗尔的《爱丽丝漫游奇境记》

人要有明确的目标。当一个人没有明确的目标的时候，自己不知道该怎么做，别人也无法帮到你。天助先自助，当自己没有清晰的目标方向的时候，别人说得再好也是别人的观点，不能转化成自己的有效行动。

（二）专业性学习内容

相较于中小学课程内容对于基础知识和基础机能的重视与强调，高等教育更专注于对专业性及学术性的教学。课程专业性高、知识体系复杂、知识与实践相结合要求高是大学课程与中小学课程之间存在的主要差异。课程教学设计、教学内容以及培养目标等的系统设置，围绕着各个专业独特的专业知识理论和学科知识结构特点作出要求。大学生不仅需要熟练掌握本专业的理论知识，还需要广泛了解其他相关的知识信息，且要结合专业深入了解并掌握其实践领域的相关技术技能，以匹配从事与专业方向相关工作的具体专业化要求。

（三）多元化学习方式

多元化的学习方式主要指大学生学习方式不再局限于课堂教学这一途径，还可以通过其他多元化的渠道习得知识。开放式、信息化教学环境，为学生提供了丰富多样的学习渠道与学习机会。除了课堂教学，通常大学生还可以通过参与各类知识学术讲座、学校文化生活、课外实践工作、网络多媒体教学、校内外学术交流等方式拓宽自己的学习途径。提升自己专业能力、完成课程学习的方式也不再拘泥于完成课业，学生们通常可以通过完成团体小组作业、个人演示、教学讨论、参与社会实践及志愿服务活动等充分调动个体的参与积极性和主动性的方式达成学习目标。

（四）探索性及创新性

探索性、创新性是推进人类社会不断向前发展的动力。大学生作为未来社会发展的重要承继人，对探索性、创新性思维与精神的培养显得格外重要。在系统掌握了基础及专业知识与技能的基础上，大学生还要具备初步的科学研究和学术研究能力，保有对知识探索的欲望及对未知探索的勇气，能够以较为独立的探索性思维能力激发创新、创造的欲望与动机。以期在教师的指导与帮助下，结合专业与实践，借助高校科研与创新平台，开展探索性、创新性科研、实践及创业等活动。

三、大学生学习心理特殊性

（一）自卑心理

大学校园汇集了来自五湖四海的优秀人才，许多学生感受到自己过去一度引以为傲的才能受到了前所未有的挑战。部分同学感觉对专业学习的适应度还未能调整好的同时，已与他人拉开了差距，通过努力后仍感觉自己看不到希望而丧失自信心，由此产生了自卑心理。

（二）学习自主性两极分化

学习自主性两极分化的情况在高校中较为突出。自主性两极分化的情况，使得学生在进入高校后其学习能力和学习成效亦有较为明显的分化。

一部分大学生由于过去学习的内在动机不足，依靠外因驱使较为明显，在进入高校学习后，依然习惯于在家长或老师、同学的督促和指导下学习，自主性学习能力较差，加之高校较为宽松自主的学习氛围，使得部分学生因此无法适应而造成一定的学习障碍。但仍然有较多自主性较好的学生，在进入高校后已经开始着手规划未来，并做相应的准备。

（三）理想实现化

许多学生持实用主义学习态度，即对学习内容的选择注重实用性，为用而学。主观认为有用的就肯学、苦学、多学，认为关系不大的就少学或不学，轻视专业理论的学习，重视实用知识、技能的学习。此外，这些学生还兼具高职生的普遍学习心理：浮躁、畏难和焦虑。浮躁心理体现了心境和情绪上的波动性，具体表现为：行动盲目，缺乏思考和计划；做事心神不定，缺乏恒心和毅力；急功近利，不求甚解，不能脚踏实地。畏难心理表现为在学习上碰到挫折时选择逃避，逃到另一“现实”中，逃向幻想世界，逃向疾病等。高职学生的学习焦虑则表现为学习压力大，精神长期高度紧张，思维迟钝，记忆力下降，注意力涣散，情绪躁动，精神恍惚等。

(四)学习适应性参差不齐

面对种类繁多、教学进度快、理论抽象的大学课程，习惯于依赖中小学阶段单向接受式教学方式的部分大学新生们，往往因为无法适应大学互动体验式、学生主导与自主学习为主的教学方式，在第一学期就表现出种种不适应的情况，继而引发对于教学环境和学习生活环境的诸多不满和埋怨，哀叹自己专业选择的失误及对专业课程设置的不解，对新的校园文化的不认同感倍增等。

5.2 大学生常见的学习心理障碍及调适

经过近二十年的迅速发展，我国高等教育的普及面无论在院校数目还是在学生数量上都呈现了较高的水平。高等教育内容的多样化和教育对象的大众化发展亦在社会发展进程中发挥了举足轻重的作用，大学生俨然成为新时代社会主义建设的生力军和中坚力量。他们的学识水平及综合素质水平，将对推进中国新世纪发展产生重大影响。然而，我们发现，目前在大学生的学习过程中，仍存在诸多问题。这些问题不仅影响学生学业目标的顺利完成，也在很大程度上影响着高等教育育才成才目标的有效实现。相关研究表明，在造成大学生学习困境的各种问题中，与心理相关的问题具有举足轻重的作用。因此，关注大学生学习心理健康已成为我们不可回避的重要议题。

一、大学生学习心理障碍的主要表现

(一)厌学

厌学现象在大学生中是较为常见的，这是一种典型的心理倦怠现象，具体表现为：学习被动，缺乏内在动力和热情；课业拖拉、抄袭，敷衍了事；上课不认真听讲，无精打采，下课生龙活虎，精神百倍；经常无故迟到，千方百计逃课；投入大量的时间和精力在上网、打牌、踢球等娱乐活动上。

知识窗

一个大学生克服厌学的“清单”

1. 坚守底线

我今年大三，专业成绩不好，听课不认真，平时复习少，但我从来不挂科，这是我的底线。

2. 问自己：厌学还是厌生活?

多数大学生学习出问题的背后，是整个的大学生活都出了问题！你要去融入大学生活。学校里有那么多的校友会、社团活动、各类文化节、班级集体活动，你不妨去参加参加，找到自己的归属，发掘你想做的事情，并坚持下去，这样你才会热爱大学生活。到了期末，因为你爱大学生活，你才会有一种好好复习避免挂科的动力；只要不挂科，学习兴趣可慢慢培养！

3. 找自己最擅长的事干

高中有老师鞭策着，成绩好就可以得到表扬，可以获得周围人的认同；但大学不是这样的，你要表现出你的长处，才能得到认同。高中是被别人开发，大学需要自己开发自己。虽然学习成绩不好，但我没有"行尸走肉"的经历。我很喜欢环保，大一开始加入环保社团，一直做到现在，期间参加各类环保沙龙、环教活动、公费培训；我还花了一年多时间带了一个环保项目，最后以该单项项目获得了学校环境学院某环保贡献奖的三等奖，虽然跟许多大牛比起来，不值一提，但的确让我收获了很多。我喜欢下象棋，加入了学校象棋协会，除非有事，否则每周的活动一定会参加；我认识了许多象棋爱好者，偶尔还能聆听大神讲残局，超级爽。我喜欢写写东西，大学里写了几个"剧本"(更贴切地说是故事)，有一个被拍成了微电影，一个正在拍(写故事的时候班上许多人向我来要角色)，一个被排成了话剧，在院新年晚会上演出过，今年还被我院迎新晚会邀请演出了；还有一个排成的话剧，在上海市大学生某某剧比赛上获过奖。平时我还自学日语，这学期每天听写一个半小时。有一次聊天，舍友说他佩服我，竟然能坚持听写这么长时间，能得到学霸舍友的夸奖，真是不容易。

4. 找好伙伴

独处的时候，人的意志力往往很薄弱，所以一个人做事情容易失败！不管是学习还是创业，都需要找个志同道合的人，结伴而行！

5. 找好老师

我也读了一些哲学书籍，但依然找不到方向。庆幸的是我遇到了一个好的老师，我上了他的美学概论课，找到了自己的美学兴趣和哲学学习的方向，那种感觉就像是发现了一个新的世界。有疑惑或问题的大学生可以把自己的想法同喜欢的老师开诚布公地聊一聊——也许你并不喜欢这些大学的课程，但是你也许会有比较欣赏的老师。这些老师有知识、有涵养，在特定的领域也是更有发言权的。大学生把老师当做普通的朋友说出自己的想法或困扰，听听老师的建议和想法，肯定大有裨益。

(二)焦虑

心理学研究认为，学生在学习过程中，焦虑就像一把双刃剑，保持适当的焦虑是必要的，但过度的、严重的学习焦虑对学习则会产生非常不利的影响。大学生过度的、严重的学习焦虑表现为：学习压力大，精神长期高度紧张，思维迟钝，记忆力下降，注意力涣散，情绪躁郁，寝食难安，神情恍惚，郁郁寡欢；特别是在考试前，这部分学生的不良表现更为明显，甚至引发失眠、多汗、尿频、腹泻、神经衰弱、注意力不集中、记忆力衰退等症状。

知识窗

考前不良心态及考试焦虑

紧张的复习又来临了，经常听到同学们说自己的头脑“发木”，不太灵光，怎么也记不住，为什么会出现这种情况呢？

主要原因有以下几点。

(1)面临考试会引起情绪紧张、急躁、烦恼。“心烦气躁”怎能去集中精力看书呢？这样势必要影响自己的接受能力、记忆力，也就出现刚刚说到的发木状态。

(2)学生对考试缺乏信心，总感觉这也不知道，那也不了解，一直认为自己什么都不知道。这种心境会影响正常的复习心态。

(3)用脑不当。许多同学一到考试前就搞突击，开夜车，每天只睡两三个小时，造成大脑供氧不足，头脑晕晕乎乎，这样怎么会有好的学习效果呢？

(4)学习方法不当。

①有的同学凭兴趣复习，只复习自己成绩好的一门；从弱点着手，只复习自己的薄弱点。这两种方法都是要不得的。因为大脑的不同部位分管不同，长期使用同一部位，会使它疲劳，就像橡皮筋一样，时间长了就会失去弹性。

②要积极配合老师的复习。有些同学一上复习课就烦，不理睬老师，只顾埋头做自己的。其实老师的引导作用是很重要的。

(5)暗示。学校的学习都是集体学习，同学之间的交流很多，因此，同学的言语很容易影响到自己。例如头脑发木，当你身边一个人说他头脑发木的时候，你就会去注意这种现象，并关注自己。当有10个人说的时候，你就可能会加入他们的行列，也觉得自己的头脑发木，什么也记不住了，形成一种连锁反应。

如何防止、克服以上情况呢？主要注意以下几点。

(1)要有正确的考试观，敢于正视压力。

(2)根据自己的学习时间特点，充分利用高效的记忆时间。

(3)复习方法要合理，多样化。

(文章来源：《有备而来——我不怕考试》，见刘嵋：《班级团体心理辅导教程》，188页，北京，清华大学出版社，2015。)

(三)学习倦怠

许多学生进了大学就以为进了“安全港”，人生道路将从此光明坦荡。因此，不少大学生举着“60 分万岁”的旗帜，不断放松对自己的要求，对学习成绩的好坏持无所谓态度，对荣辱优劣更是不放在心上。他们看起来冷静自制，无欲无求，实则缺乏求知欲和上进心，缺乏理想与抱负。主要表现为对学习态度冷漠，缺乏学习兴趣，学习如走马观花，满足于一知半解；学习上不肯用功，怕苦怕累，怕动脑筋，遇到一点困难就畏缩不前，缺乏钻研精神。

知识窗

学习疲劳心理障碍的预防

(1)科学用脑。现代科学已经比较清楚地揭示了大脑两半球的不同功能与生理保护，如果长时间运用一侧大脑半球，则相对容易产生疲劳。因此，应根据大脑两半球的分工不同的生理特点科学用脑。大脑活动有一个“优势现象”，当大脑一个功能区的活动占优势时，其他功能区的活动相对处于休息状态。所以把读书与计算、读书与思考、写字与听音乐结合起来，能有效地防止疲劳的发生，起到事半功倍的效果。

(2)劳逸结合，保证充足的睡眠。“有张有弛，张弛有度”是自古养生之道，学习也是如此。学习一定的时间后，就应该休息片刻，放松一下。学习之余，应该多参加文体活动，或散步、听音乐，使身心得到放松和调节，有利于消除疲劳，提高学习效率。另外，睡眠要适时适量，而且有规律。许多人习惯于临近考试时的突击复习方式，美其名曰“临阵磨枪，不快也光”，使整个身心超负荷运转，这样最容易导致过度疲劳。复习时间不够，只能在方法上多下功夫，力争在单位时间里复习更多、更重要的内容，不能以违背身心规律的学习方式来弥补时间上的不足，否则会适得其反。

(3)严循人体生物节律，调节心身负荷，预防疲劳。人体的各种生理和心理功能随时间的推移做规律性的运动。据研究发现，人在一天中，生物机能上午 7～11 时逐渐上升；10 时左右精力充沛，处于最佳工作和学习状态，之后下降；下午 5 时再度上升；至晚 9 时达高峰；晚 11 时过后又急剧下降。人的最佳时间的分配存在一定的差异：有早上型、白天型、晚上型之分。大学生应清楚自己的“黄金时间”，在此时从事难度较大的学习，这样可以较好地预防疲劳。

(4)培养学习兴趣。学习兴趣浓厚，学习心情愉快，则学习时间长也不容易感觉疲劳。反之，兴趣不大，甚至厌烦，就会很快进入疲劳状态。

(5)创造良好的学习环境。学习环境应尽量布置得优雅、整洁，使人感到身心舒畅。不要在有刺耳噪声的地方学习，避免心烦意乱、焦躁不安，不在过暗或过亮的地方学习，避免头晕目眩、视觉疲劳。

(文章来源：《预防学习心理障碍》，见李刚英，李一骁：《大学生心理健康》，210 页，北京，中国人民大学出版社，2018。)

(四)自卑

学习自卑在大学生中并不少见。部分大学生将自己定义为“高考失败者”，或者在入学后面对人才济济的局面而陷入迷茫，进而否定自己，对自己缺乏自信且敏感消极，对学习生活持悲观态度而郁郁不得志，甚至觉得未来不可期而一蹶不振。自卑心态严重的同学，常表现为对学习目的、学习内容的困惑、迷茫和无所适从，拒绝(或者不愿意)接受和寻求帮助，学习吃力，成绩下降。自卑的同学情绪上忧郁寡欢、焦虑不安、自怨自艾、离群索居，严重的甚至会出现失眠、神经衰弱、内分泌失调等躯体病症。学生在学习上的自卑心态会严重影响大学生的学习和身心健康。

(五)急功近利

还有一些大学生在学习上奉行所谓的“实用主义”理念，目的过于功利化，主观色彩浓厚，对于自己感兴趣的、认为对自己今后发展有用的课程，学习态度较认真刻苦；而对一些公共基础课或自己认为没有实用价值的课程，则应付了事。

高校良好的课程体系设计具有系统性与科学性，可以促进学生知识、能力、素质的全面发展。学生学习动机过于功利，往往表现为严重偏科，这会对他们今后的发展产生不良影响。

二、大学生学习心理问题的成因分析

以上这些心理问题的产生、存在和发展，不仅会影响到大学生的学习，同时也会对他们的身心发展产生不良影响。研究发现，造成大学生学习心理障碍的主要原因主要有如下几个方面。

(一)认知偏差

人的认知将直接影响其行为的选择。我国社会很多人对高等职业教育缺乏客观、合理的评价。一方面是由于我国的高等职业教育起步较晚，与普通高等教育相比确实各方面都存在一定的差距，很多人就因此而否认高等职业教育也是高等教育，认为高职生不是大学生。另一方面，中国传统思想中“劳心者治人，劳力者治于人”的腐朽观念，使不少人认为从事技术工作的操作型人才算不上人才。这些思想对于大学生的影响是巨大的，学生中一些厌学、自卑、冷漠的心理都能从这里找到根源。

(二)学习动机不当和兴趣缺乏

苏联教育家、心理学家赞科夫曾说过，“对所学知识内容的兴趣可能成为学习动机”。在高中阶段的学习过程中，同学们往往抱有非常明确的学习目标，即考上大学。然而，在进入高校以后，这个长久以来所设定的目标实现之后，同学们若未能及时地确定自己新的学习目标，就容易产生松懈心理。同时，高校的学习方式、方法较以前有较大改变，基本是以自主性学习为主，这会导致一部分学生因为无法适应新的学习环境而产生一些心理问题。有的学生因教师教学内容枯燥、方法陈旧，不能激发学习兴趣。此外，高中阶段由于高考的压力，很多同学兴趣狭窄或兴趣被压抑，课余活动很少，一旦进入大学，出于补偿心理，迫切地想发展自己的爱好特长，自控力差的学生容易因失控把主要精力放在娱乐上，乐此不疲，而对学习却逐渐失去了兴趣。

1. 学习动力不足的表现及原因

学习动力缺乏主要表现如下：一是没有明确的学习目标。学习没有计划，过一天是一天，“做一天和尚撞一天钟”。二是注意力分散。学习动力缺乏会使注意涣散、兴趣转移，学习易受各种内外因素的干扰。三是厌学情绪强烈。学习动力缺乏常会导致说到或想到学习就头痛，甚至不愿上课，千方百计逃课，“必修课选逃，选修课必逃”。四是学习无成就感、无抱负和期望，无求知上进的愿望。没有动力，没有紧迫感。

学习动力缺乏的原因是复杂的，归纳起来大概有以下两个方面。

内部的原因：指来自大学生自身的原因。一是学习动机不正确，社会责任感不强。二是对所学专业缺少兴趣。三是不正确的归因。用心理学术语说就是出现了归因偏差。以两个成绩优秀的学生为例，若甲生将自己的成功归因于能力，能使他充满信心；乙生将成功的原因归于运气，可能会心存幻想，希望下次再碰上好运气。四是对自己的能力缺乏正确的判断。

外部的原因：指来自社会、学校、家庭等方面的原因。学校专业设置过细、口径过窄、一定程度上脱离社会需要，导致择业困难；课程设置不合理、教学内容陈旧、方法单一，导致教学效果不佳；教学管理不严，教学条件跟不上。有的家庭急功近利为子女选择专业，不考虑子女对这些专业是否有兴趣、是否适合学习。外在诱因过强，特别是电子游戏、网上聊天等，当这些诱惑远远大于学习诱惑时，学生的学习兴趣就会大大降低。

2. 学习动机过强的表现及原因

动机过强的大学生有的表现为成就动机过强。他们急于取得成就，并想事事超过他人。在学习中总是对自己当前的行为和表现不够满意，经常自责。他们经常给自己设置那些很难达到的目标，施加自己无法承受的压力。所以，他们的生活高度紧张，长期处于高负荷运转状态。有的表现为奖惩动机过强。对奖惩考虑过多，以考试为中心，上课小心翼翼记笔记，下课认认真真对笔记，考试前辛辛苦苦背笔记。这类学生往往考分较高，但多学得呆板。有的表现为过于勤奋。他们的学习强度过大，每天学习时间过长，不能劳逸结合，致使注意力不能集中、记忆力下降、思维迟钝、情绪长期处于高焦虑状态，甚至会经常出现头昏、耳鸣、心悸、肠胃不好、失眠多梦等生理反应，导致学习成绩下降。

学习动机过强的原因：一是对自己能力认识不足，估计过高，抱负与期望超出自己实际水平。二是不恰当的认知模式。他们认为，“只要我付出了努力，我就一定会成功”。可是现实并非如此简单，努力只是成功的必要条件而不是唯一条件。三是某种补偿心理。一些同学业余爱好较少，兴趣比较狭窄，试图通过突出的学习成绩得到他人的承认或认可，因此产生了过于强烈的学习动机。四是他人不适当的强化。一些大学生因学习刻苦努力而常常受到家长、老师、同伴的赞扬，这种赞扬会促使这些同学更加努力学习。此外，自尊心过强、做事过于认真、追求完美、好强、固执等性格特征，严厉的家庭教育方式和家长的期望值过高，也往往导致学生的学习动机过强。

知识窗

奖励与内部动机

过分肯定理论(或过分奖励理论)是由心理学家莱珀(Lepper)提出的。该理论主要讨论内部动机和外部动机的关系问题。他认为内部动机有四种来源：挑战、好奇、控制、幻想。除了最后一种，其余几种都已被许多内部动机研究证实。前面提到的许多理论都认为动机部分来源于个体控制环境的愿望，这种愿望就是一种内部动机。当人们受到内部动机激发时，他们是将活动本身作为目的的。相反，当人们受到外部动机激发时，他们只是把活动作为达到目的的手段，目的是活动以外的原因如某一物体、分数、反馈或表扬等。当个体从事一项自身感兴趣的活动(内部动机)时，给予个体一种奖励(外部动机)，使活动成为达到目的(获得奖励)的一种手段，那么，个体以后从事这种活动的兴趣就会降低。

过度奖励现象在学校教育和家庭教育中也经常发生。奖励是对学生优点和长处的肯定和认同，是对学生取得进步和改正错误的强化和激励。奖励能增强学生的自尊心和自信心，激发学生的积极性和主动性，使学生产生成就感和自豪感。学生受到的表扬越多，成功的体验越丰富，对自己的期望就越高，学习事物就越有热情，成长得也就越快。它能在一定程度上激发孩子的积极性，让孩子顺着我们希望的方向去做。但是过度的奖励会让孩子把应有的目标抛弃，甚至使原有的学习热情降低。有关学者把这种现象称为“德西效应”，即随着奖励的逐渐减少，也降低了人们的积极性。奖励实际上蕴含着深刻的内涵，在进行奖励时如何帮助孩子把动因关注到对自己的发展上，是教师与家长应该共同思考的问题。我们建议在对孩子进行奖励时要注意以下几点。

第一，不要误用外部奖励。外部奖励应当有所节制，不能频繁、过度地使用。如果奖励过于频繁的话，时间长了孩子就会养成没有奖励就不努力的坏习惯。父母使用的奖励方法也不能简单化，给了奖品就完事。正确的做法是，先用奖励吸引孩子到学习上来，然后在执行的过程中积极挖掘学习中有趣的事，慢慢吸引孩子对学习本身产生兴趣。事实上，如果学习进步了，孩子本身就能产生愉悦感和自我成就感，再加上父母和教师的表扬和鼓励，孩子渐渐就会对学习本身产生兴趣。当孩子对学习产生兴趣了，父母就要淡化并慢慢撤出物质奖励，进而强化学习本身带给孩子的快乐。

第二，要重视孩子的内部奖励——从活动本身获得满足。人格的成熟是对外在奖励的依赖转向对内在奖励的依赖的发展过程，有的人虽然长大了，但还非常依赖外在的、他人的“赞扬”，只要他人说“不好”心里就会非常难过，这是人格不成熟的表现。所以，教师和家长在奖励孩子时要注重激发内在动机，即对从事活动本身的兴趣。教师和家长要仔细观察学生的个性和特长，一旦发现良好行为并给予褒奖时，要注意引导他们朝自我成长的方向发展，而不要引导他们仅仅去谋取一些物质上的“蝇头小利”。例如，对于表现好的学生，如果有体育才能，可以推荐他们参加球队；如果有文艺才能，可以推荐他们参加乐队、合唱团、舞蹈团，或为他们举办演出等；如果在写作、发明创造等方面有成果，可以为他们举办成果的公开展示等。这些措施都可以使学生从自己进行的活动中获得成就感与自我成长，慢慢对活动本身产生越来越浓厚的兴趣，并最终形成稳定的内在动机。

（文章来源：《过分奖励使内部动机转变为外部动机》，见边玉芳等：《中小学心理健康教育》，2012 年第 05 期。）

（三）不良的社会环境及家庭环境的影响

看到社会上的不公平现象和不正之风后，有的大学生便觉得读书无用，滋生厌学情绪。社会中享乐主义的影响使得部分学生不能正确地处理好休闲和学习的关系，他们终日迷恋上网、游戏，热衷于交友、游玩，上课无精神，学习无兴趣。有些家长本身的认识具有局限性，对孩子不仅不能正确引导，甚至还起到负面作用，影响学校的教育效果。

三、大学生学习心理问题的调适策略

（一）防患于未然，预防心理问题的产生

学习心理障碍已成为影响大学生的“拦路虎”，无论是学校、家长还是学生自己都需对此给予更多关注。不少家长包括教师认为孩子进入大学就是成人，应具备自我管理的能力。但由于多数大学生自我意识薄弱、自我约束及调控能力不足、社会阅历尚浅等多方面原因，他们很容易受不良风气及思想的影响而产生不良学习心理，因此适度、正确的教育和引导是必不可少的。

首先，抓好入学调适“黄金期”。初入学阶段是大学生确立正确的自我意识、调整自我状态，并形成合理的自我定位的关键“黄金期”。正所谓，万事开头难，作为大学生，在身份转换的入学初期，要及时调整和摆正心态，面对客观现实状况，实事求是地面对和分析自我状况与大学教育的现状。在教师的引导下，充分认识大学教育的地位和意义，充分认识自己作为大学生的社会责任与社会价值，增强自我的自尊心、自信心和使命感，并强化和确立学习的动力和兴趣。

其次，提升教师自身素质。教师是教育教学活动的主导，主导作用的有效发挥，将极大激发学生学习的主动性、积极性。如教师对学生的关心，可以缩短师生间的心理距离、提升学生对学习的兴趣；教师对学生的宽容信赖，会使学生增强自信心，继而消除学生学习上的紧张、焦虑心理；教师教学方法及手段的合理运用，可以增加学生的学习兴趣，让学生学习取得更好的效果。

(二)提升核心学习力，培养大学生健康的学习心理

健康的学习心理一般包括正确的学习动机、浓厚的学习兴趣、坚定的学习信念、顽强的学习意志、良好的学习行为、科学的学习方法等。要加强对大学生健康学习心理的教育，提高他们的学习心理健康水平，帮助他们形成健全、良好的学习心理。

(三)互促共进，营造良好的学习环境和氛围

通常，高校的学术气氛浓、校纪校风严明、学风健康向上，学生学习的积极性就会高一些，学习及生活问题也就少一些。当今高校缺乏浓厚的文化和学术底蕴，因此加强校园文化建设、提高高校的人文内涵、创设良好的学习环境是高等院校首先要考虑的大事。同时，也要看到学习动机、学习兴趣的培养等学习心理问题是多方面因素造成的，是家庭、学校、社会及个体本身共同作用的结果。因此，我们需要将学习理论与社会实践紧密结合，加强家校联系与合作，形成教育合力，为大学生创设良好的学习环境。

知识窗

如何制定大学期间的学习目标

活动一：列出大学要完成的三件大事。

操作过程：请在纸上写下大学期间最想要完成的三件大事。然后由于特殊原因你必须去掉其中一件没法完成的事。如果又有意外发生，你还得去掉其中的一项。剩下的就是你最想为之奋斗的最大目标了。

活动二：把梦想变成目标。把梦想转化为现实，制定切实可行的奋斗目标。如将“我要找到一份好工作”变成具体的目标“我要从事什么样的工作，如教师”。

活动三：细化目标。大目标确定之后，要细分小目标，看看具体从哪些方面入手。如将目标“我要当教师”细化为“我想当什么类型的教师，是大学生教师还是中小学教师，是什么学科的教师”。

活动四：把目标具体化。分析实现目标所具备的条件，就能针对实际情况而行动。如“我想当中小学教师需要具备的条件：教师资格证书、教学能力、板书水平、课件制作等”。

活动五：把具体目标分解到大学的各个学期，如每个学期、每个月、每周、每天甚至每个小时要做什么，达成什么目标。

(文章来源：《如何制定大学期间的学习目标》，见连榕，张本钰：《大学生心理健康》，206 页，北京，北京师范大学出版社，2012。)

5.3 学习能力的培养及潜能开发

针对大学生学习心理的特殊性，以及大学生常见的心理障碍及表现，我们通常通过调整学习动机、掌握学习策略的方式培养学习能力。并通过对学生学习潜能的开发与探索，进一步提升个人学习能力。

一、学习动机调整

阿尔伯特·爱因斯坦(Albert Einstein)说，热爱是最好的老师。激发个体内在驱动力能够使学生喜欢上学习，自主调整学习心理状态，并对自己的投入获得满足感。

学习动机是激发个体进行学习活动、维持学习活动持续性，并使行为朝向一定学习目标的一种内在的心理状态。学习动机具有三个方面的功能。一，指引方向。在一定动机的激励下，指引主体向一定的目标奋进，获得预期的效果。二，集中注意力。在动机的推动下，排除来自各方面的干扰，克服困难，集中精力于所学的内容。三，增添内驱力量，推动积极、主动的学习行为，达到所期待的目标。

学习动机在大学生学习过程中具有重要的作用。一方面，它唤起了大学生对学习的准备状态，促进一些非智力因素如集中注意力、坚持不懈以及挫折的忍受性等意志和情感方面品质的形成和提高，间接地促进了学习。另一方面，学习动机又作为一种学习结果，强化学习行为本身，促进“学习—动机—学习”的良性循环。值得注意的是，学习动机和学习结果之间的关系并不是一个正比的关系。心理学界有名的耶基斯—多德森定律告诉我们：动机强度与学习结果之间的关系可以用倒U形曲线来描述，即中等程度的动机激起水平最有利于学习效果的提高。同时，该定律还指出，最佳的动机激起水平与任务难度密切相关，在较容易的任务中，工作效率随动机的提高而上升，随着任务难度的增加，动机的最佳水平呈逐渐下降趋势。因此，动机缺乏和动机过强，都会影响学习效果，带来一系列的心理问题，适度调整自我学习动力才能使得学习效果达到最佳。

知识窗

人的才智能否得到充分的发挥，和其志向大小关系密切。有一所大学，对毕业班的二百名学生做了调查，95%的人是在一个极简单的目标下成长的。先是家长要求好好上学，而后是追求好分数，考一个重点中学，再后是为考大学而拼搏，进了大学，在学习上奉行“六十分万岁”的信条，开始想专业、分配、恋爱了。这样的学生，整个学习动机是从个人的物质与职业需要出发的。在学习知识上缺乏内在动力。因而，他们的学习只能是低层次的，他们的才智也因此受到影响。

新华社记者张学金在 1986 年 8 月对上海四十多所高校的部分优秀学生进行了调查，结果表明，凡是那些胸怀大志的学生，根本不满足于 60 分，他们能根据将来社会的需要塑造自己的知识结构和能力结构。上海大学文学院的蒋雅蓉，3 年前考上大学时，其他成绩都很好，但数学只得 13 分。有人说，学文科的数学差没关系。蒋雅蓉却认为，这是陈旧的观点，这是从拿文凭的角度出的。在当今时代，文科生也应当有理科知识，才能跟上时代科学发展的步伐。她课余自学 3 个月，高等数学期末考试得了 90 分，另外 32 门功课，门门优秀。她还边学习，边选课题自学，与老师合著了一本 19 万字的“社会学概论”。

(《学习动机的培养》，见读书堂：《非智力因素与人才培养——动机》，55 页，北京当当科文电子商务有限公司，2015.6。)

通常我们从以下几个方面调整学生的自我学习动机。

首先，激发和维持学生的求知欲和好奇心，它是内部动机最为核心的成分，是培养和激发学生内部学习动机的基础。心理学家麦克·怀特(Michael White)指出，人有一种探索和认知外界环境的内在需要，这种内在需要会引起个体的好奇行为和探索行为，并表现为求知欲。美国心理学家伊森·克罗斯(Ethan Kross)指出：“好奇心是一种天生的和强有力的动机因素。”爱因斯坦说：“我没有特别的天赋，我只有强烈的好奇心。”研究发现，学习比指导学习更能提高学生的内部学习动机，原因就是学习者能根据自身的情况向有适当难度的任务挑战，可以满足其好奇心。实践证明，创设问题情境是激发个体的求知欲和好奇心的一种十分有效的方法。

其次，确定合理的学习目标，设定学习计划，激发内在学习动力。心理学家德维克和尼克尔斯等发现学生的学习行为是由两种目标定向引起的：学习目标或掌握学习目标和成就目标。明确、具体、适度的学习目标是促进学习动机发展的有效影响因素。在目标设定过程，我们需要注意将目标的设定具体化，使之具有可操作性、可实现性，并可以做进一步的测量和评估。例如，“每天背诵 50 个单词、完成一个章节内容阅读”之类的设置，相较于单独确定“背诵单词、完成阅读”的目标计划来得容易执行和自我监督。再者，目标的设置需符合自身实际情况量身定制，通常具有一定挑战性的中等难度的目标更能带动个体内在驱动力。最后，对目标的设置还需要设定相应的期限，并做相应的短期、中期和长期计划，以使个体保持和发展相应的、可持续的动力。

最后，正确认识自我，形成良好的自我效能感，亦能够激发和推动学习动机的可持续性发展。研究表明，自我效能与学习成绩成正相关。社会学家、心理学家班杜拉通过研究发现，那些对数学毫无兴趣的学生，经过一段时间的训练后，他们的成绩显著地提高了，而且觉察到了自我效能与对数学活动的内部兴趣成明显的正相关。许多学生尤其是学业成绩不良的学生，由于对自己学习能力持怀疑态度，表现出很低的自我效能，在学习中放弃尝试和应有的努力，进而影响学习成绩。教师可以通过为他们选择难易适合的任务，让他们不断获得成功体验，进而提高自我效能水平，从而推动学习的进行。因此形成良好的自我效能感，是发展和维持内在心理动机的有效保障。

二、学习策略的培养

学习策略就是能够使个体提高学习效率的方法和技术。掌握科学的学习策略能够使得学习过程事半功倍，以达到培养学习能力、达成学习效果的目的。以下我们介绍常见的几种学习策略供大家参考，同学们可以根据自身情况选择相应的学习方法。

(一)认知策略

认知策略是加工信息的一些方法和技术，有助于有效地从记忆中提取信息。一般而言，认知策略因所学知识的类型而有所不同，复述、精细加工和组织策略主要是针对陈述性知识，针对程序性知识则有模式再认识策略和动作。常见的认知策略主要有以下三种。

1. 复述策略

狄更斯说，重复是学习之母。重复学习的方法在我们日常学习生活中是应用较为广泛的学习方法之一。复述策略是在工作记忆中为了保持信息，运用内部语言在大脑中重现学习材料或刺激，以便将注意力维持在学习材料上的方法。

知识窗

艾宾浩斯遗忘曲线

德国心理学家艾宾浩斯(H. Ebbinghaus)研究发现，遗忘在学习之后立即开始，而且遗忘的进程并不是均匀的。最初遗忘速度很快，以后逐渐缓慢。他认为“保持和遗忘是时间的函数”，他用无意义音节(由若干音节字母组成、能够读出、但无内容意义即不是词的音节)做记忆材料，用节省法计算保持和遗忘的数量。并根据他的实验结果绘成描述遗忘进程的曲线，即著名的艾宾浩斯记忆遗忘曲线。

时间间隔	记忆量
刚记完	100%
20 分钟后	58.2%
1 小时后	44.2%
8～9 小时后	35.8%
1 天后	33.7%
2 天后	27.8%
6 天后	25.4%

设初次记忆后经过了 X 小时，那么记忆率 Y 近似地满足 Y=1－0.56X^0.06

这条曲线告诉人们在学习中的遗忘是有规律的，遗忘的进程很快，并且先快后慢。观察曲线，你会发现，学得的知识在一天后，如不抓紧复习，就只剩下原来的25%。随着时间的推移，遗忘的速度减慢，遗忘的数量也就减少。有人做过一个实验，两组学生学习一段课文，甲组在学习后不复习，一天后记忆率36%，一周后只剩13%。乙组按艾宾浩斯记忆规律复习，一天后保持记忆率98%，一周后保持86%，乙组的记忆率明显高于甲组。

复习策略的主要目的在于使信息在头脑中牢固保持。而一系列的研究证明，只有理解解的信息才比较容易记忆并长久保持，反之，呆读死记的东西既难记，也容易遗忘。因此，复习策略应该与其他的学习策略协同作用，共同促进学习效果的提高。

2. 精细加工策略

精细加工策略是一种将新学材料与头脑中已有知识联系起来从而增加新信息的意义的深层加工策略。

例如，学习记忆“A 喜欢 B”时，我们通过附加说明“B 曾经对 A 给予帮助”，深化第一句的内容，使识记具有联系性，回忆过程中更容易些。为更好地理解与识记正在学习的内容，把新知识和已有知识有效地联系起来，形成自己的东西，这个过程就是精细加工。精细加工越深入，回忆越容易。实际操作过程中，一般采用做记号、做笔记、图示、类比和比较法，结合多学善问的方式进行精细加工。精细加工的策略有许多种，甚至被人们称为记忆术。比较流行的记忆术有位置记忆法、首字联词法、视觉联想法和关键词法。

3. 组织策略

组织策略是整合所学新知识之间、新旧知识之间的内在联系，形成新的知识结构。组织是学习和记忆新信息的重要手段，其方法是将学习材料分成一些小的单元，并把这些小的单元置于适当的类别之中，从而使每项信息和其他信息联系在一起。组织加工策略的合理运用关键在于我们是否掌握了一门学科，不是看学了多少新的知识，而是看我们能否掌握整个知识的结构。形成自己的知识架构，需要不断地建构新旧知识之间的内在联系，将分散的、孤立的知识集合成一个整体，这就需要用到组织策略。

研究表明，成功的大学生更习惯于运用组织策略。组织策略的方法有很多，常见的有两种。一是聚类组合法，即运用归纳的方法对材料的特征或类别进行整理，分门别类。二是概括组织法，即列提纲，用关键而简练的语词提取材料的要义和组织纲目要点，或制作结构网络图，用树状式连线方式表示材料种属关系的一种组织方法。心理学家布朗和戴(Blown & Day，1983)曾经归纳了概括的五原则：略去枝节，删掉多余，代以上位(以类的概念去总括属的概念)，择取要义(找主题句)，自述要义。

(二)元认知策略

元认知策略是学生对自己认知过程的策略，包括对自己认知过程的了解和控制策略，有助于学生有效地安排和调节学习过程。计划策略、控制策略和自我调节策略都属于元认知策略。

元认知策略大致可分为三种：计划策略、监控策略和调节策略。计划策略是根据认知活动的特定目标，在一项活动之前制订计划，预计结果，选择策略，想出解决问题的方法，并预计其有效性，包括设置学习目标、浏览阅读材料、产生待回答的问题以及分析如何完成学习任务。监控策略是在认知活动进行的过程中，根据认知目标及时评价、反馈认知活动的结果与不足，正确估计自己达到认知目标的程度、水平，并根据有效性标准评价各种认知行动、策略的效果，包括阅读时对注意加以跟踪、对材料进行自我提问、考试时监视自己的速度和时间。调节策略是根据对认知活动结果的检查，如发现问题，则采取相应的补救措施；或者根据对认知策略的效果的检查，及时修正、调整认知策略。

(三)资源管理策略

资源管理策略是辅助学生管理可用环境和资源的策略，有助于学生适应环境并调节环境以适应自己的需要，对学生的动机有重要的作用。资源管理策略包括学习时间的管理、学习环境的管理、学习努力和心境的管理、学习工具的利用、社会性人力资源的利用。

知识窗

头脑风暴

脑力激荡法(Brainstorming)，又称头脑风暴法，是1938年美国BBDO广告公司创始人亚历克斯·奥斯朋(Alex F. Osborn)所创。它利用创造性想法为手段，集体思考，使大家发挥最大的想象力。根据一个灵感激发另一个灵感的方式，产生创造性思想，并从中选择最佳解决问题的途径。不可批评与会中人的创意，以免妨碍他人创造性之思想。

脑力激荡法从20世纪到50年代开始流行，常用在决策的早期阶段，以解决组织中的新问题或重大问题。脑力激荡法一般只产生方案，而不进行决策。

脑力激荡中有四项基本规则。用于减轻成员中的群体抑制力；从而激发设想；并且增强众人的总体创造力。

1. 追求数量：此规则是一种产生多种分歧的方法，旨在遵循量变产生质变的原则来处理论题。假设提出的设想数量越多，越有机会出现高明有效的方法。此方法重量不重质。

2. 禁止批评：在脑力激荡活动中，针对新设想的批评应当暂时搁置一边。

相反，参与者要集中努力提出设想、扩展设想，把批评留到后面的批评阶段里进行。若压下评论，与会人员将会无拘无束的提出不同寻常的设想。

3. 提倡独特的想法：要想有多而精的设想，应当提倡与众不同。这些设想往往出自新观点中或是被忽略的假设里。这种新式的思考方式将会带来更好的主意。

4. 综合并改善设想：多个好想法常常能融合成一个更棒的设想，就像"1+1=3"这句格言说得一样。事实证明综合的过程可以激发有建设性的设想。

其实施的方式有集体思考与个别思考两种。

集体思考式的脑力激荡术形式上与一般会议相似，一组人运用开会方式，由一位主席主持，两位秘书将所有提的构想书写呈现于会议人员面前，以期激荡出创造性问题解决方案。

一般所谓的脑力激荡法即指集体思考的方式。

三、个体潜能开发

潜能的概念起源于古希腊哲学，但它绝不是一种古老而形而上学的理念，当代的教育家、心理学家、教师及家长都对学生的潜能开发给予高度重视。人们认为，进行实践和教育的目的就是不断发现人的潜能并实现其潜能。马克思在《资本论》第一卷中把这种人类自身的自然中沉睡着的潜力概括为人的潜能。这种潜能就是人的体能和智能的总和。据此，通俗地说，潜能是指有待开发、挖掘的处于潜伏状态的一种能力。

歌德说，没有人事先了解自己到底有多大的力量，直到他试过以后才知道。戴尔·卡耐基说，多数人都拥有自己不了解的能力和机会，都有可能做到未曾梦想的事情。每个人都有成功的潜质，而这颗成功的种子就埋藏在我们每个人的内在心灵，等待着被唤醒。古今中外许多成功之士之所以能成功的奥秘不是他们具有超凡脱俗的本领，而是他们能够探求并开发自己的潜能。人的潜意识深处有着无限的智慧、力量，以及所需要的所有东西。因此，大学生可以通过努力开发自己的潜能，不断提高自己的学习能力，以获取更多创造性的收获。

潜能开发通常需要关注以下几个要点。

(一)把握学习的关键期以适应潜能的变化性要求

潜能是变化发展的，即每种潜能都处在"可能状态"之中，这就要求在开展学习、教育活动之前，学生、教师和家长都必须充分认识并具体分析各种"可能状态"的潜能。学习存在关键期。关键期这一概念是由奥地利习性学家、诺贝尔奖获得者康拉德·洛伦兹(Konrad Z. Lorenz)提出来的。他利用人工孵化灰色雁，并日夜观察它由蛋孵化成雁的过程，结果该灰色雁出生后不与伙伴一起行动，而是独自追赶洛伦兹。洛伦兹把这种行为称为"印刻现象"。这种"印刻现象"是一种快速的先天学习，发生在个体生命中一个短暂的关键期。客观刺激只有在这个时期内，印刻才能产生或者最为有效。如果错过了这一阶段，就不容易出现这样的好时机。由此可见，大学生的有效学习、潜能的实现都要抓住机遇，充分利用资源，在学习的关键期内尽可能掌握最多的知识。学生本身在确定关键期时起着核心作用，教师也有着举足轻重的地位，主要是正确认识不同学生的“最近发展区”，准确定位学生的学习关键期，从而适时为学生构建合理而有效的知识框架，引导学生的学习方向，增强学生学习的有效性，促进学生的学习。

(二)增加学生学习的自主性以契合潜能的能动性要求

潜能的能动性概念强调，行动者自己的主动性是保证某一结果实现的关键。大学生的学习尽管受外部条件的限制，但其自身的特点和价值观起主导作用。因此，如何培养大学生的自我监控能力、增加学习的自主性成了大学教育的关键。首先，培养大学生的独立性。独立性是相对于依赖性而言的。对于学生的发展来说，学习是一个从依赖走向独立的过程。大学教育较之义务教育和高中教育的最明显的区别是大学教育要求学生有较强的独立学习能力。独立学习是大学教育的核心。因此，大学教师必须尊重学生的独立性，积极鼓励学生独立学习，并创造各种机会发挥学生的独立性，培养学生的独立学习能力。其次，增强大学生的自控能力。潜能的能动性要求学生规划各阶段能否学习、学习什么、怎么学习等问题，它突出表现为学生对学习的自我计划、自我调整、自我指导、自我强化，即在进行学习活动之前能确立明确的学习目标，选择正确的学习方法，安排合理的学习步骤；在学习过程中，能按照预先的计划如期进行。自控性能规范学习者的学习行为，从而使学习者不断进取，持之以恒。最后，注重学习的内化。大学教师在教学过程中传授知识的同时，还要注重理论联系实际，让大学生在实践中反复练习所接受的信息。若要提高大学生的潜能，促进大学生的学习，就要想方设法促使其将环境中其他有效主体支持进一步内化，纳入自己的选择范围。这样，大学生所接受的教育就成了自身的一部分。

(三)正确认识自我以适应潜能的社会性要求

潜能具有社会性，即学生潜能的发挥受到各种因素的制约。因此，正确认识自我，充分利用外部条件是促进学习的重要途径。在这个世界上，认识自己才是最难的事情，这是因为自我是多层次的，并且在不同的时期有不同的表现，受到各种外在条件的制约。所以，客观地、正确地认识自我，对学习是很有帮助的。要正确地认识自我，就要恰当利用各种社会关系，经常和朋友或他人交流，了解别人对自己的看法，了解别人对自己所作所为的评价，从而认识客观的自我。在学习中，如不能正确认识自我，明确自己的学习目标，就容易陷入迷惑之中。此外，通过与别人的比较，认清自己的优缺点，有利于明确自己的定位，保持现有的优势，集中弥补自己的不足和缺陷，从而提升自我，大学生尤其应重视这一点。由于以前的学习方法不再适用，也不能再依靠老师进行所有学习活动，因此大学生必须在自己感兴趣的基础上探寻适合自己的学习方法。在此过程中，认清自我发挥着很重要的作用，因为他们必须留心周围同学、朋友，用心审视生命的轨迹(因为追踪历史可以知道现在和未来)来认清自己的强项和弱项，从而不失时机地促进学习。

人的潜能随着人自身的发展及其外部条件的变化而变化。大学阶段是大学生完善知识结构、学习专业特长、完善自我的重要阶段，因此，大学生应抓住机遇开发潜能，并借此不断提高学习能力。

心理训练

一、心理练习

时间管理：做自己的时间馅饼

具体操作：请根据你的思考先绘制一张最理想的“时间馅饼图”，而后再请你尽量回忆在过去的一周中参加的各项活动，包括花在各项工作、学习、家庭、朋友身上的时间，参加的各种进修、兴趣爱好、身体锻炼、休闲活动等，然后根据每项活动所投入时间的多少按照百分比分配在这张时间馅饼图中。

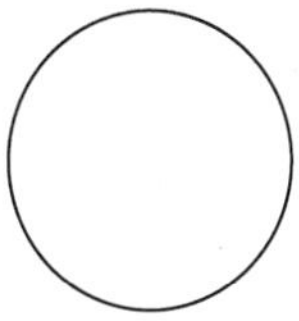

最理想的时间馅饼图

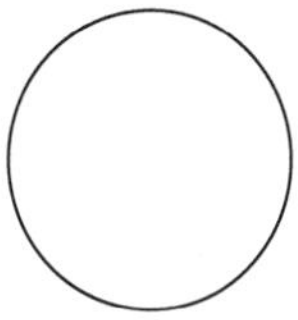

实际的时间馅饼图

完成时间馅饼图的绘制后，请思考下面的问题。

1. 你对照一下自己做的最理想“时间馅饼图”，看看你是否将自己的时间用来实现自己定下的大学目标。

2. 最理想的“时间馅饼图”的分割与你目前实际的时间分配状况之间有何区别？是什么造成了这种情况？能不能进行改进？如何进行改进？

3. 请拟出你的时间管理具体计划。

在进行时间管理时，你得记住时间管理的一个重要原则：你将时间耗费在某些事情的唯一理由就是为了实现自己的近期和长远目标。

二、心理活动

(一)活动的名称：有效学习——学习五环节

【活动目的】寻找学习环节，掌握有效学习方法。

【活动时间】约 30 分钟。

【适合人数】10～20 人一组。

【材料准备】宣传纸、水彩笔。

【活动过程】

1. 热身活动：智囊袋活动。

(1)辅导教师事先准备15～20件小物品(如剪刀、胶水、笔等)，放置于一个袋子内。

(2)辅导教师说明活动方式：这里有一个智囊袋，里面装有许多物品，老师会一一呈现物品，同学们要用心记，但不可用纸笔，看完后，请同学将所记得的物品名称写下来。

(3)进行“智囊袋”活动。

(4)教师重新呈现物品，请学生统计得分。

(5)请记得最多的3位同学说明，是如何记忆的。

教师说出重新呈现物品，请学生统计得分。

说明：即使是最简单的记忆也要讲求方法，因此，学习也要讲求方法，才能达到事半功倍的效果。

2. 导入新方法

教师：“谁都想成为一个聪明的、学习效率高的人，但是，大家是否知道聪明与否和学习环节有关？学习环节是可以通过了解、在实践中具体运用来掌握的方法。今天，我们一起来学习掌握学习环节的方法。”

3. 分组：按卡片同类分组，可分为预习组、解惑组、辅导组、复习组、考查组等。

4. 拓展活动

(1)脑力激荡

①请学生罗列并讨论平日学习中曾使用的学习环节，以及哪些环节有助于提高学习效率(每个组发一张宣传纸和一支水彩笔)。

②每个组将写好的宣传纸张贴在黑板上，每个组派一名代表上台讲解。

(2)学习五环节

教师补充和介绍学习过程的预习、解惑、辅导、复习和考查五个环节。

(3)分享时刻

全班同学自由发言，分享感受。

5. 全班分享与教师总结，师生可以自由发言。

【评价讨论】

学习是一种复杂的心理活动过程，是学生对于所需要学习和掌握的知识从不知到牢固掌握和灵活应用的过程。它包括预习生疑、知惑解疑、个别提问、复习归纳和自我考察与评估5个环节。学习环节的掌握与应用对学生的学习成绩有很大影响，也是提高学习效率的科学方法。

大脑有两种状态，一种是“兴奋状态”，即“工作状态”；一种是“抑制状态”，即“要求休息”的状态。所以，大脑经过一段时间的“工作状态”之后，就会出现疲劳现象，应该适度休息一下。不过有以下几点是要注意的。

(1)大脑在“工作”的时候，并非所有的部分都参与工作，各部分的兴奋程度也不一样。因此，如果调换一下学习的内容，让刚才“工作”的部分休息，那么学习活动仍然要进行下去。例如，学习一段时间的外语后感觉记忆力下降时可以改为学习数学；做过一段时间数学习题之后，可以看看报纸等。

(2)休息有两种形式，一种是静止性的休息，如睡觉；一种是动态性的休息，或者叫积极性的休息，如做操、进行体育锻炼、唱歌、听音乐、跳舞等。对于青年人来说两者应该兼顾。

(3)学习要勤奋。因为研究表明，过量的休息和睡眠，也会使人感觉疲劳，使学习能力下降。而且大脑的功能也是“用进废退”，正如达·芬奇所说：“人的智慧不用就会枯萎。”

(4)要吃饱、吃好，不要空腹学习。脑力劳动是依靠大脑内氧化葡萄糖的过程进行的，而脑中平时储存的葡萄糖只能使大脑维持几分钟的正常工作，同时，大脑也是由血液来供应它所需要的葡萄糖的。而脑的代谢率是很高的，如果空腹学习，葡萄糖的供应又很有限，脑的功能就会减退，严重时还会出现昏迷现象。所以，一定要注意营养，要吃饱、吃好。有些学生早上不愿意起床，不吃早餐就去上课，这样上午10点钟左右就开始头脑发昏了。

(二)有备而来——我不怕考试

如果你把压力踩在脚下，你会越走越高；如果你把压力背在身上，你会越背越累。

【活动目的】克服考试焦虑。

【活动时间】30～45分钟。

活动过程：

1. 热身活动：角色扮演

(1)给予有关考试后可能发生的情境让同学表演。

(2)内容参照：

A. 拿考试考得不好的成绩给父母看时(考试考坏时)；

B. 拿考试考得好的成绩给父母看时(考试考好时)；

C. 发现好朋友因考试成绩不理想，整天垂头丧气时。

2. 发展活动

演讲会：教师先请学生将桌面收拾干净，向学生宣布演讲题目，并给他们2分钟的时间准备即兴演讲，之后抽2～3位学生上台演讲1分钟。演讲结束后，询问学生刚才准备演讲的心情，引导学生回想当时的生理和心理状态。然后，教师针对刚才学生演讲所表现出来的焦虑状态，结合临考期间学生的表现，询问学生这些情况出现的频率是否增加(可请学生以自身经验补充说明)。

【讨论要点】

活动内容

1. 演讲会；

2. 探究原因；

3. 放松自我。

理论分析：

考试焦虑是一种情绪困扰。存在考试焦虑的原因是人的观念中存在一系列不合理的信念。它由一定的应试情景引起，以担心为基本特征，以防御或逃避为行为方式，受个体认知评价、人格因素及其他身心因素制约。引发考试焦虑的原因是多方面的，有客观方面的原因，也有主观方面的原因。学生对考试产生一定程度的心理紧张和焦虑是正常现象，但问题是焦虑只能适度，而不能过度，否则会影响学习效率。

活动方式：讨论分析法。

【活动总结】

探究原因

(1)考试焦虑产生的原因。

(2)如何减轻考试焦虑的状态？最好能提供亲身经验。

(3)考试焦虑产生的原因有来自家庭的压力、社会的压力、老师的压力、以往的失败及太看重得失等。

放松自我的方式：

(1)呼吸放松：端坐，将双手放在膝盖上面，将注意力放在自己的呼吸上，慢慢地吸气，将气吸到肚子里，吸到不能吸为止，再慢慢地吐气，自然地吐。吸气的时候，面带微笑，吐气的时候，放松心情，享受这个时刻。如此反复练习几次。

(2)心理暗示：当感到压力的时候，闭上眼睛，想象自己非常放松，并且在心里默念道：我很放松，我的头很放松，我的脸很放松，我的脖子很放松，我的肩很放松，我的手臂很放松，我的腰很放松，我的大腿很放松，我的小腿很放松，我的脚尖很放松。

(3)自信是克服考试焦虑的法宝。紧张的背后是不自信。一个非常自信的人是很少紧张焦虑的。增加自信的法宝是自我暗示。选择一两句鼓励自我的话背诵下来，每天早晨起床认真说三遍，如我能考好、我有信心考好、困难是纸老虎等。

4. 全班同学分享与教师总结。

三、心理测试

(一)你的学习属于哪种类型

指导语：学习方式，也称学习类型，是指学生在变化不定的环境中从事学习活动，通过其知觉、记忆、思维等心理过程，在外显行为上表现出带有认知、情绪、意志、生理几种性质的习惯性特征。请你按照自己的理解，对下则各题作“是”与

“否”的回答。

1. 考试时，你一看过题目就马上答卷吗？

2. 你觉得出声朗读比不出声读书更容易记住吗？

3. 在做计算题时，你是边分析题意边做的吗？

4. 一听收音机或录音机，在你眼前就会浮现出形象的场面吗？

5. 在接连不断地解题时，你是否精神涣散、注意力不集中？

6. 学习时，你一看图解和表格，就能容易地记住吗？

7. 你是否因为自己怕羞而认为自己不好？

8. 你是否认为看课本和参考书比听人讲解更容易理解？

9. 你是否从事情的结果上来判断事情的好坏？

10. 你看过课本上的插图和表格之后，它们会清楚地浮现在你的眼前吗？

11. 你是否不注意生活细节，举止随便？

12. 你对你的英语听力很得意吗？

13. 你是否先判断问题的对错，再着手解决？

14. 你在记歌词时，是否听唱片或磁带比看文字更容易记住？

15. 你是否总是把失败放在心上？

16. 你是否感到会读的汉字或英语单词比不会读的更易记住？

评分标准与解释。

第 2、3、4、7、12、13、14、15、16 题选“是”记 0 分，选“否”记 2 分；其他题目选“是”记 1 分，选“否”记 0 分。将题号为奇数的题目得分相加，再将题号为偶数的题目相加。其中奇数题测的是认知型学习方式的类型，偶数题测的是记忆型学习方式的类型。

你的奇数题得分：　　　　　　你的偶数题得分：

0～3 分(奇数题)：表明你的认知型学习方式为思考型，即解决学习中的问题倾向于深思熟虑，不草率用事。

4～8 分(奇数题)：表明你的认知型学习方式为中间型，即介于思考型与冲动型之间。

9～12 分(奇数题)：表明你的认知型学习方式为冲动型，反应敏捷、迅速，但往往考虑不周，错误较多。

0～4 分(偶数题)：说明你的记忆型学习方式为听觉型，即你的听觉记忆占优势，听过的东西比看过的东西容易记住。

5～8 分(偶数题)：表明你的记忆型学习方式为中间型，即介于听觉型与视觉型之间。

9～13 分(偶数题)：表明你的记忆型学习方式为视觉型，即你的视觉记忆较听觉记忆好，看过的东西比听过的东西更容易记住。

(二)学习动力自我诊断测试

指导语：这是一份关于大学生学习动力的自我诊断量表，请你根据自己的实际情况，逐一对每个问题做“是”或“否”的回答。为了保证测验的准确性，请你认真作答。

1. 如果别人不督促你，你极少主动地学习。

2. 你一读书就觉得疲劳与厌烦，直想睡觉。

3. 当你读书时，需要很长的时间才能提起精神。

4. 除了老师指定的作业外，你不想再多看书。

5. 在学习中遇到不懂的知识，你根本不想设法弄懂它。

6. 你常想：自己不用花太多的时间，成绩也会超过别人。

7. 你迫切希望自己在短时间内就能大幅度提高自己的学习成绩。

8. 你常为短时间内成绩没能提高而烦恼不已。

9. 为了及时完成某项作业，你宁愿废寝忘食、通宵达旦。

10. 为了把功课学好，你放弃了许多你感兴趣的活动，如体育锻炼、看电影与郊游等。

11. 你觉得读书没意思，想去找个工作做。

12. 你常认为课本上的基础知识没啥好学的，只有看高深的理论、读大部头作品才带劲。

13. 你平时只在喜欢的科目上狠下功夫，对不喜欢的科目则放任自流。

14. 你花在课外读物上的时间比花在教科书上的时间要多得多。

15. 你把自己的时间平均分配在各科上。

16. 你给自己定下的学习目标，多数因做不到而不得不放弃。

17. 你几乎毫不费力就实现了你的学习目标。

18. 你总是同时为实现好几个学习目标而忙得焦头烂额。

19. 为了应付每天的学习任务，你已经感到力不从心。

20. 为了实现一个大目标，你不再给自己制定循序渐进的小目标。

评分标准与解释。

以上 20 道题目可分成 4 组，它们分别测查你在四个方面的困扰程度：1～5 题测查你的学习动机是不是太弱；6～10 题测查你的学习动机是不是太强；11～15 题测查你的学习兴趣是否存在困扰；16～20 题测查你在学习目标上是否存在困扰。

假如你对某组(每组 5 题)中大多数题目持认同的态度，则一般说明你在相应的学习欲望上存在一些不够正确的认识，或存在一定程度的困扰。

从总体上讲，假设选“是”记 1 分，选“否”记 0 分，将各题得分相加，算出总分。

总分在 0～5 分，说明学习动机上有少许问题，必要时可调整。

总分在 6～10 分，说明学习动机上有一定的问题和困扰，可调整。

总分在 14～20 分，说明学习动机上有严重的问题和困扰，需调整。

注：本测验的结果仅供参考。

反思成长

1. 请思考你学习的动机和兴趣是否明确、合适，如需要调整，你将如何正确培养自己的学习动机和兴趣？

____

2. 目前，你面临的学习障碍是什么，在通过对学习策略的学习后是否能有所启发？

____

3. 请结合自身学习情况，拟订你的学习计划，并与同学们、老师分享。

____

资源导航

推荐书籍：

1.[美]亚拉伯罕·马斯洛．动机与人格．许金声等，译．北京：中国人民大学出版社．2012.

2.[美]泰尔斯顿．让学生都爱学习——激发学习动机的策略．宋玲，译．北京：中国轻工业出版社．2012.

3. 刘电芝，田良臣．高效率学习策略指南．北京：科学出版社．2011.

模块六
大学生情绪管理

名人名言

情绪就是情绪，情绪没有对错。
我是我情绪的主人。

——林文采博士

导读

情绪健康是一个人心理健康的重要标志！人类的情绪生而有之，而情绪管理却是学而知之。在日常生活、学习和人际关系中，不良的情绪管理常常阻碍了我们朝向幸福和成功的脚步。在大学生活中，因为环境、生活、交往的丰富性，以及大学生心理特点，情绪的健康问题也是特别值得重视的一个问题。当我们不对自己的情绪进行管理的时候，我们容易有情绪积压，影响人际关系；情绪不稳定，还让我们内在失去和谐。当情绪反过来成为了我们的主人，我们被情绪控制，成为了情绪的奴隶的时候，我们真心会感觉到自己活得不像一个人，最终也将影响到大学生的自我实现、自我发展。所以可以说，大学生要成就自我，就要从善待和管理我们的情绪开始。在本模块中，我们将带你走进情绪管理，帮助你攻克情绪管理的难关。

学习目标

序号	目标维度	具体内容
1	知识目标	(1)正确理解情绪是什么及情绪与人的内在心理各层次的关系； (2)了解情绪的能量性质；知道情绪不可以被压抑只能被运用或释放； (3)知道大学生情绪发展的特点。
2	能力目标	(1)能够正确地处理情绪，用适合的方式运用情绪或释放情绪； (2)能够通过给自己心理营养的方式滋养自己的生命力，减少不良情绪的产生。
3	情感和态度价值观目标	(1)体验情绪稳定带来的平和心境，愿意以接纳、倾听的方式帮助自己和朋友释放和管理情绪； (2)愿意管理情绪，为自己的情绪负责。

典型案例

如何进行情绪管理？

有一名大二女生，因焦虑不安、失眠、情绪低落来访求助。来访时主诉自己常常失眠，经常半夜醒来哭，学习做事情常常静不下心，任何事情都做不了，这种情况已经持续一年左右，不知所措。经了解，她生长在贫困家庭，家中欠债，随后父亲发生事故，家里一下子少了一个顶梁柱，全靠母亲一个人支撑家庭的经济来源；由于要承担每个月还贷的压力，母亲生病倒下了；家中还有个正在读中学的弟弟，被医院诊断为中度抑郁发作，不愿意去上学，不愿意理人，每天通宵打游戏。因此家人对她寄予厚望，希望她能够帮家里渡过这个难关。她面对来自家里的压力、学习的压力，每天以泪洗面，不知所措，运动、听歌等调节方式对她而言都已经不起作用；她开始每天胡思乱想：要是自己能有能力该多好，如果自己能够再强大点父亲就不会发生事故，妈妈也不会病倒，弟弟也不会叛逆期不去上学，自己也不会这么无奈。

该同学明显意识到自己的状态非常差，整个人提不起劲儿来，整个情绪表现是焦虑、抑郁不振的状态。而情绪或感受本身就是生命状态的一个晴雨表，情绪出了大问题，就代表整个生命状态已经出现大问题了(在本模块第三节，将会有这个案例的更多分析与转化)。

(来源：根据真实心理咨询案例整理而成。)

思考题：

1. 情绪是什么？情绪可以被管理吗？
2. 大学生情绪问题发生的根本原因是什么？
3. 如何从根本上解决大学生情绪管理的问题？

6.1 关于情绪的基础认知

研究显示，18～19 岁是一个人情绪爆发的一个高峰期。如果在成长过程中，人产生各种情绪积压，且不善于管理和有效宣泄这些情绪积压的话，到了这个年龄，就很容易爆发，严重者甚至出现激情杀人或自杀的可怕后果。同时，校内大学生非正常死亡现象层出不穷，大学生学习一点情绪管理心理学已经是刻不容缓的课题，而其中的重点，就在于认识情绪到底是什么、为什么需要情绪管理。

一 、什么是情绪

(一)情绪是我们的心理体验

心理学家对情绪有各种定义，一般认为，情绪是因需要被满足，或者不被满足引发的心理体验。我们每天都在做着各种各样的事情，并体验着这些事情带给自己的诸多感受：有时平静，有时激动；有时神采奕奕，有时萎靡颓废；有时能理智地思考，有时又会情绪失控、怒气冲天；有时感觉生活充满希望、甜蜜和幸福，有时对了又感觉生活是那么的乏味和沉重。这就是情绪，可以说，情绪是我们从事任何活动的心理背景，我们的情绪体验无时无处不在。喜、怒、哀、惧是我们人类最基本、最原始的情绪体验。

(二)关于情绪的几个误解

长期以来，人们其实对情绪存在着许多非常大的误解。人们对情绪的误解主要有以下三种。

1. 认为情绪是不好的，是需要努力去避免的，甚至有人写文章教导别人说要“戒断”情绪。

事实上，情绪不可能被消除，也不需要被消除。说它“不可能被消除”，是因为情绪是我们人类进化而来的生存保护机制，它是一种在特定外部刺激下必然会出现的生理和心理反应；而且情绪的产生是先于我们意识层面的觉知，也就是说，当我们意识到情绪的时候，它已经产生了，那我们如何能够消除它呢?

说它“不需要被消除”，是因为它的存在对我们每一个人是有积极意义的。即使是我们最不喜欢的愤怒、嫉妒、悲伤、痛苦，都能增进我们对自身的了解，促进我们的成长。

2. 认为情绪有“应该(出现)的”和“不应该(出现)的”，情绪有对错。

如同学们对 A 同学说：我们都这么爱你、陪着你了，你怎么还这么不开心，情绪这么低落呀? 这些话在 A 同学听来就会觉得自己被指责了，仿佛同学们传达的意思是如果我们这么爱你、陪着你，你还不开心，那你就是错的、有问题的。

这样的谬误虽然跟一些传统观念是一致的，但却造成了我们处理情绪的行动中的种种矛盾和不清明的现象。

当我们对情绪持有是非观念的时候，我们自然就会对别人有情绪上的道德评判。我们一方面从道德高度指责别人不应该有这样那样的情绪，一方面千方百计为自己的情绪辩解(因为跟道德评判捆绑会增加我们的心理压力)，可能同时就会责怪别人："我这么生气都是因为你……"从而造成一大堆矛盾的、不清明的、混乱不堪的情形。这种情形，也将严重损害我们的人际关系，甚至破坏我们的家庭幸福。

其实情绪是一种心理体验，体验本身没有对错。比如，你觉得今天这样的天气很舒适，我觉得有一点点冷或者凉，这个是没有对错的。再如，这种土黄的颜色，你很喜欢，我不喜欢，这也没有对错。

情绪本身也没有好坏。但因为情绪与需要的被满足或不被满足相关联，所以我们对情绪的体验有感觉舒服的、喜欢的和感觉不舒服的、不喜欢的，前者也被称为积极情绪，后者被称为消极情绪。

在实践中，大家之所以还是会认为情绪有好坏对错，通常是因为我们没有很好地区分我们的情绪与想法、行为。比如生气、愤怒，是情绪感受，本身并无对错之分；但认为"你让我生气，所以我可以打你"这个想法是错的。如果因为生气而打人，甚至杀人，这个行为就是错的，甚至需要接受法律的制裁。

3. 认为情绪不必管理，时间会冲淡一切。

其实这也是一个很大的关于情绪的误解。如果一个人不善于处理情绪，总是忽视或压抑情绪，时间长了，会在他的里面形成一个情绪的垃圾桶，装着各种各样的没被他及时处理的负面情绪。这些负面情绪如果被引爆，可能带来很大的杀伤力：向外，伤害他人；向内，伤害自己。

二、为什么情绪需要被管理

(一)情绪具有能量的性质

马来西亚著名心理学家林文采博士认为情绪是一种能量。为什么用能量来定义情绪呢？因为作为能量，它有两个特点：第一，能量是可以拿来用的；第二，能量不会消失，只会被转化。既然情绪是能量，也就是说，情绪也是具有能量的相应特征的。

1. 首先情绪是有用的能量，即使每一个负面情绪，也都有它的积极意义。

情绪推动我们更多地认识自己。每一个情绪来到我们里面，都是来告诉我们一些关于我们自己的事。

比如愤怒，有人欺负我，无缘无故谩骂我，我的里面产生了一个很大的愤怒，那这个愤怒在告诉我什么呢？这是在告诉我：不！我不要人这样对待我！

再如痛苦，谈恋爱的两个情侣，如果产生冲突，一时难以沟通，就会感觉自己很痛苦。两人虽然没有打架，没有身体上的伤害，但仍旧感受到了痛苦，而且这个痛苦越来越大，有时候简直"痛到无法呼吸"。它在告诉我什么呢？这种痛苦的感受是在告诉我：我受伤了。人类的身、心、灵，都有可能会受伤。

恨，当我们的灵性受伤时，我们就会有“恨”——为什么两个原来相爱的人，由爱生恨，“恨不得我也能弄伤你，甚至有那么一些瞬间，真的恨不得杀了你!”这又在告诉我什么呢？恨为什么来？原来你伤到了我的灵性，我的生命之花开不了：也许是伤到了我的价值感，我觉得自己生命再也没有意义；也许是伤到我的独立自主，我无法对自己生命负责，我活得不像是一个人，而像是被你控制的一个巨婴、一个傀儡、一个木偶。

2. 强烈的负面情绪推动我们做出一些改变。

我们知道当我们的需要无法得到满足时，我们会产生很多的负面情绪。当情绪的能量足够大时，如果我们愿意对我们的感受诚实，我们会由内而外地感受到情绪的推动力：不能！不能这样下去了，情况必须改变！

举个例子，我们都知道天下父母通常是非常爱孩子的，但是有些时候，父母管教的方式不太好，比如管得太多、太严厉、太过控制的时候，我们内在会有很多压抑的愤怒。这时候，我们与父母的关系就会产生微妙的变化：或者内心抗拒父母，但表面上不表现出来；或者也有人当面与父母有冲突；有人就在这个阶段疏远了父母，不再与父母交心。同时，父母这时候也会产生很愤怒、惊讶、困惑、挫败感等内在感受，这种感受也常常推动他们去学习成长，促进了亲子关系的改变。

再如，恋爱中的两个人如果常常无法好好沟通，最终导致分手的结局，也是情绪会推动改变的最实际的例子。

(二)情绪不能被压抑，只能被释放

能量不会消失，只会转化。这就意味着如果一个负面情绪没有被用掉，比如带来成长改变，那么，必须把它转化成其他能量消耗掉(也可以说是释放掉)，否则就会造成情绪的压抑。现代心理咨询的实践研究显示，这些被压抑和忽视的情绪会在人的内心累积成一个情绪的火药桶，这时候外在的一个可能并不大的刺激，就能够引发出一种即时的反应，造成对他人或自己的伤害。这就好像是去到他的情绪火药桶里面，勾出并引爆那股情绪的能量——这个被勾出来的情绪的能量远远大过正常应该有的情绪能量，甚至会酿成惨案。

(三)情绪管理就是要学会对情绪适度回应

当外界有一个刺激来临的时候，我们会有两种反应：一种是即时反应，指的是外界一个刺激来了，从情绪垃圾桶勾出了我压抑的旧的情绪能量，这个能量比当下事件应该引发的能量大得多得多。另一种，就被称为适度回应，或恰当回应，指的就是当下的事件诱发的当下的适度的反应；而这，正是情绪管理的目的所在。

三、情绪可以被管理吗

(一)情绪是人们感受的外显，与人的内在状态息息相关

现代心理学常常将人比作是一座冰山，露出水面的部分代表人的外在部分，其中包括人的行为、语言和情绪等；水面以下代表人的内在部分，从表面至内里，依次包括人的应对模式、感受、想法、期待、渴望和人的自我。(见图 6-1)

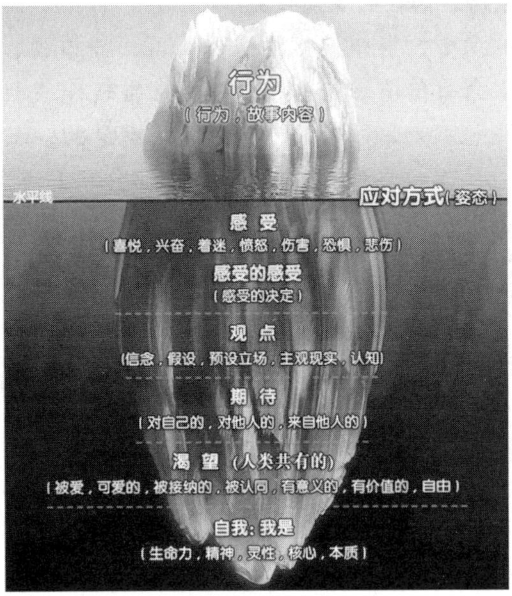

图 6-1　萨提亚模式的冰山隐喻

我们通常说的情绪，其实就是人通过自己的语言、动作、表情表达出来的内在感受，简单说情绪就是人的感受的外显。而感受又是怎么来的呢？事实上，外部事件是引发情绪感受的导火线，而真正决定我们感受的，是我们的内在心理状态。

1. 感受跟我们的想法或是内在信念有关

决定我们行为与情绪的不是事件，而是关于事件的想法。在本章开头介绍的典型案例中，女生的焦虑和抑郁跟她的一个不合理的信念是相关的：她觉得自己“应该”能够为家里承担更多，“要是自己能有能力该多好，如果自己能够再强大点父亲就不会出事，妈妈也不会病倒，弟弟也不会叛逆期不去上学，自己也不会这么无奈”。这样的想法让她越来越不安、自责、低落、抑郁……

知识窗

情绪 ABC 理论

关于人的想法、信念会影响人的感受、情绪和行为，美国心理学家阿尔伯特·埃利斯(Albert Ellis)提出了一个理论，叫做情绪的 ABC 理论。A(activating event)表示外在事件；B(belief)表示我们对这件事的一些想法看法、观点信念等；C(consequence)表示由此产生的情绪/感受和行为的结果。埃利斯认为，事件 A 只是引发情绪和行为后果 C 的间接原因，而引起 C 的直接原因则是个体对激发事件 A 的看法或者信念 B。同样的前因 A，不同的人的理念不同(有 B1 和 B2)，所以会得到不同结果(C1 和 C2)。其中的重要规律是：观念 B 越是不合理，行为情绪后果 C 就越是负面和消极。

2. 感受跟我们的期待、内在的渴望有关

人类都有些共同的渴望，渴望被接纳、被认可、被重视、被爱，渴望安全、自由，渴望尊重，渴望生命有价值等。这些渴望也常常转化成我们对自己、对别人的期待，如果被满足，我的感受是积极的、愉悦的、满足的；不被满足时，我的感受是消极的、不愉快的。从上面的案例中，我们仔细分析这个女生心里对自己的期待，不难发现她其实希望自己是强大的、全能的、不会有焦虑和压力的，是整天充满热情和能量的。恰恰是这种过高的期待，让她自己面对自己焦虑失眠的状态时，无法淡定了，从而进入了恶性循环当中。

3. 感受还跟我的自我有关

我怎么看我自己、怎么定义我自己跟我的感受也是很有关系的。比如我走在路上，被人开车溅湿了鞋子，如果我定义自己是一个大度的人，我可能会想：人家也不会是故意的，雨天出行，大家都不容易，得饶人处且饶人，算了吧，不必计较，我可能不会生气；如果我定义自己是一个倒霉的人，我可能就想：我真是够倒霉的，难得参加个婚礼还被弄得这么狼狈！太生气了。

而根据林文采博士心理营养的理论，我们那些强烈的、有时候甚至是莫名其妙的情绪，多半来自于成长过程中心理营养的缺失。这些缺失在我们长大后就决定了我们的自我是一个怎样的人。

知识窗

心理营养的理论

林文采博士心理营养的理论认为，人类在童年0～7岁必须得到五种心理营养的满足，这些心理营养如果不能被满足，会成为一个人内心强烈的渴望，并影响一个人的感受与行为。

0～3个月，需要被无条件地接纳和重视，这将奠定人的价值感的最坚实基础，而能够提供我这两份心理营养的人，就成为孩子的重要他人。一直到3周岁前，孩子还需要满足安全感，如果母亲情绪很稳定，并且父母的夫妻关系良好，而且也能够鼓励孩子为自己做选择，那么孩子将吸收到足够的安全感，成为一个拥有独立的个体、不在心理上与妈妈共生的人。

4～5岁，孩子需要得到大量肯定、赞美、认同，以确认自己足够好。

当一个孩子长到6～7岁的时候，他的重要他人就会成为他的一个模范。这个孩子能将重要他人的言行举止，包括如何进行情绪管理、如何进行待人接物、如何解决问题像摄像机一样记录下来。当同样情景出现的时候，他就一一地回放，也就是采用跟他的重要他人一样的处理方式。

（二）人们可以为自己的情绪负责

一个和谐的生命，本可以绽放最美的生命之花，追求自我价值的实现。可是由于积压了很多情绪，消耗了大量的生命力于情绪之中，必然会影响到个人的自我发展与自我实现。当情绪控制了我们的行为，反过来成为我们主人的时候，我们真心会感觉到自己活得不像一个自由的人。因为人类的天性，就是想要独立自主，也就是想要为自己的生命做选择、做决定，想要为自己负责，所以情绪管理是我们人类天性趋向的选择。

当我们了解了决定我们情绪反应的不是外界事物，而是我们自己内心的思想及状态时，我们就可以发挥我们的自由意志来调节并管理我们的情绪。

选择积极情绪、保持情绪愉快并不是最难的，最难的就是你是否愿意对自己的情绪负起责任来。

大学生情绪管理的目标不是希望你没有情绪，而是对自己的情绪负责，让自己内在和谐，与人交往时能够保持情绪稳定。这是可以做到的，因为我们本来就是自己情绪的主人。

6.2 大学生常见情绪困扰及原因

当代中国仍处于社会转型过程中，随着社会不断发展，新时代大学生面对较多的生活和学习压力，这些压力事件可能会产生负性情绪。当代大学生的年龄在18～23岁，正处于由青春期向青年期过渡的重要阶段和关键时期，身心还不够成熟，对自身心理和情绪状况并不能很好地把握，体现出这个年龄阶段独有的特点。本节我们将对大学生情绪发展特点、常见情绪困扰及产生原因加以分析，增进大学生对自身的了解与把握。

一、大学生情绪发展特点

大学生活虽然丰富多彩，但是不少大学生从此开始离开父母过集体生活，来自五湖四海的大学生们由于生活习惯、个性差异及经济状况的不同，常常引发同学室友之间的矛盾冲突；同时，他们面临的学业压力、就业压力、交友恋爱、情感纠结、人际冲突、家庭变故等重大的挑战和选择，使大学生的情绪常常处于复杂与矛盾状态之中，在生理发育接近成熟的同时，心理上也经历急剧的变化。据研究，大学生的情绪发展常常呈现出以下特点。

(一)情绪的稳定性与波动性

大学生的情绪比中学生稳定。中学生的情绪往往受制于外部的刺激，刺激消失，情绪往往也随之消失，较少有情绪的积累。大学生则不然，他们的情绪一旦被激发，即使刺激消失，由此引起的反应也可以持续相当长的时间。这种稳定性给大学生带来了心境化的情绪特点，如一次考试成功、一场球赛的胜利所引起的愉快的心理体验会在大学生心中持续一段时间，并扩散到其他事物上，仿佛一切都染上了快乐的色彩，干什么事都兴致勃勃。相反，一旦染上忧愁的心境，则可能几天都闷闷不乐，干什么事都提不起精神。但是大学生情绪的稳定性又是相对的，与成人相比，其情绪的波动性仍很明显，表现为心境变化比较频繁，情绪的起伏性较大。诸如学习成绩的好坏、人际关系的变化、身体健康状况、朋友的来信等都可引起他们的情绪波动，其情绪时而高涨，时而低落，容易从一个极端走向另一个极端。

大学生情绪的波动性与其心理发展尚未成熟密切相关。一方面大学生的生理变化和社会需求都处在高峰阶段，他们会不断产生各种欲望和社会性需求；另一方面由于生活阅历和知识经验的局限，大学生对社会的复杂性、对自己的欲望和行为的合理性缺乏深刻的认识，因而容易导致心理上的不平衡，反映在情绪上就表现出波动性的特点。

(二)情绪的强烈性与细腻性

大学生的情绪体验强烈，富于激情。他们的情绪具有强烈性、爆发性和冲动性的特点。他们对各种事物比较敏感，遇事容易冲动，或兴奋、激昂，或争吵、反抗，有时盲目狂热，以致做出蠢事、坏事。如发生在大学生中的斗殴、杀人或自杀事件，大多是起因于对一些小事处理得不冷静、不慎重，进而发展到激怒或绝望，最后导致意外事件的发生。但是这种完全失去理智控制的激情状态在大学生的行为中还是极其少见的。随着年龄的增长，大学生心理的稳定性、选择性和亲密性也在增长，其情绪体验又表现出细腻、理智的一面，特别是在同知心朋友、异性同学或所敬重的师长交往时，即使有令人不快的情况发生，他们也会冷静对待。

(三)情绪的外显性与内隐性

大学生对外界刺激反应迅速而敏感，喜怒哀乐常形之于色。所以，在一般情况下，情绪的内心体验与外部表现基本一致，情绪呈现出外显性的特点。如当所在班级、系部或学校在文体比赛中获胜时，学生们常欢呼雀跃、欣喜若狂。但是，由于大学生自制力的增强以及思维独立性和自尊心的发展，其情绪的内心体验与外在表现有时并不一致，表现出内隐、文饰的特点。大学生不再像儿童那样天真直爽、表里如一。如有的学生明明讨厌，在外表上却装作若无其事，甚至很亲热的样子；男女同学之间有时明明有好感，内心很想接近，但出于自尊或其他原因，反而在行为上表现出庄重、冷淡，甚至回避。大学生虽然在心理上存在这种闭锁性，但同时也存在希望被人理解的强烈愿望，他们的真心话和真情，在遇到知心朋友的时候也会倾诉和表达出来。

二、大学生常见的情绪困扰

大学阶段是人生的第二个“心理断乳期”，是一个非常关注自我、注重个性表达、情绪体验丰富、情绪波动起伏的时期。据《江南时报》报道，在我国，有焦虑不安、恐怖和抑郁情绪等问题的大学生占大学生总数的16%。而北京大学精神卫生研究所研究员王玉凤也表明，我国16%～25.4%的大学生有心理障碍。以下是我们综合多项研究，提出的大学生常见的负面情绪或情绪困扰。

(一)过度焦虑

焦虑本身是一种正常的情绪，人们在日常生活中可能有时候会因为各种原因随时感到着急焦虑，随着焦虑情境的解除，焦虑情绪会自然减轻，这就属于正常焦虑情绪。但是如果一个人总是无法克制地不断感到紧张、不安、惧怕、愤怒、烦躁、易激惹等，并且总是伴随着某种不祥的预感，那就是过度焦虑了。目前，有很多大学生受到过度焦虑情绪的困扰。

(二)抑郁

抑郁是一种没有激情、忧心忡忡、长吁短叹、郁闷失落、悲观沮丧的心境。大学生群体中因为学业压力、对所学专业不感兴趣、相貌不出众、被人孤立、失恋及人际纠纷等原因而长时间处于抑郁状态中的人很多。

(三)冷漠

冷漠是一种对环境和现实选择逃避的退缩性心理反应。虽然冷漠带有一定的心理防御性质，但是它会导致当事者萎靡不振、退缩躲避、自我封闭，并严重影响一个人的身心健康。现在有许多大学生对生活中的任何事都表现出“事不关己，高高挂起”“各人自扫门前雪，不管他人瓦上霜”的冷漠状态，不愿意参加集体活动，故意回避与人交往，我行我素，自我封闭，即使同学遭遇了大悲时也冷漠无情。日本著名心理学家松原达哉教授形容这种状态的学生是“无欲望、无关心、无活力”的三无学生。

(四)自卑/孤独

自卑是指个体由于某种生理缺陷、心理缺陷或其他原因所产生的对自我能力或品质评价过低而表现出紧张、退缩、少语、敏感、掩饰、自暴自弃、逃避现实及自我封闭的态度体验。如有些贫困生、相貌不出众的女生有较强的自卑感。

孤独是一种无法与他人联结，与他人或社会隔离与疏远的感觉和体验，孤独的人会脱离社会群体而生活在一种消极的状态之中。孤独感正逐步成为大学生中亟待解决的情感问题之一。

(五)嫉妒

嫉妒是一种因他人在某些方面优于自己而产生的带有忧虑、愤怒和痛苦、怨恨体验的复合情绪，表现为不能容忍别人的进步与优点。嫉妒的发生，往往与人们倾向于通过与他人比较来确定自身的价值有关，如果别人的价值在增加，便会觉得自己的价值在下降，并因此产生痛苦的体验。适度的嫉妒会使人意识到压力的存在，催人奋发向上；过度的嫉妒使人焦虑和充满敌意，甚至产生报复伤害他人的想法。大学校园里因嫉妒做出伤害他人行为的事件很多，同班同学之间、同宿舍同学甚至同乡之间也会产生嫉妒情绪。大学生常见的嫉妒有嫉妒别人学习好、受老师喜爱、生活比自己富裕、社交比自己活跃、仪表比自己出众，嫉妒他人恋爱成功，嫉妒他人恋爱对象比自己的更出众等。

(六)愤怒失控

愤怒是一个人认为自己没有得到他人或社会公正对待与评价而产生的不满、气恼等消极情绪。愤怒失控是指将愤怒情绪以暴怒、狂怒的消极、激情的方式表达出来的一种情绪状态，具有破坏性和冲动型的特点。大学生经常发生的打架斗殴、相互的言语攻击、毁坏物品等极端行为都与当时的愤怒情绪失控有关。

(七)空虚无聊“空心病”

无聊感来自空虚，空虚是人在生活中缺乏目标，无法从日常生活中得到重视感和价值感的一种消极心理状态。在一般情况下，无聊感和空虚感是偶尔才有的，但如果经常出现，就是一种值得关注的状态。学者将之命名为“空心病”。

知识窗

什么是“空心病”?

“空心病”是一个比较形象的说法，也称为“价值观缺陷所致心理障碍”。据统计北大一年级的新生，包括本科生和研究生，其中有30.4%的学生厌恶学习，或者认为学习没有意义；还有40.4%的学生认为活着没有意义。他们往往是非常优秀的孩子，或者说是人们眼中的“好孩子”。他们核心的问题是缺乏支撑其意义感和存在感的价值观。

1. 从症状上来讲它是符合抑郁症诊断的，表现为情绪低落、兴趣减退、快感缺乏。但所有这些症状表现并不非常严重和突出，所以外表上看起来，他们可能跟其他同学并没有差别。

2. 他们会有强烈的孤独感和无意义感，他们不知道为什么要活着，他们也不知道活着的价值和意义是什么。

他们取得了非常优秀的成绩和成就，内心还是空荡荡，有强烈的无意义感。

3. 通常人际关系是良好的。他们非常在意别人对自己的看法，需要维系在他人眼里良好的自我形象，因此做得非常辛苦，也非常疲惫不堪。

4. 对生物治疗不敏感，甚至无效，也就是说看起来生物因素并不是导致他们问题的主要因素。

5. 有自杀意念。这种意念并不是因为现实中的困难、痛苦和挫折，是因为不知道活着的价值、意义是什么，所以他们倾向于不用那么痛苦和惨烈的方式来结束自己。

6. 通常这些来访者出现这样的问题已经不是一两天。可能从初中、高中，甚至更早就开始有这样的迷茫。

7. 最后，传统心理治疗疗效不佳，包括改变负性认知、研究原生家庭的早期创伤、用电抽搐治疗。

(根据徐凯文《时代空心病与焦虑经济学》演讲内容整理而成。)

三、大学生出现情绪困扰的原因

据研究显示，导致大学生产生负面情绪的原因排在前三位的分别是考试成绩不理想、对未来很迷茫、与周围同学关系不和谐。而这些问题的发生，主要原因有以下三个。

(一)大学生心理发展不够成熟

首先大学生的心理正发生着巨大的变化，同时也正处在价值观念形成的重要阶段，存在着较大的心理冲突和矛盾情绪，如追求理性和情绪强烈间的矛盾与冲突、渴望情感交流和情绪情感封闭间的矛盾与冲突、强烈的自我意识和模糊的自我形象间的矛盾与冲突等。他们对人生与各种社会问题的理解往往摇摆不定，有时正确深刻，有时错误肤浅，有时客观全面，有时主观片面。矛盾与冲突的情感情绪体验，很容易对大学生情绪健康造成影响，使他们处在一种对未来、对眼前众多选择都比较迷茫的状态，产生情感情绪上的问题。

另外，大学生理性水平不高。他们有兴趣广泛、求知欲强、好奇心强、思维敏捷的特点，特别容易接受新事物，探索新事物，在思维方式生活方式行为习惯上都比较理想化、浪漫化、形式化，情感需求十分丰富。面对庞杂而丰富的情感需求，正处在成长阶段的大学生难免会犹豫不决、摇摆不定。他们一方面想要努力追求自己所向往和渴望的事物；另一方面，又在急剧发展的社会环境中感到自卑、渺小。在离开自己熟知的生活环境步入大学校门后，陌生的环境往往会让大学生产生不适应感。一部分同学由于性格、社交能力的影响，在无法达到自身需要的满足时，受到心理自我保护的阻碍和干扰，会把自己封闭起来，少与人沟通和交流，把各种情绪体验留给自己，不愿轻易表露自己的内心想法和心理冲突。而长期处于压抑状态，会让他们陷入情感问题当中。

(二)家庭教育与成长环境中缺乏情感关怀

家庭是子女最先接受教育和成长的地方，家庭教育和大学生情感问题的形成有着直接和密切的关系。现代社会的发展，使家庭生活越来越小家庭化，导致家长和子女间情感沟通的缺乏，同时不合理的家庭教育方式也不断地影响着当代学生情感的健康发展。

小家庭生活方式导致家长和子女之间情感沟通的缺乏。小家庭中普遍存在重物质轻情感、重教育轻情感的现象，特别是有些家庭十分强调对父母的尊重与顺从，遇到矛盾时缺少沟通交流，子女做错事，家长倾向于用责罚的方法对待。长此以往双方的心理距离逐渐拉开，情感也变得不再亲密。

小家庭生活方式还导致不合理的教育方式。当代大学生多数是独生子女，父母对孩子的照顾和关爱多，所以当代大学生从小就生长在爱的包围中，几乎没有受过委屈和挫折。然而家长教育方式70%都不正确，其中有的是过分保护，有的是过分监督，有的则是过分地严厉。家长对孩子成绩的过分重视导致忽视了孩子的兴趣和情感方面的需求，让子女本该有的快乐童年被沉重的学习课程所取代，无意中增大了孩子的情感压力。这些孩子虽然明白父母的情感和良苦用心，却无法向父母诉说自己的苦闷与无奈。同时家长过多的照顾，还使他们产生了优越感和自我为中心的思想，而生存能力、生活自理能力和人际交往能力又较差，缺少战胜困难的能力和勇气。当他们在人际交往中不断碰壁、遇到挫折时，也显得格外茫然和惊慌失措，无法克服面临的困难。这些都会导致某些大学生早期的情感遭到压抑和阻碍，情感发展不成熟，产生情感困惑。

(三)学校情感教育的不完善

学校教育总体上可以说是轻情商重智商的教育。学校教学较专注于传授文化知识、培养专业技能、发展智力，学习和考试成为学生生活中的主要内容，情感教育极不完善。许多学生的喜怒哀乐也只是建立在所谓的成绩上，导致了学生情感的空白。在教学过程中不仅得不到积极的情感陶冶，反倒产生了厌学的情绪与忧虑的情感体验。即使在高校中也缺乏人文关怀的有效机制和手段，不仅忽视了学生情感心理特征和多层次多方面的情感需求，不能在学生出现情感问题和人际关系困惑时积极给予相应的关注和指导，还忽视了学生学习过程中主体性地位，将学生单纯地视为教育对象，按照既定的教育目标进行灌输。

近些年，高校为了适应市场需求，不断提高办学和培养优秀人才的水平，对学生的学习、综合素质方面提出了更高的要求，制定了更完善的考核标准，大学生稍有松懈就会在竞争中失利，这也成为消极情绪的诱因之一。另外，由于目前高校改革不断深化，招生也不断扩大，由此带来了高校办学的一系列变化。“教育产业化”实行的上学交费制度、奖贷金制度、考试淘汰制度及择业制度的变更、完善，无不牵动着每一个大学生的心，冲击着当代大学生动荡不安的心理，影响着他们的情绪。

(四)社会与网络环境的影响

第一是市场经济中的激烈竞争在促进社会各方面飞速发展的同时，也带来了高速度、快节奏的生活方式。紧张的生活节奏和巨大的工作压力，特别是城市生活节奏加快，使人感到精神压抑、身心疲惫，而且这种生活方式已经悄然渗透到校园。除了学业竞争上的压力以外，逐年降低的就业率也让大学生们早早地背负着就业的巨大的压力，这些都容易造成大学生焦虑和紧张的情绪。

第二是科学技术对情感的冲击。现在网络已经被全球各界人士关注和应用，当代大学生是一个接触网络比较频繁的群体，对网络接纳程度很高。网络的发展，对大学生情感教育造成了多种多样的影响：一方面，网络上信息庞杂且夹杂着许多低俗的信息和消极的文化，比如暴力和色情，容易对学生情感问题的处理产生影响。另一方面，网络容易让大学生产生虚拟空间情感与现实情感脱离。随着互联网等新媒体的发展，大学生情感毫无争议地处在了网络环境之中，网络交往已成为大学生日常生活中不可或缺的部分。网络具有开放性和虚拟性的特点，不仅可以拓宽大学生的人际交往范围，帮助他们建构良好的人际关系网络，而且可以让他们没有顾虑地尽情倾诉和发泄自己的情绪。因此，网络给大学生的情感发展提供了一个良好的平台，但是也带来了挑战——许多大学生更擅长于网络世界中的交流和人际关系的建立，对于现实生活中的人际交流却显得有些力不从心。

据调查，68%的大学生选择QQ、微信等网络平台作为交友、交流思想、表达看法等情感交流的主要途径，部分大学生沉浸在网络情感交流和体验之中，缺少在现实生活中情感的交流，造成虚拟空间情感与现实情感的脱离。52%的大学生认为自己在现实生活中与人沟通上存在不同程度的障碍，26.1%的大学生宿舍成员之间存在关系紧张的现象。人不可能一直躲在虚拟的网络世界中，还需要面对现实生活，因此网络已经造成大学生心理虚拟空间情感和现实情感的脱离，成了大学生情感问题的重要影响之一。

6.3 大学生的情绪管理

大学生正处于情绪管理的敏感时期，虽然他们的生理发展渐趋成熟，但心理尚未完全发展成熟，仍处于情绪波动起伏较大的阶段。因受各种外界因素以及社会身份的陡然转变的影响，大学生容易情绪不稳定，行为冲动。如何正确引导大学生进行情绪管理教育，帮助他们进行情绪调节、摆脱情绪困境、提升身心健康水平，帮助他们更好地适应学校和社会对他们的期待和要求就成了大学生心理健康教育的重要内容。

一、觉察、接纳和聆听情绪，让情绪流动起来

当一个情绪或感受来临的时候，我们首先需要觉察并识别自己的感受。我们应该保持敞开的身心姿态去允许、接纳我们情绪的存在，而不必压抑它。当我们给予它允许、让它自由地流淌，同时愿意仔细地去陪伴自己的情绪、体验它、聆听它，我们就能够敏感地体验到这个情绪或感受带来的感受及相关的内在讯息。否则，负面情绪得不到接纳与倾听，将会带来越来越多的叠加的负面情绪。

以本模块开头呈现的典型案例中的女同学为例，当她看到爸爸遭遇不幸、妈妈累病了、弟弟也抑郁了的时候，她感受到了很大的压力，开始出现焦虑的情绪。伴随着焦虑而来的必然的外在行为表现是想哭，有时会胡思乱想和失眠。在这个过程中，由于这位女生其实并不能够接纳自己的这种状态，于是她急切地想要马上摆脱这种状况，让自己恢复到高效的学习状态里面去。然而当她试着用运动、听歌的方式去排遣这种焦虑而没有明显效果时，马上开始了自责：我真没用，怎么这么脆弱呢？如果我强大一些，就可以为家里分担更多了！同时，这种自责又消耗了她更多的生命力，时间一长，她就进一步出现抑郁的状态了。

知识窗

500个感受词汇

当我们没有办法用语言去标明情绪，就很难了解自我的内在情感世界，也不容易与人有心连心的情感交流。我们第一步要做的就是增加自己的情绪识字率，以下是500个感受词汇：

高兴、好受、开心、快活、快乐、庆幸、舒畅、舒服、舒坦、爽快、甜美、甜蜜、甜丝丝、喜出望外、畅快、喜悦、喜滋滋、心花怒放、心旷神怡、幸灾乐祸、愉快、愤慨、恼怒、恼火、气愤、悲哀、悲伤、沉痛伤感、伤心、痛苦、痛心、心酸、胆怯、胆战心惊、发怵、害怕、惊吓、恐怖、恐惧、受惊、心有余悸、入迷、着迷、入神、心醉、仇恨、敌意、妒忌、嫉妒、反感、可恨、可恶、憎恨、厌恶、别扭、不快、不爽、烦闷、难受、窝火窝囊、心烦、厌烦、担心、担忧、发愁、忧虑、忧郁、压抑、郁闷、无能感、得意、高傲、狂妄、体面、优越感、自大、自负、自豪、抱屈、冤枉、浮躁、急切、急躁、焦急、焦虑、心急火燎、心切、发慌、恐慌、心慌意乱、不好意思、惭愧、丢脸、害羞、亏心、愧疚、腼腆、难堪、羞耻、悔悟、忏悔、过意不去、好奇、惊讶、震惊、警惕、困惑、迷茫、为难、无所适从、敬仰、敬重、佩服、仰慕、尊敬、赞赏、赞叹、感动、可怜、可惜、后悔、惋惜、心疼、怀念、想念、挂念、牵挂、藐视、蔑视、如意、顺心、随心、幸福、圆满、期待、向往、悲观、沮丧、失落感、无望、心寒、孤单、寂寞、乐观、烦躁、惊喜、苦闷、苦恼、受宠若惊、欣慰、羞怯、忧伤、安宁、安然、安详、安心、安慰、淡漠、淡然、放心、冷静、漠然、漠视、宁静、轻松、踏实、坦然、心安理得、心静、心平气和、镇定、昂扬、冲动、激动、紧张、兴奋、振奋、低沉、消沉、心灰意冷、沉甸甸、解气、放松、恼羞成怒、气馁、丧气、扫兴、扬眉吐气、消气、厌倦、欢畅、欢快、欢喜、豁朗、可喜、快意、宽畅、狂喜、舒心、怡然、愉悦、愤激、恼怒、激愤、气恼、盛怒、震怒、悲苦、悲酸、悲辛、哀伤、哀戚、哀痛、悲怆、惨苦、苦涩、凄惨、伤神、酸楚、痛心疾首、辛酸、诚惶诚恐、惶惶、惶惑、惊恐、惧怕、畏惧、畏怯、心惊胆战、心惊肉跳、倾慕、抱恨、可憎、痛恨、痛恶、嫌怨、嫌恶、嫌隙、嫌憎、憎恶、憋闷、憋气、涔涔、烦闷、烦扰、糟心、愁闷、穷愁、殷忧、沉郁、阴郁、自惭形秽、自馁、怏然自足、自得、自满、自恃、焦躁、情急、心焦、烦乱、纷扰、如坐针毡、忐忑不安、抱愧、愧恨、无地自容、羞涩、悔恨、失悔、痛悔、追悔、自怨自艾、歉疚、诧异、愕然、惊诧、惊异、崇敬、景仰、敬慕、钦敬、心悦诚服、悦服、尊崇、赞佩、迷惑、迷惘、彷徨、疑忌、哀怜、怜悯、怜惜、痛惜、挂念、牵肠挂肚、眷恋、渴慕、贪恋、鄙视、鄙夷、侮蔑、可人、惬意、遂心、遂意、遂愿、宜人、期求、望穿秋水、殷切、失意、懊丧、抱憾、惆怅、落魄、惘然、孤寂、哀思、哀怨、悲愤、悲郁、怅恨、怅惘、愁苦、仇怨、愤恨、感愤、戒惧、惊疑、敬畏、快慰、愧痛、闷倦、恼恨、恼人、虔诚、清爽、危惧、衔恨、欣幸、羞愤、疑惧、疑虑、忧烦、忧愤、忧惧、忧闷、怨愤、厌弃、宽慰、索然无味、泰然、闲适、自在、激昂、激奋、激越、亢奋、忘情、颓废、颓靡、颓丧、颓唐、萎靡、解恨、宽心、如释重负、扬眉吐气。

二、转化和释放负面情绪，做情绪管理高手

情绪管理的第二步，是试着转化我们的负面情绪，将它变成正面的感受。可以看看这个不舒服的情绪到底在推动我们自己去为自己做些什么：也许是一个真诚的表达，也许是我们需要一点儿改变。如果我们什么也做不了，最后，我们可能需要一些方法将这个负面的情绪释放出去，以免过度消耗我们的生命力。

(一)看清真相，转化情绪

有时候，仅仅是接纳自己的情绪，看清一些真相，就可以带来负面情绪的转化。

上面案例中的女生来到心理咨询室，跟心理老师倾诉了自己的苦恼，得到了全然的倾听后，积压的情绪已然得到一定的释放。然后，老师引导这位女生一一地去看见、并转化自己的情绪感受。

首先是焦虑，当她看到爸爸出事、妈妈累病了、弟弟也抑郁了的时候，感受到了很大的压力，开始出现焦虑的情绪。老师问女生，你可以接纳自己的焦虑吗？这个焦虑正常吗？

——正常。这是非常正常的现象，可以说任何人遇到这种情形，都会感到焦虑的。

接下来是自责，你需要为你的这个焦虑自责吗？你为这个家做了什么呢？做得足够多、足够好、足够努力吗？

——是的，爸爸说我是这个家的骄傲和希望所在，我真的做得足够多、足够好、也足够努力了。

那么，现在你的感受如何了呢？

——想到这儿，我感受轻松多了，心里一块压着的石头好像被挪开了。

最后，老师再帮助女生去看见这个家更多正向的资源：这个家现在经历着一些磨难，但有没有值得庆幸的地方？

——有的，我们一家人很团结，爸爸爱我们，妈妈也爱爸爸和我们，特别愿意为家庭努力付出。而弟弟小，现在陷入了抑郁之中，但他也告诉我，他愿意配合治疗……想到这里，我觉得我的家还是有希望的。

是的，当光照进来的时候，黑暗就自然不见了。

(二)转化不合理信念，转化情绪

有些时候，我们的负面情绪是由我们的非理性信念、想法与期待造成的，这时候就需要对这些信念、想法和期待进行识别和转化，从而转化我们的负面情绪为正面情绪。

1. 把强迫性想法、期待变成有弹性的，去掉那些“绝对、必须”。

比如说完美主义是要求每一样事情都做 100 分，如果没有做到就特别地纠结。如果把完美主义变成追求卓越，那就是我希望做到 100 分，但是从 70 分进步到 80 分就足够好了，虽然暂时达不到 100 分，也能接纳。

还是以上面的案例来分析，这位女生在潜意识中对自己有一些强迫性的完美主义期待，她希望自己有神奇的超能力，能够拯救这个家庭。当她发现自己做不到时，就特别焦虑、不能接受，强迫自己“必须”强大起来，而这种对自己的完美主义期待恰恰导致自己越来越严重的失眠和抑郁的状况。

2. 把灾难性结果转变成可以接受、有希望的结果。

不合理信念的另一个表现是将事情的结果预期为“灾难性”的——“如果这样，那么就完了、糟透了”，这样的信念也必然导致绝望、无力、焦虑、恐惧的情绪后果。

案例中的女生下意识地将所有的负性事件的结果都想象成了灾难性的：父亲出事，如果母亲再倒下就太可怕了；弟弟已经抑郁了，如果我再失眠、抑郁，就真的糟透了……转化情绪的关键就是帮助她去除这种“灾难结果”信念，让她看到真相和希望。

(三)将无法转化的负面情绪舒放出去

最后，如果以上方法都用过之后，面对自己还时不时出现的焦虑、抑郁状态，我们还可以采取舒放情绪的方法。舒放情绪的方法主要有以下几个。

1. 将负面情绪及事件说出来，或写出来、画出来。

2. 运动，因为运动而分泌的内啡肽具有与吗啡类似的极强的镇痛作用，能够使人振作、精神愉悦、引起欣快感，同时可降低抑郁、焦虑以及其他消极情绪。

3. 唱歌或大喊，可以将情绪能量转化成声音能量而得到释放。

三、滋养自己的生命力，为自己的生命负责

(一)无条件接纳自己

1. 当我做错事情，承认错误，我依然可以爱自己、接纳自己。我接纳自己是会犯错的。

2. 当我不能达到自己的期待时，告诉自己不要紧，我能够接纳自己，接纳此时此刻的我。

3. 当遇到失败时，告诉自己：我做了我能够去做的，我这个人依然是可以的。

4. 当我有负面情绪存在时，接纳负面情绪的存在，就是允许自己可以有负面情绪，同时管理由情绪带来的不适当的行为。我发现我生气了，我可以生气；我发

现我内心非常悲伤，我是可以悲伤的；我也可以害怕，可以妒忌，甚至可以恨。

> 问题不是问题，如何应对才是问题。
>
> ——维吉尼亚·萨提亚

(二)重视自己

1. 告诉自己，我是重要的。

2. 告诉自己，我可以自由地去感受，经由感受的带领，看见自己整个内在，看见自己这个人。

3. 告诉自己，我可以表达自己。

4. 告诉自己，我可以告诉别人我的期待，我可以期待得到支持，可以期待礼物，可以期待所有我期待的，因为我是重要的。

5. 我愿意给自己时间，休息、休闲、放松、照顾身体需要、跟朋友倾诉等。因为，爱自己是要花时间的。

6. 重视自己，还需要停止做对自己有伤害的事，比如熬夜、疲惫驾驶、过量饮酒等。

(三)给自己更多安全感

1. 去探索和疗愈自己的害怕

你可能要回到原生家庭去看到：与父母亲的关系；母亲是否有很多情绪，就像个随时随地会爆炸的地雷？父母是不是常常惩罚过度？父母是不是太过高控制？你是不是在溺爱中长大，无法独立自主？如果你的害怕是由于创伤带来的，我们就需要去处理创伤。

2. 决定边怕边做

当内在安全感不足时，我们可以告诉自己：是的，我看到了你的害怕；我知道你怕，但不要紧，你可以边怕边做！然后，每做到一点点，就给自己肯定、赞美和认同，再做多一点。

3. 告诉自己，我可以选择

安全感不足的人，无法独立自主，想要依赖，这时可以告诉自己：我可以为自己选择。这个选择，重要的是不断鼓励自己为自己选择和负责。

4. 告诉自己，我信任自己

如果曾经有个焦虑妈妈的童年和包办代替、溺爱长大的童年，都是不被允许独立自主的——自己不被信任。现在你要做自己的好父母，要告诉自己：我可以信任我自己。

5. 好好经营自己的人际关系

(四)肯定、赞美、认可自己

愿意看见并肯定自己的正面动机、善良和一切良好品质及努力的过程，而不只是外在的成绩；愿意追求卓越而不是企求完美，接纳自己的有限，当做不到时愿意放自己一马；愿意相信自己的生命本身是具足圆满的，是有价值的，是够好的。

(五)为自己寻找一位智慧的人生导师

每一个人都需要生命的模范，缺少了模范，我们常常不知所措。在大学时候为自己寻找到崇拜的师长或朋友，让他成为自己生命的导师，将会为自己的生命绽放增添新的力量。

心理训练

一、心理练习

(一)思考题

1. 如何理解我们的情绪和情绪管理?
2. 大学生常见的情绪问题有哪些?
3. 联系实际，谈谈如何进行情绪管理，如何对自己补充心理营养。

(二)实践题

1. 为自己录制《我的自尊宣言》

要求：配乐，每天睡前听一遍，直到内容深入内心。

我的自尊宣言

萨提亚

我就是我。
在这个世界上再也没有第二个我。
我和某些人可能会有些许相似之处，但却没有一个人能和我完全相同。
我的一切都真真实实地属于我，因为都是我自己的选择。
我拥有我自己的一切：
包括我的身体，以及我的一切行为；
我的头脑，以及我的一切想法和观点；
我的眼睛，以及她们所看到的一切；
我的所有感觉：愤怒、喜悦、沮丧、友爱、失望和激动；
我的嘴巴，以及由它说出的一字一句：或友善亲切，或粗鲁无礼，或对或错；
我的声音：或粗犷，或轻柔；
还有我的所有行动，无论是对自己，还是对他人。
我拥有我自己的想象，自己的梦想，自己的希望，自己的恐惧。
我的胜利和成功是因为我；我的失败与错误也出于我。
因为我拥有自己的全部，我和自己亲如手足。
我学习跟自己相处，爱惜自己，善待属于自己的一切。
现在我可以为自己做一切了。
我知道，我的一些方面让我困惑，另外一些则使自己不解。
但只要我仍然善待自己、爱惜自己，
我就有勇气、有希望解决困惑和进一步认识自我。

不管别人如何看我，不管那时我说了什么、做了什么，想了什么、感觉到了什么，一切都真真实实地属于那时的我。

过些时候，当我回想起自己的表现、言行、思想和感受，发现其中一部分已经不再适宜，我会鼓起勇气去抛弃不再合适的、而保留其余的，再创造一些新的以代替被抛弃的部分。

我要能够看、听、感觉、说、做。

我能够生存，能融入群体，能有所贡献，能有所作为，

让我所处的世界、我周围的人和事因我的存在而井井有条。

我拥有我自己，因此我能驾驭我自己。

我就是我，而且，我是好的。

2. 自我探索之旅

我是谁？我是个怎样的人？在天地宇宙之间，因为我的存在，这个世界有了一个怎样独一无二的生命体？而作为这个生命体的主人，我是怎样看待我自己的？我了解自己吗？接纳自己吗？喜欢自己吗？爱自己吗？对自己满意吗？允许自己做真正的自己吗？其他人呢？他们怎么看待我？尤其是我的重要他人，比如我的父母、我最亲密的朋友、我的爱人……他们怎么看我？我有价值吗？作为一个人，我最大的价值是什么？

这些问题，你曾经问过自己吗？每一次问自己，你都得到一些不同的答案吗？

(1)请你用三个形容词形容自己，你是怎么知道的(自己是这样的)呢？是经历了哪些事或者从哪些人那里知道的？

(2)你最喜欢自己的是什么？为什么？

(3)你最不喜欢自己的是什么？这表示你是一个怎样的人？你可以做什么？

(4)在做什么事情时你是最有能量的？

(5)在做什么事情时你最没能量？

(6)如果你站在一张大镜子前，你感觉怎样？你喜欢自己吗？你接纳此时此刻的你吗？你爱自己吗？

(7)在家里，你是否可以做“真正的我”？

(8)你的“真正的我”是怎样的？

(9)在你的“重要他人”看来你是怎样的？

(10)你觉得自己作为一个人最大的价值是什么？(请给出三个形容词)

(11)最后，请告诉自己，我是古往今来独一无二生命的呈现，我活着就是有价值的。

3. 心理训练

要求：写心情冰山日记并对自己的负面感受加以转化(请坚持 3 个月以上)

范例：一座冰山转化的案例分析

案主：妻子

背景：

(1)妻子怀孕，丈夫这天外出喝酒(很久没有了)，答应晚上 10:00 回家，可 12:00 了还没回家。

(2)丈夫酒量差，易喝醉，之前有喝醉摔倒的较严重磕碰的经历。

冰山各层次	案主当下的冰山(自上而下探索)	对冰山的转化过程(自下而上转化)
外在行为	1)妻子 12:00 发微信："我把门锁了，你在朋友那睡吧！" 2)12:20 知道丈夫回来，丈夫打电话不接，门锁开了，却不告诉丈夫。	新的决定： 跟丈夫一致性表达，讨论一下对自己喝酒问题的管理。 希望不要让妻子担心焦虑，一是出于爱和关心，二是出于对宝宝健康的负责。
应对姿态	指责	一致性
感受	1)焦虑担心(觉得丈夫喝酒、睡眠少对胎儿会有影响)； 2)失望生气(觉得丈夫不重视我)； 3)孤独烦躁(没有安全感)。	1)焦虑担心没有了：一是因为丈夫回来了，没喝醉；二是转化了两个非理性想法； 2)自己突然发现自己可以为自己负责，自己重视自己和宝宝； 3)这个是身体深处的感觉，莫名烦躁，提示我深入再觉察一下或自己给自己更多安全感。
想法	1)丈夫喝酒了，一定会出事； 2)丈夫必须说到做到； 3)把我一个孕妇丢在家里，是不重视我； 4)迟睡对胎儿不好。	在转化过程中，案主发现了自己的非理性想法： 1)喝酒伤身，喝酒喝多一定会出事——他已经跟我说在回来的路上，他说过没有喝多，也不一定会出事的； 2)一天晚睡，对宝宝也不会有什么影响的。
期待	1)丈夫早点回来陪我； 2)丈夫不要喝酒，要照顾好自己，不要让我担心。	1)不合理期待？(能够看见这一点，就会停止这个期待吧?) 2)是合理期待，可以通过一致性沟通来解决。
渴望	1)被重视； 2)安全感。	看到自己的渴望，案主对自己说： 1)睡觉和休息是当下对我和宝宝最好的选择(也回应了自己担心宝宝受影响的想法)； 2)让我先重视我自己，先照顾好自己吧！ (结果是案主说："这句话说完，感觉瞬间稳定了一些，没那么多焦虑了！")
生命力	1)爱与被爱：无法感受到和表达。 2)连接：没有连接、一直切断到第二天。 3)安全感：动摇。 4)独立自主：能力无法施展，很想依赖。 5)价值感：不被重视，受影响。	看到我的五朵金花都开不了，或者受影响，我可以做什么呢？(我为我自己负责)

冰山转化要点：

(1)探索冰山时，是从外在向内在(自上而下)探索；转化时，是先从内在转化，再到外在(自下而上)。

(2)最后检查效果：情绪平静下来了吗？应对姿态可以变得一致性了吗？可以做出什么新的决定了吗？

(3)感受是最重要的检验指标，自己内在是否感到舒服了。

(4)从想法、期待、渴望入手都是可以带来转化的；最彻底的转化是每一个层面都发生转化。

(5)看见自己内在的渴望(或缺乏的心理营养)很重要，这也是整个冰山觉察的难点。

(6)夫妻或重要关系中都有一个规律：我满足你的渴望(心理营养)，你满足我的期待。

(7)区分是否有安全感不足：我喜欢对丈夫撒娇的感觉，喜欢被宠着的感觉，但是如果发现自己是没有他就不行，是依赖，那这种生命状态还是不是我要的呢？

(8)请记住，我们情绪和自我管理的目的就是爱自己、维护或改善关系，让自己生命五朵金花盛开；自己为自己的生命负责的态度。

二、心理测试

(一)情绪稳定性自测

指导语：常言道“人非草木，孰能无情”？情绪广泛地渗透在人的一切活动中，情绪健康的标准是稳定而愉快。稳定是指一个人的情绪不能经常大起大落，反复无常，阴晴不定。你的情绪是稳定而积极的吗？如果你希望知道结果，不妨完成下面的测验。共 13 道题，请将所选答案的标号填在每题后的括号中。

1. 我有能力克服各种困难。(　　)

A. 是的　　B. 不一定　　C. 不是的

2. 猛兽即使是关在铁笼里，我见了也会惴惴不安。(　　)

A. 是的　　B. 不一定　　C. 不是的

3. 如果我能到一个新环境，我要把生活安排得和从前________。(　　)

A. 不一样　　B. 不确定　　C. 和从前相仿

4. 整个一生中，我一直觉得我能达到所预期的目标。(　　)

A. 是的　　B. 不一定　　C. 不是的

5. 我在小学时敬佩的老师，到现在仍然令我敬佩。(　　)

A. 是的　　B. 不一定　　C. 不是的

6. 不知为什么，有些人总是回避我或冷淡我。(　　)

A. 是的　　B. 不一定　　C. 不是的

7. 我虽善意待人，却常常得不到好报。(　　)

A. 是的　　B. 不一定　　C. 不是的

8. 在大街上，我常常避开我所不愿意打招呼的人。(　　)

A. 极少如此　　B. 偶然如此　　C. 有时如此

9. 当我聚精会神地欣赏音乐时，如果有人在旁边高谈阔论，我________。(　　)

A. 仍能专心听音乐　　B. 介于 A C 之间　　C. 不能专心并感到恼怒

10. 我无论到什么地方，都能清楚地辨别方向。(　　)

A. 是的　　B. 不一定　　C. 不是的

11. 我热爱所学专业和所从事的工作。(　　)

A. 是的　　B. 不一定　　C. 不是的

12. 生动的梦境常常干扰我的睡眠。(　　)

A. 经常如此　　B. 偶然如此　　C. 从不这样

13. 季节气候的变化一般不影响我的情绪。(　　)

A. 是的　　B. 介于 A C 之间　　C. 不是的

计分方法：

第 1 题	A—2 分	B—1 分	C—0 分	第 8 题	A—2 分	B—1 分	C—0 分
第 2 题	A—0 分	B—1 分	C—2 分	第 9 题	A—2 分	B—1 分	C—0 分
第 3 题	A—0 分	B—1 分	C—2 分	第 10 题	A—2 分	B—1 分	C—0 分
第 4 题	A—2 分	B—1 分	C—0 分	第 11 题	A—2 分	B—1 分	C—0 分
第 5 题	A—2 分	B—1 分	C—0 分	第 12 题	A—0 分	B—1 分	C—2 分
第 6 题	A—0 分	B—1 分	C—2 分	第 13 题	A—2 分	B—1 分	C—0 分
第 7 题	A—0 分	B—1 分	C—2 分				

结果解释：

得分在 17～26 分之间：表明你情绪稳定，也比较积极，通常能以沉着的心态面对现实，行动充满魅力，有信心。即使出现一些“麻烦”，你也能强制宽解自己的情绪。

得分在 13～16 分之间：表明你情绪基本稳定。你的情绪会有波动，但不大，你也能沉着应付生活中出现的一般问题。但是在大事面前有时会急躁不安，会受环境支配。

得分在 0～12 分之间：表明你情绪不稳定，起伏大，容易激动，容易产生烦恼；不容易应付生活中遇到的各种困难和挫折；情绪容易随环境变化而变化；遇到不良刺激，常急躁不安；有时甚至还会有身心疲乏、失眠等症状。

(二)焦虑自评量表

指导语：以下列出了有些人可能会有的问题，请仔细地阅读每一条，然后根据最近一星期以内你的实际感觉，在每个问题后标明该题的程度得分。其中“从无或偶尔有”选 1，“很少有”选 2，“经常有”选 3，“总是如此”选 4。

1. 我觉得比平常容易紧张或着急。　　1—2—3—4

2. 我无缘无故地感到害怕。 1—2—3—4
3. 我容易心里烦乱或者觉得惊恐。 1—2—3—4
4. 我觉得自己可能将要发疯。 1—2—3—4
☆5. 我觉得一切都很好，不会发生什么不幸。 1—2—3—4
6. 我的手脚发抖。 1—2—3—4
7. 我因为头痛、颈痛和背痛而苦恼。 1—2—3—4
8. 我感觉容易衰弱或疲乏。 1—2—3—4
☆9. 我觉得心平气和，并且容易安静地坐着。 1—2—3—4
10. 我觉得心跳得很快 1—2—3—4
11. 我因为一阵阵头晕而苦恼。 1—2—3—4
12. 我有晕倒或者觉得要晕倒的感觉。 1—2—3—4
☆13. 我呼气吸气都感到很容易。 1—2—3—4
14. 我的手脚麻木和刺痛。 1—2—3—4
15. 我因为胃痛和消化不良而苦恼。 1—2—3—4
16. 我常常要小便。 1—2—3—4
☆17. 我的手脚常常是干燥温暖的。 1—2—3—4
18. 我脸红发热。 1—2—3—4
☆19. 我容易入睡并且一夜睡得很好。 1—2—3—4
20. 我做噩梦。 1—2—3—4

计分方法与结果解释：

未标☆的为正向题目，标有☆号的为反向题目。若为正向题目，1—2—3—4依次评为1分、2分、3分、4分，若为反向题目，1—2—3—4依次评为4分、3分、2分、1分；将总分算出来×1.25，取整数部分为所得分数。分数为50～59分的为轻度焦虑，60～69分的为中度焦虑，70分以上为重度焦虑。50分为标准分。

反思成长

1. 学习完本模块内容，你如何评价自己的情绪健康程度和情绪管理能力？

____

2. 你有情绪问题吗？请结合自己的实际情况，分析自己存在的情绪问题隐患，并提出改进的方法。

____

3. 通过本模块的学习，你懂得了通过什么方式去增进自己的生命的绽放？你会如何给予自己心理营养？

____

资源导航

推荐书籍：

1．成蒂．我们之间：萨提尔模式婚姻伴侣治疗．台北：心灵工坊文化事业股份有限公司．2019.

2．[美]维吉尼亚·萨提亚．新家庭如何塑造人．易春丽等，译．北京：世界图书出版公司．2006.

3．[马]林文采，伍娜．心理营养——林文采博士的亲子教育课．上海：上海社会科学院出版社．2016.

• 模块七

• 大学生人际心理

名人名言

一个人永远不要靠自己一个人花100%的力量，而要靠100个人花每个人1%的力量。

——比尔·盖茨

导读

人是社会性动物，正如马克思所言：“人的本质并不是单个人所固有的抽象物，在其现实性上，它是一切社会关系的总和。”进入大学后，大学生们面临着新的环境、新的群体，重新整合各种关系，处理好与交往对象的关系便成为他们新的生活内容。良好的人际关系不仅是大学生心理健康水平、社会适应能力的重要指标，也是今后事业发展与人生幸福的基石。因此，大学是人际关系走向社会化的一个重要转折时期，如何处理好人际关系，成为大学生的必修课。本章结合大学生人际交往实际，从典型案例出发，介绍人际关系的基本理论知识，分析大学生人际关系的特点、存在的困扰以及调适的方法，帮助大学生了解自身人际交往状况，指导和训练大学生的人际交往，从而达到建立良好和谐的人际关系的目的。

学习目标

序号	目标维度	具体内容
1	知识目标	(1)了解人际关系的构成、作用和影响因素； (2)懂得人际交往的特点； (3)掌握人际交往的原则和艺术。
2	能力目标	(1)能够有效地处理人际交往中的各种矛盾和冲突； (2)学会运用人际交往的原则和方法，建立良好的人际关系。
3	情感和态度价值观目标	(1)正确认识良好人际关系的重要意义； (2)乐意与人交往； (3)懂得怎样与人建立和谐的人际关系。

典型案例

我也想成为一个受人欢迎的人

我家住在一个小镇，父母只有我一个孩子，从小学到高中一直都上子弟学校，学习也比较好。可是，由于在高考时发挥失误，没有考上理想的大学，很不情愿地来到高职学院。进了大学，住进六个人一间的宿舍，我一直不开心。按说几个年轻人住在一起，应当很热闹，可是我融不进去，仿佛热闹是别人的，与我无关。来上学前，父母就一再提醒我要处理好同学关系，我也深知人际关系的重要性，可是我不知应从何做起。刚入校的时候，我想一定要给同学留个好印象，所以凡事都抢着做，比如打扫卫生、打开水什么的。刚开始，大家还说声谢谢，后来就习以为常，仿佛本来就是我应该做的。我很寂寞，觉得没有人喜欢我，可能是我太普通、太平凡之故吧。我个子不高，只有1米68，男孩子长这么高，应当说是矮了些；长相也太普通，有句话说，这个人长相的最大特点就是没有特点，我觉得就是说我。我的家境很普通，工人家庭出身，没钱请大家吃饭什么的。我很羡慕那些在人际交往中如鱼得水的人，我要怎样做才能让大家喜欢我呢？有什么与人交往的技巧吗？

(来源：根据真实心理咨询案例整理而成。)

思考题：

1. 人与人之间的交往，有什么窍门吗？
2. 大学生如何才能使自己成为受人欢迎的人呢？

7.1 认识人际关系与人际交往

每一个人的成长、发展、成功、幸福都与人际关系密切相关。人际关系是人们在社会生活和社会交往过程中发生、发展和建立起来的人与人之间的一种关系。人际交往是人际关系的前提与条件，人际交往对建立、巩固和发展人际关系十分重要。大学生建立良好人际关系首先需要了解人际关系的构成成分、人际关系的具体作用以及影响人际关系的主客观因素。

一、人际关系的含义及结构

(一)人际交往的含义

人际交往是指人与人之间的一种心理和行为的沟通过程，是指人们运用语言或非语言符号交换意见、传达思想、表达感情和需要的交流过程。

(二)人际关系的含义

人际关系是指人与人在交往中建立的直接的心理上的联系。人际关系是社会关系的一个侧面，它是以情感为纽带，以人们的需要为基础，以交往为手段，以自我暴露为标志的一种心理关系。人际关系的好坏反映着人们心理距离的远近。

(三)人际关系的结构

人际关系的结构是指构成人际关系的心理成分及其相互关系。人际关系是多种心理因素的复合体，其基本成分包括认知、情感和行为，分别表现为人际认知、人际吸引和对人行为。

1. 人际认知是个人对人际关系的认识和理解，人们往往通过对他人、他人与自己的关系，以及他人对自己的反应来知觉人际关系。人际关系从人与人的相互认识和了解开始，因此，人际认知是人际关系建立、发展和改变的前提和基础。

2. 人际吸引是指个体与他人之间情感上相互亲密的状态，如喜爱与厌恶、尊重和鄙视等。人际吸引是人际关系中最重要的部分，人们正是根据自身情感体验不断调整人际关系。情感体验的性质是直接导致人际关系状况的决定性因素，因此人际吸引是人际关系的核心要素。

3. 对人行为是指与人际关系相联系的主体的活动，包括行为举止、语言、表情、手势等。这些行为既是建立人际关系的条件，也是反映人际关系状况的重要依据。对人行为的两个极端方式就是援助和攻击。

人际认知、人际吸引、对人行为这三个要素是相互作用、不可分割的一个整体。人际吸引是在人际认知的基础上产生的，人际认知能唤起人际吸引的发生，也能控制和改变人际吸引的发展，人际吸引又会影响和改变人际认知，而人际认知和人际吸引因素都要通过对人行为表现出来。

二、人际关系的功能

心理学研究表明：在正常情况下，一个人除了睡眠时间外，其余的时间中有70%用于人际交往。戴尔·卡耐基(Dale Carnegie)曾说：一个人事业的成功，只有15%是由于他的专业技术，另外85%是靠人际关系和处世的技巧。可见，每一个人的成长、发展、成功、幸福等都与人际关系密切相关。

(一)社会适应的功能

人是社会的动物，每个人都愿意生活在人群中。正如马克思所言："人的本质并不是单个人所固有的抽象物，在其现实性上，它是一切社会关系的总和。"个体只有通过交往，与其他人发生联系，才有可能学习社会知识、技能与文化，才能取得社会生活的资格。离开社会的交往环境，离开与他人的合作，个体是无法成为一个合格的社会人的。一般而言，人际交往范围越广泛，获得的社会规范越多，适应社会能力就越强。不善交往的人可能会难以完成或延缓社会化的过程。

(二)获取信息的功能

随着社会的发展，信息越来越重要，信息也越来越丰富。通过人际交往可以帮助人们更广泛、更直接、更快捷地获取信息，增长各种知识经验。而且人与人之间的信息交流，还有助于产生新的认识。英国作家萧伯纳(George Bernard Shaw)曾这样描述：假如你有一个苹果，我有一个苹果，彼此交换后，我们每个人都只有一个苹果；但是，如果你有一种思想，我有一种思想，那么彼此交换后，我们每个人都有两种思想；甚至两种思想发生碰撞后，还可以产生出新思想。

(三)心理保健的功能

一个人心理是否健康与人际关系状况密切相关，良好的人际关系是心理健康的重要标准。健康的个性总是与健康、良好的人际交往相伴随，而绝大多数的心理危机都与缺乏正常的人际交往和良好的人际关系有关。与别人的关系越融洽，人际交往就越积极，心理健康水平就越高；相反，人际关系紧张的人，倾向于封闭自己，心理健康水平就欠佳。

(四)认识自我的功能

他人是一面镜子，是一把尺子，通过与他人交往和相处，与他人比较，并通过他人的评价，可以看到自己的价值、优点和缺点，正如古人言："以人为镜，可以明得失"。因此，人际交往是促进自我认识的重要途径。

(五)团结协作的功能

一个人，即便是天才，也不能样样精通。社会越发展，分工越细化，单凭一个人的努力根本无法获得事业上的成就，只有借助众人之力，发挥各自的智力、能力和才干，形成互补，才有可能抓牢机会，成就自己的事业。俗话说"一个好汉三个帮""三个臭皮匠顶一个诸葛亮"，就是良好人际关系团结协作功能的体现。

三、人际关系的影响因素

人际关系的建立和维护受到许多因素的影响，有些是个体自身难以选择和避免的，称之为客观因素；还有些是个体的主观原因所致，称之为主观因素。

(一)客观因素

1. 个体因素

(1)时空距离

在人际交往中，时间和空间的接近性是形成密切人际关系的一个重要条件。俗话说“近水楼台先得月”“远亲不如近邻，近邻不如对门儿”就是这个道理。时空上越接近的人，就越容易有机会接触，交往的频率就越高，越有助于双方发现共同的经验、共同的话题、共同的体会，从而建立起密切的人际关系。在学校里，我们常常可以发现，因为同一时间入学、同在一个班级学习、同坐一张桌子、同住一个宿舍等，所以往往成为好朋友。当然，这种时空上的接近性有时也会使人际关系更加恶化。例如，两个本来就心存芥蒂的同学住在同一宿舍，很可能导致更多的冲突，使人际关系进一步恶化。

(2)态度或个性的相似程度

态度或个性越相似，个体之间就越容易发展为良好的人际关系。“物以类聚，人以群分”，就是指人们倾向于喜欢那些与自己在思想、信念、态度、兴趣爱好、价值观、背景以及性格方面相似的人。相似性之所以能导致人际吸引，一方面是因为各种相似的因素使人具有较多的共同参与社会活动的机会，接触机会多，容易熟悉和互相喜欢；另一方面相似性可使交往的双方有共同语言，容易产生心理共鸣，彼此得到更多的肯定、支持和激励；此外，相似性可以使交往双方的意见容易沟通，减少误会、曲解和冲突。相反，如果交往双方在态度或个性上差异较大，彼此就可能没有共同语言，容易造成相互否定，增加心理压力，使得交往出现不愉快，在心理上不愿意与对方继续交往，相处比较困难，难以形成良好的人际关系。

(3)心理需要的互补程度

需要和满足需要的期望是推动人们互相交往的根本原因。当交往的双方的需要或个性能够互补时，就可能形成强烈的吸引力，双方的喜爱程度就会增加，人际关系变得密切。因为人们都有追求个人完美的倾向，当这种追求自己无法实现时，便会设法从别人身上获得补偿，以达到个人需要的满足。这种互补关系除了个性特征之外，还有能力特长互补、思想观念互补等。学生因为心理互补需要而成为好朋友的比较常见，如一名学生的数学成绩优异但希望提高自己的英语成绩，而另一名学生的英语成绩拔尖又希望改进自己的数学成绩时，二者相互取长补短，很容易建立起密切的联系。

(4)外在形象的吸引力

外在形象是指一个人的相貌、身材、穿着、仪态、举止等。尽管大家都懂得“人不可貌相”的道理，但是“爱美之心，人皆有之”。事实上，在人际交往中，外在形象还是会在无意之中影响着人与人关系的建立和发展。人们不但会对别人的外表进行评价，而且会根据外表来评价别人的内在品质。但外在形象的吸引力存在很多局限。一方面，不同的文化背景、不同的时代，甚至不同的个体对美的评判标准是不一样的。例如一个追求时尚的人可能会得到大多数年轻人的喜爱，但也可能受到年长者的排斥。另一方面，每个人的长相外貌更多是先天遗传的，个人一般是无法改变的。当然，人的交际能力是在后天生活实践中发展起来的，随着交往时间的延长，外在形象的作用将越来越小，人们更多会依据个人的特质来对其进行评价。

2. 家庭因素

家庭是孩子永远的学校，父母是孩子的第一任教师。家庭作为个体成长的摇篮，对其人际关系起着潜移默化的作用。其中，家庭教养方式、父母的人际交往状况及婚姻状况、家庭经济条件、城乡来源、是否独生子女等都会以直接或间接的形式影响到孩子的人际状况。在不良家庭教养中成长的学生比平等民主家庭成长的学生更易产生人际交往困惑。比如，溺爱型家庭容易导致孩子形成以自我为中心的交往倾向，自私自利、缺乏责任感；放任型家庭容易造成孩子我行我素、好胜斗强的交往倾向；严厉型家庭往往会导致孩子自卑、内向、情绪化的人际交往障碍倾向；如果父母本身是沉默和害羞的，缺乏社会交往技能，必然在无形中剥夺和限制儿童的社会交往机会，同时受到其影响和感染，孩子也会有沉默和害羞的倾向，甚至造成社交恐惧。家庭贫困的学生，容易在与人交往过程中产生自卑、自闭心理；独生子女比非独生子女的孤独心理、自我中心心理的表现更显著；来自农村的学生感觉自己人际关系很差的比例明显高于来自城市的学生所占的比例。

3. 学校因素

学校是大学生学习生活的重要场所，也是人际交往进行和人际关系建立的主要影响因素。大学生的人际关系虽然表现在大学时期，但其形成却是一个从中小学到大学的渐进过程。在中小学阶段，通常以提高学习成绩为首要任务，考试之外的课题无法进入教育的领域，学生无暇顾及与人交往、合作等个人社会化的问题，学生也没有更多的精力和兴趣去了解自己、关心他人、学习人际交往的技能。这些为学生日后人际关系的建立和发展埋下了隐患。进入大学后，大学生的生活方式、学习模式和交往模式与中学不同。在宿舍生活中，由于大学生的生活习惯、爱好、个性和生活作息时间各不相同，经常会产生一些矛盾冲突和摩擦。在学习上，大学复杂众多的课程和自由的学习方式，代替了中学时代“填鸭式”的教学，这要求学生在竞争与合作、团结与互助中主动地进行学习。在人际交往上，大学里的人际交往更为复杂多样。这些现实问题打破了他们先前对大学的美好幻想，会逐渐滋生孤独、紧张和怀旧等负面情绪。而高校对大学生人际交往的心理困惑和行为障碍重视不足、指导不够，虽然有大学生人际交往知识的传授，而对于交往策略、技能和能力培养没有充分开展，对有交往障碍的学生的指导仍需要加强。另外，许多高校在心理健康教育和心理辅导方面的工作开展的广度和深度都与大学生心理发展的需要存在一定的差距。

4. 社会因素

在全球化的社会背景下，学会共处、加强沟通与交流已成影响大学生的一个重要观念。而在目前的市场经济条件下，经济交往在人际交往中所占的比重越来越大，在这种经济因素的广泛渗透下，人际关系中少了往日的直率、忠诚和互助，增加了功利、虚伪和利己的成分。西方社会思潮在我国的传播和渗透对大学产生了重大的影响。有调查表明，“做自己喜欢做的事，不在乎别人的评论”成为当代青年普遍性的价值选择，追求个性已成为现代大学生的突出特征。另外，随着互联网的发展，网络人际交往对大学生群体产生了较大吸引力。在互联网上可以通过电子邮件、QQ、网络寻呼、微信、微博等方式进行聊天、交友等网络人际交往活动。网络人际交往是把双刃剑：一方面，它使得大学生的人际交往更加便利、自由、扩展；另一方面，它也减少了人与人之间面对面的情感交流和行为互动的机会。一旦沉溺于网络，会造成现实交往的动机、交往能力的下降，也可能因为网络中的欺骗行为产生信任危机，最终导致退缩孤僻、自我封闭。

(二)主观因素

1. 认知因素

人际交往的成功与失败，与人们的社会认知正确与否关系密切。由于认知因素的影响，人际交往一般会呈现以下几种心理效应，对人际关系产生重要影响。

(1)首因效应

首因效应又称第一印象，是指初次交往对人产生的印象往往最为鲜明和深刻，并对以后的交往产生较大的影响。人们初次相遇，总是先观察对方的衣着、相貌、举止及其他动作反应，然后根据观察到的印象对对方做出一个初步的评价。虽然第一印象是在很短的时间内根据有限的、表面的观察资料得出来的，但由于它的新异性和鲜明的情绪色彩，却能在人的脑海中留下深刻的烙印而不易消除。这种印象往往会左右人们以后对他的认识和评价，而且很难改变。首因效应是一种直观的感觉，所形成的第一印象往往不太可靠。但首因效应是一种客观存在的心理现象，它决定了交往是否延续，并影响今后的交往质量和结果。因此，我们必须要重视人际交往中的首因效应，一方面要正确对待第一印象，避免认知上的偏差，另一方面又要力求在人际交往中给他人留下良好的第一印象。

(2)近因效应

近因效应是指最近的信息对人的认知具有强烈的影响，最后留下的印象比较深刻。人们在与陌生人交往时，首因效应起到的作用较大，而与熟人交往时，近因效应的作用则较为明显。近因效应在人际交往中普遍存在，我们应该注意克服近因效应带来的认知偏差，要学会用动态的、发展的、历史的、全面的眼光看待他人，与他人建立良好的人际关系。

(3)晕轮效应

晕轮效应又称光环效应，是指人们仅仅依据某人身上一种或几种特征来概括他在其他方面一些未曾被了解的人格特征的心理倾向。例如，一个人对某人产生了良好印象后，便以偏概全，认为这个人一切都好，好像被一个积极的光环笼罩着，从而把其他好的品质赋予他，反之亦然。人们常说的“情人眼里出西施”“爱屋及乌”“一俊遮百丑”就是晕轮效应的最好说明。晕轮效应所产生的认知偏见是一种明显的从已知推及未知、由片面看全面的认知现象，往往会歪曲一个人的形象，导致不正确的评价。因此，在人际交往中要告诫自己不要以偏概全，凭主观印象行事。另外，在交往中也可利用晕轮效应，给对方留下良好的印象，这有利于良好人际关系的建立。

(4)投射效应

投射效应是指在人际交往中，认知者以己度人，把自己的情感、意志和特征投射到他人身上，认为他人也应如此。例如，有的人喜欢在背后议论别人，却总以为别人时常在背后议论他。人们常说的“以小人之心度君子之腹”就是典型的投射效应。投射效应的实质就在于从主观出发简单地去认知他人，导致认知的主观性、任意性，结果往往对他人做出错误评价，歪曲他人愿望，造成人际交往障碍。事实上，世界上没有完全相同的人，自己与他人的差异客观存在着。因此，在人际认知中应力求从客观实际出发，深入考查，摈弃主观臆断、妄想猜测，尽量减少人际交往中的误会和矛盾。

(5)刻板效应

刻板效应是指在人际交往中，人们往往习惯于机械地将交往对象归于某一类群体中，并把对该类群体所形成的概括而固定的看法强加于他。例如，一般人都认为南方人瘦小、精明圆滑、会算计、不易深入交往，北方人长得高大健壮、直爽、坦诚、易于交往，生意人狡猾、奸诈，知识分子温文尔雅，老人年保守等。虽然未必有事实依据，但是很多人都会坚持这些看法，这就是刻板效应。刻板效应容易使人忽略个体间的差异性，往往先入为主、以偏概全，影响正常的人际交往。因此，在交往中，要正确认识一个人，既要考虑其所在群体的特征，也要考虑个体的具体情况，不能一刀切。

2. 个性因素

个性又叫人格，是指一个人独特的、稳定的和本质的心理倾向和心理特征的总和。简单地说，个性就是一个人的整体精神面貌。个性中哪些因素在人际关系中的影响最重要呢？1968 年，美国心理学家安德森(N. H. Anderson)绘制了一张表，列出了 550 个描写人的形容词。他让大学生们指出他们最喜欢的品质和最不喜欢的品质，调查结果如下表 7-1。

表 7-1 影响人际关系的主要个性品质

最积极的品质	中间品质	最消极品质
真诚	固执	古怪
诚实	刻板	不友好
理解	大胆	敌意

续表

最积极的品质	中间品质	最消极品质
忠诚	谨慎	饶舌
真实	易激动	自私
可信	文静	粗鲁
智慧	冲动	自负
可信赖	好斗	贪婪
有思想	腼腆	不真诚
体贴	易动情	不善良
热情	羞怯	不可信
善良	天真	恶毒
友好	不明朗	虚假
快乐	好动	令人讨厌
不自私	空想	不老实
幽默	追求物欲	冷酷
负责	反叛	邪恶
开朗	孤独	装假
信任	依赖别人	说谎

(1)真诚对人际关系的影响最大。从心理学调查来看，排在序列最前面，受喜爱程度最高的 6 种个性品质中，包括真诚、诚实、理解、忠诚、真实、可信等或多或少、间接或直接与真诚有关。而排在序列最后的受喜欢程度低的几个品质，包括说谎、装假、不诚实、不真实等都与真诚有关。事实上，即使是才华出众、气质迷人的人，如果缺乏真诚的话，也难以与别人建立起密切的人际关系。不真诚的人可能会暂时获得利益，但从长远来看却是绝对不可取的。

(2)宽容也是影响人际吸引的重要因素。宽容是指在承认人与人之间差异的基础上，尊重他人的存在方式。它是人际交往中接纳对方、表示友爱的重要条件。一个苛求他人、对别人的缺点和错误耿耿于怀、斤斤计较的人，在人际交往中是难以被别人接受的。

(3)热情是良好人际关系的催化剂。热情是指与别人沟通积极、主动、活跃。热情是向别人表示喜欢对方，并乐于与之交往的象征，如果在人际交往中对别人的反应冷淡的话，会减弱对方与其继续交往的动机，不利于人际关系的发展。

(4)性格是影响人际关系最直接的因素。性格是个人对现实的稳定的态度，以及与这种态度相应的、习惯化了的行为方式中表现出来的人格特征。性格不同于气质，更多体现了人格的社会属性，个性差异的核心是性格的差异。按照通常的理解，性格类型可以分为外向型和内向型。外向型性格的人因为活泼开朗、热情洋溢、善于言谈、不爱计较等原因，所以与人交往顺利、愉快。而内向型性格的人因为安守本分、不善言谈、不够主动等原因，所以与人认识比较缓慢、有时不顺畅。

3. 能力因素

人际交往是一门学问，需要许多的技能和技巧。人际交往能力成为影响人际关系的重要因素。有的同学想关心和帮助他人，但不懂得怎么表示；有的同学语言表达能力较差，常常词不达意，别人无法准确理解，以致常常引起误会；有的同学交友愿望强烈，然而总觉得找不到交往的机会；有的同学在陌生人面前无话可说，甚至熟悉的人之间还常常觉得找不到话题；有的同学不能根据交往对象的身份、特点和交往场合等具体情况与人交往，在交往中常常言行不妥；有的同学说话语调使用不当，没有学会用商量的语调，而习惯于使用命令式语调，因而引起对方反感和不满；有的同学想帮助别人调解矛盾，但却好心办了坏事；还有的同学有很深的偏见或歧视，不能正确地看待和认识他人，妄自尊大或沾沾自喜。这些都属于人际交往的能力因素，因此，要提高人际关系水平，需要学习人际交往的基本技能和技巧。

知识窗

生活的美好在于与人相处

2003 年 7 月 29 日，40 岁的意大利洞穴专家里奇·蒙塔尔曾只身到意大利中部内洛山的一个地下溶洞里，亲身经历一个长达一年的命名为“先锋地下实验室”的实验。“先锋地下实验室”设在溶洞内一个 68 平方米的帐篷内，里面除配备有科学实验用的仪器外，还设有起居室、卫生间、工作间和一个小小的植物园。在洞外山顶上的控制室里，研究员通过闭路电视系统观察蒙塔尔一个人在长期孤独生活的情况下生理方面会产生哪些变化。在 2000 多米深的溶洞里，死一般的寂静，刚开始二十多天左右，由于寂寞与孤独，蒙塔尔曾经感到害怕，怀疑能否坚持到底，但是后来他还是顶住了。他给果树和蔬菜浇水，看书，写作或看录像片。一年中，他看了 100 部录像片；实验室内还备有一辆健身自行车，他共骑了 1600 多公里。度过了一年多暗无天日的地下生活后，蒙塔尔于 2004 年 8 月 1 日重见天日。这时，他的体重下降了 21 公斤，脸色苍白瘦削，人也显得憔悴，免疫系统功能降到最低点；如果两人同时向他提问，他的大脑就会乱；他变得情绪低落，不善与人交谈。虽然他渴望与人相处，希望热闹，但他的确已丧失了交际的能力。蒙塔尔说：“在洞穴里度过了一年，才知道人只有与人在一起时，才能享受到作为一个人的全部快乐。过去，我是一个喜欢安静的人，常常倾向于独处。现在，让我在安静与热闹之间选择，那我宁可选择热闹，而不要孤寂。我之所以在洞穴中坚持了一年，只是为了搞科学实验。我丧失了许多与人交往的能力，这需要在今后的生活中重新纠正。但我不后悔，因为这场实验使我明白了一个人生的奥秘：生活的美好在于与人相处。”

（魏名：《生活的美好在于与人相处》，载《高中生之友》，2017 年 11 期。）

7.2 大学生人际关系的特点

大学生正处于各方面全面发展的重要时期，人际交往具有鲜明的年龄特点和时代特征。大学生的交往途径和方式灵活多样，形成了独特的交往类型。但是大学生踏入大学，面对各种各样的人际关系，如现实生活中的师生之间、同学之间、同乡之间、个人与集体之间以及网络交往中的关系时，也存在着一些交往的问题和困惑，需要通过自身的调整和他人的帮助进行改进。

一、大学生人际交往的基本特点

移动互联网时代，人们的交往方式不再停留在人与人面对面的交往中，也逐渐从电话与短信交往中转向了使用互联网交往。手机的普及使上网更加便捷，降低了互联网的使用门槛。大学生更多地选择以手机作为服务终端，手机成为了移动互联网时代最广泛和重要的网络载体之一。由此而带来的网络交往业已成为大学生人际交往的重要途径之一。

(一)大学生网络虚拟交往的特点

1. 交往方式具有间接性

相较于现实生活中面对面直接交流的局限性，在移动互联网的情境下，以网络作为转播中介，大学生可以在非面对面的状态下依靠社交应用软件表达自己的观点、看法或思想感情，从而完成沟通与交流，使得人际交往具有间接性，交流相对更加轻松、方便。

2. 交往时空具有自由性

手机移动终端的普及使得网络人际交往在时空上更加自由，不受时间、地点的限制，使得交往双方可以自主选择交往的对象、方式渠道、时间地点，甚至随意选择关系继续深入或者终止。这一模式具有极强的时效性，极大地提高了人际交往的效率，大大地减轻了大学生在日常生活中存在的一些交往顾虑。另外，在语言的选择上也可以更加多元化，这也是火星文、网络流行语和表情包非常火爆的原因之一。

3. 交往主体具有隐匿性和平等性

网络为人们构建出了一个具有无限可能的虚幻世界，从而产生无数的虚拟网络角色。在网络上，用户可以根据自己的想法扮演不同的角色和身份，交往双方的真实信息无法直接获得，更多的是通过对方给出的有限信息来进行主观判断。由于彼此难以真实接触，使得交往双方具备了隐匿性。同时，由于隐匿，能够让大学生和不同地位、不同年龄、不同性格的人集聚在一起，接触到来自不同地域，具有不同身份的形形色色的友人，他们之间仅仅为共同的兴趣理想在一起，而非现实生活中为了避免尴尬才强迫性地进行交往。这种特性使大学生摆脱现实生活的束缚，让其能够在手机网络平台上充分展示自己，道出与众不同的想法而无需担心来自他人异样的目光，充分感受到人际交往的平等。

(二)大学生网络虚拟交往带来的问题

1. 过多依赖网络造成人际交往简单化。当大学生在网络上进行人际交往时无需担心会对自己带来现实中的种种压力，网络上的交往显得更加简单轻松。心理学家拜克拉认为，大学生如果沉迷于互联网，减少现实生活中的人际接触机会，他们会变得与现实社会、真实的人际关系相隔离。有些学生性格内向、不善言辞，依靠移动互联网进行交谈时却侃侃而谈、思维敏捷。随着他们在网络交际上花费越来越多的时间，在现实中与人面对面交谈的时间将大幅度减少，朋友越来越少，生活就越来越封闭，人际交往能力势必会减弱。过分依赖网络的大学生甚至可能产生社交自卑心理。

2. 虚拟交流造成语言能力弱化。大学生在网络上进行虚拟交流时，语言较为随意，常常使用网络用语和表情等进行交流，使用语言文字不规范。在面对面与他人交流时常常会感到尴尬或者说错话，不知道该说些什么来缓解气氛。而网络上可以在不知道如何接话时发表情或者语气词来结束对话，掩饰自己的真实想法。由此可见，虚拟交流能够让大学生在网络平台上畅所欲言，使他们愿意在社交软件上释放本性、滔滔不绝；但虚拟交流也会使大学生逐渐在现实生活中变得寡言少语，造成大学生现实生活中交流时语言能力弱化。若大学生在现实社会中的人际交往受阻，他们会更愿意面向网络上的虚拟社会寻求安慰与认同，从而逐渐淡化现实的人际交往，更加沉溺于手机网络上的交往。长此以往会形成恶性循环，最终导致大学生人际关系困难。

3. 网络交往削弱现实交往中的信任感和道德感。埃里克森的社会性发展阶段理论表示，处于成年早期的大学生是一个需要发展亲密感、避免孤独感的群体，然而网络交往却无法实现这一要求。人际关系的建立与巩固需要双方互相信任，共同担起维护这段关系的责任。相对于法律和道德较为健全的现实社会，网络中存在各式各样的不良现象，网络上的信息真真假假、难以辨别。或许有些大学生自认为自己是站在正义一方的，但实际上却是助纣为虐。在虚拟交往中，由于交往主体的隐匿性，很难形成实质性的情感联系，从而限制了道德、规范在人际交往中的约束力。同时，网络交往也容易造成大学生以自我为中心、不重视他人感受的现象。

二、大学生人际关系的类型

人际交往中，人与人之间形成了不同层次的人际关系。不论哪种交往，按照交往成因可以分为以下几种类型。

(一)亲情型

亲情型是一种天然的人际关系，人们与父母、兄弟、姐妹、姑舅亲属等的关系均属此类。这些关系又因关系媒介而划分为不同层次，构成一个个纵横交错的亲情关系网。在与父母的关系上，许多大学生都存在着心理矛盾：一方面觉得自己不再受父母约束，可以独立了；另一方面无论物质上还是心理上又十分依赖父母。

（二）地域型

地域型是因人们共同的生活空间和地域相同或接近的缘故而形成的人际关系，如邻里关系、同乡关系等。地缘型人际关系常因双方有着共同的地域文化背景而加强了彼此的心理认同。在大学生中，最常见的一种形式就是同乡会。

（三）业缘型

业缘型是指人们以职业、学业为纽带而形成的人际关系，如工友、战友、学友等。大学生以专业为纽带形成的人际关系，包括师生关系、同学关系等。同班同学关系是大学生业缘人际关系中最主要的关系，由于朝夕相处，他们不仅有认识上的深刻了解、情感上的深厚联系，也有业务上的合作与竞争，因此，这种关系大多都保持终生。

（四）兴趣型

兴趣型指人们以兴趣为主而结成的人际关系，大学生以共同的兴趣为纽带所组成的各种社团、协会都属于此列。大学生对学业的追求、业余文体生活的爱好、对社会现象的看法等，都能导致相互之间的意气相投，使双方感到欣悦，进一步加深好感，相互欣赏对方，进而倾心、深入地交往，加深友谊。因此，兴趣型的人际关系在大学生中是相当常见的类型。

（五）情感型

情感型指男女双方为满足爱情的需要，通过与异性交往而建立的人际关系。在大学生的人际关系需求中，爱情需要占了重要位置。大学生活为异性交往提供了很多机会，恋爱成为大学生不可回避的一种人际交往。男女大学生一旦找到异性朋友，就会全身心投入，把一切精力与时间都花在上面，两个人“沉醉”在爱情的小天地里，无心也无暇再去顾及原来的同性朋友，将原有的地域、兴趣型人际关系都冷下来，从而在一定程度上限制了人际交往。

（六）网络型

网络型是指人们通过互联网而形成的社会人际关系。网络在排斥和改善传统交往的同时，着实为人们提供了广阔的人际交往平台。大学生是网络应用最充分的群体，必然成为“网络型”人际交往的主体。目前学生在中国的网络用户中占21%，是上网用户比例最大的一个群体，其中，高校学生占了90%。大学生可以通过E-mail（电子邮件）、ICQ（网络寻呼）、IRC（网上聊天室）、BBS（电子公告板）、网络虚拟社区等方式进行聊天、交友、游戏和娱乐。

三、大学生人际交往的心理困扰及调适

大学生在人际交往上，总的来说是主动交往、乐于交往、善于交往的。但是也有一些大学生在交往上存在问题，有的不敢交往，有的不愿交往，有的不善交往，有的不懂交往。具体来说，主要是由恐惧、害羞、自卑、自负、封闭、猜疑或嫉妒

等心理困扰造成的。

(一)社交恐惧心理

社交恐惧心理是指在某种特定的社交情境中对人或活动本身产生强烈的恐惧感或紧张不安感。大学生社交恐惧心理主要表现为害怕见生人、异性、老师、领导，特别是在人多的场合，产生紧张、焦虑、出汗、面红耳赤、心跳加快、语无伦次等情绪反应，从而造成尴尬的场面。克服社交恐惧心理要做到以下几点。

1. 及时有效宣泄，寻找支持。在交往恐惧产生时，马上找一个自己信任的对象进行倾诉，说出自己恐惧感觉，并与之交流。这样既可以使自己尽快宣泄恐惧情绪，又可以从他人处学到建议和经验，尤其是得到心理上的支持，避免孤立和无助感。

2. 分析恐惧原因，端正认识。恐惧心理的产生一般是由交往的失败经历造成的。要建立合理的信念，辩证地对待交往的挫折。要善于遗忘，过去的就让它过去，没有什么比把握现在更重要的了。要认识良好人际关系的重要意义，增强与人交往的自觉性。

3. 主动参加交往，学习经验。交往实践是提高交往能力的唯一有效的途径。只要经常参加交往活动，不断学习处理各种复杂问题，掌握摆脱窘境的方法和技巧，就可以克服恐惧心理。与人交往时，自己能做到什么地步就做到什么地步，只要尽力就好。没有必要要求自己事事得体、处处大方，不要对自己求全责备。不要急于求成，要循序渐进，给自己蓄积力量的时间。先从与自己熟悉的人交往中获取良好的交往经验，再适当推广至和一般朋友、陌生人的正常交往。

(二)社交自卑心理

自卑是指意识到自己不如别人而产生的一种消极情绪体验。社交自卑的大学生在人际交往中总是觉得“我不行”“我不如别人”。社交自卑心理的主要表现是：敏感、抑郁、悲观、孤僻；在社交场合表现拘谨、事事避让、处处退缩，不敢抛头露面，生怕当众出丑；害怕别人瞧不起自己，敏感、多疑、胆小。克服社交自卑心理感，主要方法有以下几个。

1. 正确认识自己，提高自我评价能力。要善于发现自己的长处、肯定自己的成绩，同时要正确看待别人。切不可把自己看得一无是处，把别人看得完美无缺。有的时候，为了提高自信心，适当地挑一挑比自己出色的人的毛病，也是必要的。

2. 不断改进自己，增强自身的魅力。一个人虽然不能改变自己的生理和自然条件，但却可以在实践中提高修养、丰富知识、增强能力。人不能总是因为那些自己不能改变的因素而忧虑、悲伤，应该去努力改变那些自己可以改变的。还要善于取长补短，寻找自己的优势，创造自己的特点。事实证明，在人际交往中，后天培养的内在魅力比外在美貌的作用更具持久性。

3. 积极自我暗示，增强信心。人的自卑心理来源于心理上的一种消极的自我暗示，即“我不行”，也就是自己看不起自己。自卑者常怀疑自己的知识和能力，常常以己之短比人之长，于是，相形见绌、自惭形秽。在社交中要进行积极的心理暗示：我很好，大家都很喜欢我。经常进行积极的心理暗示和自我鼓励，社交自信心就会大大增强。

4. 辩证看待挫折，合理归因。人际交往难免有挫折和失败，重要的是总结经验、吸取教训，切不要总是沉溺在失败的回忆中，唉声叹气、自怨自责。要认识到失败也是我们所需要的，挫折是人生成长的催熟剂，要科学客观地总结失败原因，振作精神，勇敢地投入新的社交活动。

(三)社交猜疑心理

社交猜疑心理是在一种由主观推测而产生的不信任的复杂情感体验。大学生在人际交往中难免会有猜疑，但如果猜疑心理过重，对什么都怀疑，则容易造成人与人之间的隔阂、矛盾和冲突，伤害了别人的感情，也孤立了自己，导致人际关系紧张。猜疑心理主要表现为对他人言行敏感，而且无客观依据地猜测，对人对事不放心，总以为别人对自己不利，看不起自己，议论自己，有时甚至把别人的好心曲解为恶意。消除猜疑心理可以从以下几个方面进行。

1. 学会正确认识他人。真正认识一个人不是容易的事，对他人的认识要力求做到全面、客观、公正，切忌只凭主观臆想轻率地做结论，也不能只凭一两次交往、共事就断定对方是什么样的人。只有切实了解一个人的真实情况以后，我们才可以下判断、得结论，避免胡乱猜测。

2. 及时沟通，消除疑虑。世界上不被误会的人是没有的，关键是要有消除误会的能力与方法。如果误会得不到尽快的解除，就会发展为猜疑。所以，出现了疑点，不要马上乱猜测、乱对号，而是要主动与你所怀疑的对象多接触、多交流，开诚布公地谈一谈，以便弄清真相，解除误会。生活中经常有这样的情况：你坚信某件事是某人所为，但经过谈心、交流或侧面了解发现，那件事根本与他无关。

3. 冷静思考，甄别信息。一事当前，乱猜疑者总想“急功近利”，想用省事的方法解决问题，事实上不但没获得事半功倍的结果，反而常常会给自己酿成后悔莫及的苦果。因此，当我们开始怀疑别人时，最好的办法是先“放一放”，冷静思考，寻找产生怀疑的原因。引进正、反两方面的信息来分析，对信息和信息源进行认真鉴别，冷静筛选，去伪存真，不可偏信。

4. 培养自信，学会自我解脱。每个人都应该看到自己的优势和长处，相信自己能处理好人际关系，会给别人留下好的印象。当我们充满自信时，就不会担心自己的行为，也不会怀疑别人是否会对自己不利。同时，就算真的遭到别人的非议和流言，要学会自我解脱。应当安慰自己，只要自己坦诚待人，问心无愧做事，可以不必为别人的闲言碎语所纠缠，不要在意别人的议论。

(四)社交嫉妒心理

社交嫉妒心理是指在人际交往中，因与他人比较，发现自己在才能、名誉、地位、境遇等方面不如他人而产生的由羞愧、抱怨、憎恨等情绪组成的复杂情感。大学生的社交嫉妒心理的主要表现有：对他人的成绩和长处不服气，甚至嫉恨；看到别人优秀了心里不甘心，总希望别人比自己落后；看到别人处于劣势则感到莫大安慰。嫉妒是一种消极的心理品质，容易使人产生痛苦、忧伤、攻击性言论和行为，导致人际冲突和交往障碍。社交嫉妒心理的调节方法有如下几种。

1. 认识危害，停止嫉妒。嫉妒心理是妨碍大学生人际交往的最卑劣的情感。法国作家司汤达曾说过："嫉妒是诸恶德里面最大的恶德。"嫉妒对自己不但没有任何积极意义，而且还会造成更深的伤害。巴尔扎克形象地说："嫉妒者比任何不幸的人更为痛苦。因为别人的幸福和他自己的不幸，都将使他痛苦万分。"所以，当发现自己产生嫉妒心理时，要马上想到嫉妒的危害，促使自己加以克服。与其这样，倒不如消除嫉妒心理，坦诚、轻松、愉快地与对方沟通，这样或许能获得意想不到的良好交往效果。

2. 正确评价自己和他人。每一个人都有自己的独特性，人与人之间既有可比性方面，也有不可比性方面。别人的成功并不等于自己的失败，别人的失败也不等于自己的成功。要客观分析自己的优势和劣势，为自己找一个恰当的位置，充实生活，化解嫉妒情绪。

3. 善于及时调整目标。嫉妒往往针对的是与自己能力水平相当的人，因此，当发现自己的目标和别人的目标一致，而别人在这方面已经超过自己很多时，可以改变目标，换一个方向去努力，也许会获得和别人一样理想的结果，从而消除自己的嫉妒心理。

4. 保持良好心态。人生就是一个大舞台，自得其所，各有归宿。要知道在任何一个群体中，总会有人比较优秀、走在前头，也总会有人相对落后一点。当发现别人确实在某一方面强于自己时，要有勇气承认，认真借鉴，努力赶超别人。实在赶不上，也不必强求。

(五)社交孤独心理

社交孤独就是人们常说的"不随和，不合群"，是指一种经常独处或受到孤立，很少与人接触而产生孤单、无助的心理体验。对于大学生来说，孤独是一种较为普遍的心理现象。大学生的自我意识逐渐成熟，需要暂时的独处，以便回味过去的言行，自我反省，确定未来的生活道路。同时，大学生也可以从暂时的孤独中寻找到快乐，享受这份心灵的宁静，塑造良好的人格，因而适当的独处是有益的。但如果长期沉迷于孤独，就会给人带来诸多负面的影响。社交孤独心理的调节方法有如下几种。

1. 开放自我，多与外界交流、沟通。独自生活并不意味着与世隔绝，虽然客观上与外界交流造成困难，但依然可以通过其他方式达到交流目的。例如，主动亲近别人，关心别人，对人真诚相待，与他人结成各种友好关系，从而形成良好的人际交往环境。

2. 克服自卑情绪，增强自信。由于因自卑而造成孤独状态，如同作茧自缚，自卑这层茧不冲破，就难以走出孤独。大学生应增强自信心，充分发挥自身才华和优势，缩小与同学之间的差距，感受成功的喜悦，从而克服孤独。

3. 充实自我，培养广泛的兴趣、爱好。应该为自己安排好丰富多彩且有意义的课余生活，享受大学生活带来的乐趣。与此同时，尽量增进两代人之间的相互理解，可以进一步改善与父母的关系等。

(六)社交自负心理

社交自负就是人只关心个人需要，强调自己的感受，在与人交往中表现为目中无人。与同伴相聚，不高兴时会不分场合地乱发脾气，高兴时则海阔天空、手舞足蹈地讲个痛快，全然不考虑别人的情绪和态度。这种自负心理的人一般表现为：自私自利，很少关心别人，与他人关系疏远；看不起别人，总认为自己比别人强很多；过度防卫，有明显的嫉妒心等。虽然在适当的范围内，自负可以激发青少年的斗志，坚定战胜困难的信念。但是脱离实际的自负不但不能帮助别人，反而会影响生活、学习、工作和人际交往，严重的还会影响心理健康。社交自负心理的调节方法有如下几种。

1. 客观认识自己。自负者要全面真实地认识自我，既要看到自己的优点和长处，又要看到自己的缺点和不足，不可“一叶障目，不见泰山”。对自己的评价不能孤立地进行，而是要将自己放在社会中去考察。每个人都有自己的独到之处，都有他人所不及的地方，同时又有不如人的地方，与人比较不能总拿自己的长处去比别人的不足，把别人看得一无是处。

2. 接受批评，根治自负。自负者的致命弱点是不愿意改变自己的态度或接受别人的观点，接受批评即是针对这一特点提出的方法。它并不是让自负者完全服从于他人，只是要求他们能够接受别人的正确观点，通过接受别人的批评，改变过去固执己见、唯我独尊的形象。

3. 与人平等相处。自负者总是高高在上，无论是观念上还是行动上都无理地要求别人服从自己。平等相处就要求自负者要牢记人际交往的平等原则，人与人之间不管地位、能力、形象等有多大的差别，但是在人格上是平等的。

小故事

“一个盐罐”的互动

有一家老式餐馆，餐厅很窄小，里面只有一张餐桌，所有的客人都坐在一起就餐，彼此陌生，都觉得不知所措，气氛十分尴尬。突然，一位先生拿起放在面前的盐罐，微笑着递给旁边的女士：“我觉得青豆有点淡，您或者右边的客人需要盐吗?”女士愣了一下，但马上露出了笑容，并向他轻声道谢。这位女士给自己的青豆加完盐后，便把把盐罐传给下一位客人。不知什么时候，桌上的胡椒罐和糖罐也加入了“公关”行列，餐厅里的气氛逐渐活跃起来，饭还没有吃完，全桌人已经像是朋友一样谈笑风生了。他们中间的冰被一只盐罐轻而易举地打破了。这个故事告诉我们，人与人之间的隔膜其实很脆弱，问题在于敢于率先打破它的人太少。只要每人都能迈出一小步，就会发现：一个微笑、一句问候，就会化解这层隔膜。人与人之间的交往需要一个“盐罐”的力量。

7.3 和谐人际关系的建立

怎样才能建立和谐的人际关系，这是大学生们普遍关心的问题。一方面大学生必须牢记建立良好人际关系的主动权在自己，也就是说人际关系好与坏的关键在自身。另一方面大学生需要明白建立良好人际关系的三大要素：首先要从自身做起，注重道德品质修养、培养能力兴趣、注意外表吸引力，以及克服嫉妒心理等心理障碍；其次正确认识交往对象，客观了解交往对象的年龄、性别、性格、兴趣爱好乃至人品等；最后在交往过程中要遵循交往的基本原则，掌握交往的基本方法。

一、加强自我修养，塑造良好形象

(一)把握交往主动权

良好人际关系的建立，是自身积极努力的结果，不是被动等待得到的，更不是别人“赠送”的。大学生要掌握人际交往的主动权，增强交往的自主性。一方面，要先从自身做起，加强各方面的修养，提高品德素质，培养成功交往的心理品质，克服心理障碍，塑造良好形象，保障自身的吸引力。另一方面，在实际交往中，无论出现哪方面的问题，首先要从自己身上寻找原因，自我反省，自我检查，做好自我调整。孟子曰：“爱人不亲，反其仁；治人不治，反其智；礼人不答，反其敬。行有不得者皆反求诸己。”在与人交往过程中，要以人为镜，经常自我反省。当你关爱别人而人家却不亲近你的时候，你就反省自己是不是仁爱还不够；当你管理民众而却没有管好的时候，就要反省是不是自己的才智还不够；当你以礼待人而对方却不报答的时候，你就要反省是不是自己恭敬还不够。

(二)加强品德修养

人际交往实践证明，随着交往的深入，人的品德修养的影响越来越突出。具有良好的人际关系的人一般都具有良好的人品，比如为人正直、真诚、善良、热情大方、诚实可信等。心理学研究表明，具有良好品德的人，在交往中能给人以积极强化，能够带给人“温暖”，容易成为受欢迎的人。因此，大学生要努力学习文化知识和道德规范，积极参加社会实践，不断提高自己的品德修养，促进和谐人际关系的建立。

(三)注重个性特点

个性是人在各种心理过程中经常地、稳定地表现出来的心理特点，包括性格、气质、能力、兴趣、爱好等。一个人的个性特点在人际交往中起到十分重要的作用。比如，性格外向的人比内向的人更容易成为别人主动接近的对象；多血质和黏液质的人，人际关系要好于胆汁质和抑郁质的人；能力强的人比能力弱的人更容易吸引别人注意；兴趣爱好广泛的人更容易交到朋友。因此，大学生要注重完善自己的个性，提高自身的人际魅力。

(四)注意仪表吸引力

仪表包括人的长相、体态和风度等。良好的仪表能使人感到轻松愉快，并在心理上构成一种精神的酬赏，它们对人际交往有较大的影响。亚里士多德说过："美丽比一封介绍信更具有推荐力。"所以，大学生也要加强外在形象塑造，增强人际吸引力。既要时刻注意修饰自己的仪表，做到穿着整洁大方，讲究卫生；又要培养自己优雅的风度，做到谈吐儒雅，举止得体，言行有礼有节。

二、遵循交往原则，保障交往顺利

(一)平等原则

平等是建立良好人际关系的前提和基础。交往中的双方，无论年龄大小、文化程度高低、经济贫富、家庭出身如何，每个人都有自己独立的人格、做人的尊严和法律上的权利和义务，人与人之间的关系是平等的。每个人都希望交往双方在心理上互相平等，彼此坦诚相见。只有平等，才能深入交往。因此，不管何时何地，任何大学生都要自觉做到平等待人，绝不能自视特殊，盛气凌人，发号施令。否则，很快就会遭到其他同学的孤立，使自己成为孤家寡人。

(二)真诚原则

真诚是做人之本，是人际交往中最有价值、最重要的原则，是人际交往得以延续和深化的保证。古人说："以诚感人者，人亦诚而应。"只有彼此以心换心，才能互相理解、信任和接纳。所谓"精诚所至，金石为开"，就是用真诚去打开人际交往的心灵之门，在感情上共鸣，彼此之间的关系才能更加深入和持久。因此，在交往中，要遵循真诚的原则，坚持言行一致，表里如一。

(三)相容原则

相容是指人际交往中的心理相容，即指人与人之间的融洽关系，与人相处时的容纳、包涵、宽容及忍让。"人非圣贤，孰能无过"。这个世界上不存在一无是处的人，就像不存在完美无缺的人一样。在交往中，难免会遇到一些让你不愉快的人和事，产生一些误解和矛盾，要学会宽容、克制和忍耐。宽容、克制并不是软弱、怯懦的表现，相反，它是成熟的标志之一，是建立良好人际关系的润滑剂。大学生要做到心理相容，应注意增加交往频率，寻找共同点；要允许不同观点、见解和行为的存在；要以宽容的心态对待别人的错误和缺点，不斤斤计较，不盲目对抗，姿态要高，气量要大；要体谅他人，遇事多为别人着想，以免因小失大，伤害相互之间的感情。

(四)互利原则

互利是指在人际交往之中，双方都互相满足各自的需要，同时获得一定的利益和好处，达到双赢。古语说："来而不往非礼也。"一个人要想得到他人的关心、尊重和爱护，就必须考虑到对方也有同样的心理需求，自己首先要懂得付出，才能获得一定的回报。如果交往的一方只知道索取不给予，关系必然会中断。实践证明：互利性越高，交往关系越稳定、密切；相反，关系越疏远。因此，大学生要遵循先付出、再收获的原则，要克服"自我中心"的心理，树立"我为人人，人人为我"的意识，积极主动地付出、给予和奉献，热情地关心他人，尽力帮助他人，这样才能形成优势互通、信息共享、团结合作、共同发展的交往空间。

（五）信用原则

信用即指一个人诚实、遵守诺言，从而取得他人的信任。人离不开交往，交往离不开信用。孔子说："人而不信，不知其可也。"大学生在人际交往中，一方面，要热情友好，以诚相待，不卑不亢；端庄而不过于矜持，谦逊而不矫饰做作，充分显示自己的自信心，取得别人的信赖。另一方面，要做到说话算数，不轻许诺言，但有诺必行。轻易许诺却失信于人，会给人一种极强的不信任感，感觉你缺乏交往诚意，这是人际交往的大忌。许诺是非常郑重的行为，对不应办或办不到的事情，不能轻易许诺，不要碍于面子答应，之后又无法兑现承诺，影响双方的感情和相互的关系。

（六）理解原则

理解是指交往双方能设身处地交流、关心和谅解。在交往中，每个人对事物通常都有自己独特的见解，这就需要以宽容、公平、冷静的心态站在他人的立场上思考，理解、尊重他人的意见，以达到友好相处。只有互相理解，才能心心相通，才有同情、关心和友爱。互相理解是人际沟通、促进交往的重要条件。因此，大学生在人际交往中，一要注意了解相互的情况。在此基础上关心和帮助他人，想人之所想，急人之所急，给予慰藉和力量。二要注意"换位思考"。对他人的处境既能感同身受，又能客观地站在对方的立场上理解他人。

（七）自我暴露原则

自我暴露是指向别人说心里话，坦率地表白自己、陈述自己、推销自己。即一个人自发地、有意识地向另一个人暴露自己真实且重要的信息，笼统地说就是指个体把有关自己个人的信息告诉给他人，与他人共享自己的感受和信念。许多心理学家认为，具有使真实的自我至少让一个重要他人知道和了解这种能力的人在心理上是健康的，是自我实现的个性所必需的，更是建立亲密关系的前提条件。但是，太少的自我暴露和太多的自我暴露也会引起人际环境适应方面的一系列问题。一个从不自我暴露的人不可能与其他人建立密切的和有意义的人际关系。同样，习惯于喋喋不休地向他人谈论自己的私密，也会被他人看做是适应不良的自我中心主义者。理想的模式是对少数亲密的朋友做较多的自我暴露，而对其他人做中等程度的暴露，也就是说与人交往时要注意把握自我暴露的程度和时机。

（八）因人制宜原则

因人制宜原则是指交往中一定要充分尊重人们的个性特点，即了解每一个交往对象的需要、兴趣、能力、气质和性格等方面的特点，采取相应的态度和恰如其分的方法与之交往。也就是说与人交往要识人解人，交谈的话题因人选题，交往的方式因人而异。首先，人有男女老幼之分，我们必须把握每个人的性别和年龄特点选择话题，选择语言。其次，要根据交往者的性格特点选择交际方式。比如对于性格外向者，可以直言不讳；而对于性格内向者，就要讲究点“艺术”，适当“拐弯抹角”。最后，交往时要充分考虑双方的知识、所处的社会环境的差异等，认真观察，学会思考，在此基础上，灵活应对，采用不同的交往手段。

三、讲究交往艺术，提高交往质量

(一)积极倾听

倾听是指在与人交谈时，集中注意，专心倾听对方的谈话，并不时地给予适当的反馈和提问。倾听是建立和维持良好人际关系的有效法宝，因为倾听表示尊重、理解和接纳。事实表明，越是善于倾听的人，人际关系就越融洽。要做一个专注的倾听者，应该做到以下“四心”。

1. 专心。听人说话时，应该聚精会神、表情专注。要注视对方，不要东张西望，注视点集中在鼻尖或额头，不要一直盯着对方的眼睛；要面带微笑，让对方感到轻松自如；不能心不在焉，不要有看书看报、呵欠连天、掏鼻孔、挖耳朵等不礼貌的举止。

2. 会心。听人谈话，不只是被动地接受，还应该主动地反馈，积极地回应。注意与对方目光的交流，用点头、微笑，或不时地用“哦”“后来呢”等表示你在注意倾听。

3. 耐心。每个人都希望其他人听完自己的讲话，所以，即使有些话题你相当熟悉，而对方谈兴正浓，出于礼貌，应该保持耐心，不要随意打断他人的讲话，或随便改变对方的话题。

4. 留心。在倾听的过程中，除了需要留意对方的有声语言外，还要对其无声的体态语言(包括表情、手势等)加以观察和解读，从中发现弦外之音，以更好地了解对方。

(二)真诚称赞他人

希望得到别人的注意和肯定，这是人们共有的心理需求。心理学家威廉·詹姆斯说过：“人类本质中最殷切的需要是渴望被肯定。”真心真意、适时适度地表达你对别人的称赞，往往会立即得到回报：得到称赞的人心情舒畅，不禁流露出友好和合作的态度，还会对称赞他的人产生好感，从而增进彼此的吸引力。但是称赞不是阿谀奉承，称赞别人时要把握好以下几点。

1. 态度要真诚，实事求是。切莫夸大其词，给人虚假造作之感，因为言不由衷的赞美只会让人生厌。

2. 内容要明确，真实具体。称赞他人的内容要具体化，不能笼统空泛，这样才能使人产生深刻印象。比如，你想称赞一个同学，笼统地说“你这个人真不错”，不如说“你这个人能够孝顺父母，乐意帮助别人，真不错”。

3. 角度要选准，恰如其分。不要总是称赞别人都看得到的优点，而是要善于发现并称赞别人没有发现的优点。比如，与其称赞一个相貌不错的女同学“美如西施”，不如赞扬她“性情温柔”“心地善良”。

（三）恰当运用非语言

非语言是指身体语言，包括面部表情、手势、体态等。在人际交往中，一个眼神、一种表情、一个姿势等都会发挥奇妙的作用。运用非语言交际时要注意下面几点。

1. 合理运用面部表情。和蔼可亲的面部表情能使对方乐于和敢于与你接近。比如，微笑是一种特殊的语言，可以充分表达尊重、亲切、友善、快乐的情绪，促进双方和睦交往。“眼睛是心灵的窗户”，要充分运用眼神表达自己真实的内心世界。

2. 学会使用姿态语言。人们在表达思想感情时，55%的成分需要借助身体各部位做出的姿态和动作。朴素大方的行为能正确表达自己的良好愿望，粗俗不雅的动作则使人生厌。比如，在人际交往中，表现出热情和兴趣，往往身体略微前倾，并伴有微笑和注视；而身体后仰则给人傲慢的感觉。

3. 正确把握空间距离。交往双方空间距离的远近往往能表明双方的感情程度或心理距离的远近。古人云：“亲则近，疏则远”。距离近表示亲热，距离稍远表示文雅、自尊，距离过近使人尴尬，距离过于疏远给人冷漠感。在交往中要根据双方的密切程度，保持合适的距离，使双方轻松、自然、愉快地交往。

（四）合理把握交往尺度

任何事物都有一个度，凡事“过犹不及”，如果超过或破坏了事物的度，就会改变事物的性质，带来不良后果。建立和谐的人际关系，也需要把握好以下几个方面的尺度。

1. 交往的广度要适当。交往的广度既不能过广也不能太窄：过广则容易影响交往质量，又会浪费精力，影响学习，得不偿失；太窄又有可能错过许多可交的朋友，使自己眼界狭小，陷入狭小的交际圈而不能自拔，妨碍了正常的交往。

2. 交往的深度要适当。交往的深度要适当，有的要深交，有的则只能浅交，甚至要拒交，不能一味泛泛而交，也不能跟任何人都成为知心朋友。决定交往深度的主要因素是志同道合，包括共同的理想、追求、志趣和共同的道德水准、人格修养等。

3. 自我暴露程度要适当。心理学家发现，良好的人际关系是在人们自我暴露水平不断增加的过程中发展起来的。因此，若想与别人建立良好的关系，就必须彼此信任和接纳，这就需要相互暴露自我。但是，要根据双方的感情程度和发展过程适当地自我暴露，不能过多或过少，也不能太快或太慢。

（五）重视“邻里”关系

日本的松下幸之助有一段话这么说：“世界上没有比人与人之间的关系更不可

思议的事情了，如果那个人不到公司来，很可能在这个世界上，彼此永不相识。回想起来，人的一生中往往受到缘分之操纵。人与人之间的关系，实在不可因个人意志和思想而轻易断绝。它在冥冥中似乎受到某种更高层次的力量之影响，我们更应重视现在的人际关系，同时感谢这一切。”

1. 重视当下。人与人之间相识是一种缘分，要遵循这样一个理念：只要这个人靠近我，我就关注他；重视现在的人际关系，就是靠近希望。也就是说，同学之间、师生之间、邻居之间等人际交往都是一种机缘，要保护，要珍惜。要养成重视当下人际关系的良好习惯，这样不但能改善自己的人际交往环境，而且能够提高自己的人际交往能力。

2. 相互尊重。互相尊重是邻里交往的基本要求。与你相邻的人，无论是学校的同学还是家里的邻居，都有各个人的个性和各个家庭的具体情况。要尊重邻里就是要以平等之心与邻里交往，要讲究交往的基本礼节，要互相帮助，要包容邻里的过失。

3. 主动沟通。要能够主动与邻里接近，这是相互认识了解的基础，也是处理好邻里关系的基础。同时，除了彼此的隐私，对邻里的情况要有所了解，这样可以更好地进行沟通和交往，有利于相处过程中不必要的尴尬问题的出现。

知识窗

南风效应

法国作家拉封丹曾写过一则寓言，讲的是北风和南风比威力的故事。在风的家庭中，南风和北风一直较着劲儿，互不服气。一天，北风提出他们比一比看谁能把行人身上的大衣脱掉。北风捷足先登，刮起凛冽强劲的寒风，没有掀去大衣，反而使行人将其裹得愈紧。稍后，南风徐徐吹动，一时间风和日丽，暖意融融，行人先是解开纽扣，继而脱去大衣。拉封丹这则寓意深刻的寓言后来成为社会心理学的一个概念，被称之为“南风效应”或“温暖法则”。“南风效应”给我们的启示是：在人际交往中，批评和称赞类似于“北风”和“南风”，批评像“北风”一样，会使人越来越封闭自己，远离你；而称赞则像“南风”一样，能够给他人以“温暖”，使他人愿意靠近你，形成良好人际关系。

（王霆：《例谈学校管理中的“南风效应”》，载《教书育人》，2015 年 5 期。）

心理训练

一、心理练习

（一）自我调试：社交自卑心理的调试

通过客观地分析自己的优点和优势，寻找自己的积极方面和消极方面，运用对比法，学会站在他人的视角来看自己，更全面地重新认识自己、肯定自己、评价自己。具体使用见表 7-2、表 7-3。

表 7-2　自我分析表

我是(　　)的人	对人际交往的消极影响	对人际交往的积极影响	这样的想法会使自己积极乐观	这样的想法能使自己发挥优势
我是胆小的人	我不敢主动、积极与人交往	我不会与他人产生正面冲突	因此，我能和朋友保持稳定的关系	与他人交往时我再积极主动点，就能有更多的朋友
……	……	……	……	……

表 7-3　自我分析表

自我评价	同学评价	辅导员评价	对比后的认识
我来自农村，没钱，没能力，没特长，说话有口音，我都不敢和同学说话	同学说我为人随和，很好相处；经常帮助舍友打水	辅导员说我虽然平时不爱说话，却很懂礼貌，为人很谦虚	虽然我很多方面不能和同学相比，但我知道他们并没有看不起我
…… ……	……	……	……

(二)自我训练：关心他人有方法

1. 生日问候——记住别人的生日，表达你的祝福，这在什么时候都不会多余。在过生日的方式上，可以产生出各种浪漫的情景，足以加深人与人之间的感情。

2. 生病问候——人在生病时，情感比较脆弱，他人的关心慰问就像是一贴良药，令人难忘。关心、帮助病人的方式有很多，例如介绍饮食方案、转达他人的问候、送上可口的水果、鲜花……

3. 特别纪念日问候——刻意记住某人的特殊日子，送上你的关心，是表明你在乎他们的最好行动。选择什么日子问候，这要看你朋友们看重的这些日子都有着什么样的意义，你对他们的理解是否到位，这是一种相互达成默契的交际方式。

4. 困难时给予支持——最难得的友谊往往表现在他人正处在困难时期你所给予的支持。与处于困难之时的人相处最能表现出你的真诚，需要你拿出智慧、助人的技能、足够的耐心与相应的行动。

5. 为他人的福祉出谋划策——设身处地为他人着想，为他人的幸福而挖掘你的智慧，出些好主意、提供好信息，让他人因为你的主意而获得收益，因为你的建议而避免徒劳。

6. 理解他人的需求——不可置疑的一点是我们每个人都需要别人理解自己，特别在自己有某些短暂的、特别的内在需求时。例如有的人在比赛之后，向你倾诉她对评比结果的不满，她可能是需要你的鼓励肯定，也可能是让你公正地发表自己的见解，回应这样的需求需要你的人际敏感力，只有理解了他人的需求，你才可能有合适的回应。

7. 欢迎与欢送——无论在怎样的场合，只要有新的伙伴出现在你们的活动群体中，都要对他表示欢迎，而不是视而不见，这是你向他表达尊重的心意。在正式的场合里，你还要特别讲究欢迎的形式。在欢送的时候也同样要表达你对他的重视，必要时也可以送上纪念品以巩固相互之间的关系。

8. 支持他人实现愿望——你了解周围人的期望吗？在他的期望过程中助上一臂之力是表达你关心的最佳途径。只要你觉得支持他人很有必要，不妨积极参与，这样你在人情上将是最好的“投资者”。

9. 随时伸出你的手——生活中的许多场合许多时候都会发生一些小问题，需要你的举手之劳。

(三)互帮互助体验

请大家并肩围成圈站立，然后全体右转，请后面的同学为前面的同学敲背、捶肩、捏胳膊，可以向前围圈走动，边走边敲边唱：“敲敲背呀敲敲背，我来给你敲敲背；捶捶肩啊捶捶肩，我来给你捶捶肩；按按头啊按按头，我来给你按按头……”走两圈后叫停，询问大家感觉如何？然后请大家向后转，继续为前面的同学敲背、捶肩和按头。

二、心理活动

(一)绘制自己的“人际财富图”

1. 活动目的：了解自己的人际关系网络，掌握自己的人际资源。

2. 活动时间：20 分钟。

3. 适合人数：全班同学。

4. 材料准备：每个人准备一张白纸和一支笔。然后跟着教师的指导语和示范，绘制自己的人际财富图。

5. 活动过程：

(1)在白纸的中央画一个实心圆点代表自己。

(2)以这个实心圆点为中心，画三个半径不等的同心圆，代表三种人际财富或者人际圈。同心圆内任意一点到中心的距离表示心理距离。将亲朋好友的名字写在图上，名字越靠近中心圆点，表明他与你的关系越亲密。

(3)写在最小同心圆内的属于你的“一级人际财富”。你愿意让对方走进自己心灵的最深处，分享你内心的秘密、痛苦和快乐。这样的人际财富不多，却是你最大的心灵慰藉，也是你生命中最重要的成长力量。

(4)写在第二大同心圆内的是你的“二级人际财富”。你们彼此关心，时常聚在一起聊天戏耍，一起分享快乐，一起努力奋斗。虽然你们之间有些秘密是无法分享的，但这类朋友让你时常感到人生的温馨。

(5)写在最大一个同心圆内的属于你的“三级人际财富”。这些朋友，可以是平时见面打个招呼，但是需要帮助时也愿意尽力帮忙的朋友；可以是曾经比较亲密但渐渐疏远，却仍然在你心中占有一席之地的朋友；也可以是平时难得见面，却不会忘记在逢年过节问候一声的朋友。

(6)同心圆外的空白处代表你的“潜在人际财富”。尽量搜索你的记忆系统，把那些虽然比较疏远但仍属于你的人际财富的人的名字写下来。

6. 评价讨论：一般而言，一个成年人需要与大约120人维持不同程度的人际关系，其中包括2～50个心理关系比较密切的人。如果人际关系过疏或过密，都容易引发个体的心理问题，或孤独无助，或自我迷失。你的人际关系现状如何？是否合适？你认为是自己身上什么性格品质给你带来了好人缘？或者如果你的人缘不太好是什么原因导致的？整理自己的人际财富，反思自己在人际交往中所体现出来的性格特点，找出自己需要继续发扬和改进的地方。

(二)心连心

1. 活动目的：了解信息传递过程中的衰减和失真，认识单向沟通的不足之处，体会双向沟通的重要性。

2. 活动时间：45分钟。

3. 适合人数：全班同学。

4. 材料准备：摘自报纸杂志的简短文章。

5. 活动过程：每5人为一个小组，将各组成员排好序号。请1号留在教室，其他人暂时离开。由教师把文章念给1号同学听，但不允许他提问或做记录。此后2号同学进来，1号同学将听到的内容复述给2号同学，依次进行。最后5号同学复述所听到的内容，再与原文做比较，看看有没有变化？有多大变化？哪个小组与原文意思最接近？

6. 评价讨论：

(1)信息传递中同学们出现了什么错误？是什么原因造成的？

(2)现实人际交往中我们是否也曾经获取到这种失真的信息，并据此采取了错误的行动？

(3)怎样才能避免这种情况的出现？

(三)逃离“泰坦尼克号”

1. 活动目的：培养大学生在人际交往中的协作精神。

2. 活动时间：45分钟。

3. 适合人数：全班同学。

4. 材料准备：布置游戏场景。将25米长的绳子在空地上摆成一个岛屿形状；在另一边，摆四个长凳作为“泰坦尼克号”船；地面代表大海；六张A4纸代表六块浮砖；播放《泰坦尼克号》电影音乐的音响设备。

5. 活动过程：老师讲故事：……“泰坦尼克号”即将沉没，船上的乘客须在《泰坦尼克号》电影音乐结束之前利用仅有的求生工具——六块浮砖(六张A4纸)逃离到小岛上。

出发时，每一个人必须从船舷栏杆(长凳)上跨过，踏上浮砖。在逃离过程中，船员身体的任何部分都不能与海面(地面)接触。自离开“泰坦尼克号”起，在整个逃离过程中，每块浮砖都要被踩住，否则老师会将此浮砖踢掉。全部人到达小岛，并将所有浮砖拿到小岛上后，游戏才算完成。

6. 评价讨论：

(1)你发现自己在游戏中担任了什么角色？发挥了什么作用？

(2)与你平时在生活中所扮演的角色一致吗？

三、心理测试

(一)大学生嫉妒心理诊断量表

指导语：这份“嫉妒心理诊断量表”中共有8个问题，每个问题都有A、B、C、D四种可选择的答案。请认真阅读每个题目，在符合自己情况的答案上打“√”。

1. 你的同学穿件过时的服装，却又洋洋得意，问你：“这件衣服漂亮不？”那么，你如何回答？

A.“……”(不吭声，暗自发笑)

B.“不错！前些时期穿更好。”

C.“不错，很漂亮！我也想有这么一件。”

D.“不大适合，过时了。”

2. 同学带来了极为漂亮的钢笔，你也想买这么一支。那么，你怎么办呢？

A. 询问是在何处买的。

B. 自己找支与之相似的钢笔来。

C. 婉转地打听是哪家商店出售的。

D. 放弃打算。

3. 班会上，一位看上去并不比你强的同学提出了比你高明的建议，当老师问你意见如何，你怎样回答？

A. 赞成这条意见。

B. 不赞成，并提出其他意见。

C. 回答：“我没有看法！”

D. 一声不吭，事后发牢骚。

4. 著名的电影导演的周围簇拥着许多你的同学，要求为他们签名留念。你看到时怎么办？

A. 挤进去也让导演给你签一下。

B. 站在那儿看热闹。

C. 说一句：“哼，瞎起哄，真没意思。”

D. 不吭一声地走开。

5. 你被同学奚落了一番，你会怎样？

A. 在什么时候也刁难对方一下。

B. 感到心里很不好受，却发作不得。

C. 决定和这种人断交。

D. 自我解脱。

6. 你喜欢的一位异性同学在校门口和人亲切交谈，但你看不到那人的样子，这时你会认为这位异性同学最可能在和谁谈话？

A. 老师。

B. 你的同性同学。

C. 你的异性同学。

D. 肯定是他(她)的那一位。

7. 平时成绩一直与你不相上下的那位同学，这次由于某个原因而成绩比你差，你是如何对待这件事的？

A.“他本来就不如我嘛。”

B.“哼，活该！最好下次也这样。”

C.“要不是因为这件事，他准会考得更好。”

D.“他真够可怜的。”

8. 本来你和另一位同学都有条件被评为三好学生，但由于名额有限，老师决定让那位同学获得这一荣誉，这时你的态度是：

A. 衷心地为那位同学鼓掌。

B. 心里愤愤不平，认为老师偏心。

C. 认为自己确实不如人。

D. 背后到处揭那位同学的短。

评分标准：

将各题的选择通过作答计分表计算出总分，然后根据总分对照评价表判断你的嫉妒心理属于Ⅰ、Ⅱ、Ⅲ、Ⅳ的哪一种类型。

选项 题号	A	B	C	D
1	2	3	1	5
2	2	5	3	1
3	1	3	2	5
4	2	3	5	1
5	2	3	5	1
6	1	3	2	5
7	3	5	1	2
8	1	3	2	5
总分				

Ⅰ型(32～40分)：强烈型

你比一般人更容易产生嫉妒心理，你相当敏感，稍稍感到自己被歧视或不如别人时，就会产生较强的嫉妒。你即使处于优越的地位中，也会担心别人随时夺去这个位置。你常疑神疑鬼，胡乱猜测，结果适得其反。当你有了嫉妒心时，你往往就会有一种强烈的外泄心理。有了这种嫉妒心，常会给你带来不快的心情。尽管你在许多方面都高人一筹，也备受器重，但你往往不会合群，心胸不够开阔，因此你得到的虽多，但失去的也不少。

Ⅱ型(24～31分)：时发型

你具有一般人容易产生的嫉妒心理，但平时你不会轻易产生，通常也不影响同学之间的交往和你的生活，但对特定的事，或在一定的时候，你也会产生强烈的嫉妒心。处理得好时，嫉妒会成为你上进的动力，让你获得成功；处理得不好时，你往往会以狂风暴雨式的姿态不择手段地拆别人的台。但你又有较强的反省力和较大的勇气主动认错，因而事后你不会怨恨在心，反而会主动地找人和好。

Ⅲ型(16～23分)：克制型

你常有自我满足感，平时很少让别人觉察到你的嫉妒心理。你也会在某些场合产生嫉妒的心理，只是你能够克制忍耐，情绪决不外露，并常用其他事情来冲散抵消。一般说来，你不仅能自我控制，而且工于心计，富于理智，能听进别人的话，因此你往往能把嫉妒的心理化为上进的力量。但你也会有处理不好嫉妒的时候，而弄得自己和别人都不痛快，幸好这种局面只是短暂的。

Ⅳ型(8～15分)：平和型

你很少有嫉妒的心理，独自悠然自得，对小事毫不介意，通事达观，不自寻烦恼。可能是由于你对周围环境无动于衷，根本不想把自己同别人作比较；也可能是由于你对自己抱有极大的自信，认为嫉妒是愚蠢的表现，是不体面的。即使有些事让你感到意外和不屈，但你能在产生嫉妒的初期就采取调节或转化的措施，所以你很少有嫉妒别人的言行，与人的关系融洽。

(二)人际关系综合诊断测验

指导语：这是一份人际关系行为困扰的测验量表，共28个问题。请在每个问题后面的括号里做是非选择，选“是”的打“√”，选“非”的打“×”。请认真完成，然后参看后面的评分和测验结果的解释。

1. 关于自己的烦恼有口难言。(　　)
2. 和生人见面感觉不自然。(　　)
3. 过分地羡慕和妒忌别人。(　　)
4. 与异性交往太少。(　　)
5. 对连续不断的会谈感到困难。(　　)
6. 在社交场合感到紧张。(　　)
7. 经常伤害别人。(　　)

8. 与异性来往感觉不自然。(　　)
9. 与一大群朋友在一起，常感到孤寂或失落。(　　)
10. 极易受窘。(　　)
11. 与别人不能和睦相处。(　　)
12. 不知道与异性相处如何适可而止。(　　)
13. 当不熟悉的人对自己倾诉他的生平遭遇以求同情时，自己常感到不自在。(　　)
14. 担心别人对自己有什么坏印象。(　　)
15. 总是尽力使别人赏识自己。(　　)
16. 暗自思慕异性。(　　)
17. 时常避免表达自己的感受。(　　)
18. 对自己的仪表(容貌)缺乏信心。(　　)
19. 讨厌某人或被某人所讨厌。(　　)
20. 瞧不起异性。(　　)
21. 不能专注地倾听。(　　)
22. 自己的烦恼无人可申诉。(　　)
23. 受别人排斥与冷漠。(　　)
24. 被异性瞧不起。(　　)
25. 不能广泛地听取各种意见、看法。(　　)
26. 自己常因受伤害而暗自伤心。(　　)
27. 常被别人谈论、愚弄。(　　)
28. 与异性交往不知如何更好地相处。(　　)

评分标准：

Ⅰ	题目	1	5	9	13	17	21	25	小计
	分数								
Ⅱ	题目	2	6	10	14	18	22	26	小计
	分数								
Ⅲ	题目	3	7	11	15	19	23	27	小计
	分数								
Ⅳ	题目	4	8	12	16	20	24	28	小计
	分数								
评分	标准	打“√”的给1分，打“×”的给0分，总分：　　分。							

结果的解释与辅导：

(1)总分在0～8分之间：说明你在与朋友相处上的困扰较少。你善于交谈，性格比较开朗，主动关心别人，你对周围的朋友都比较好，愿意和他们在一起，他们也都喜欢你，你们相处得不错。你不存在或较少存在交友方面的困扰，你善于与朋友相处，人缘很好，获得许多人的好感与赞同。

(2)总分在 9～14 分之间：说明你与朋友相处时存在一定程度的困扰。你的人缘一般，换句话说，你和朋友的关系并不牢固，时好时坏，经常处在一种起伏波动的状态之中。

(3)总分在 15～28 分之间：说明你在与朋友相处上的行为困扰较严重。分数超过 20 分，则表明你的人际关系困扰程度很严重，而且在心理上出现较为明显的障碍。你可能不善于交谈，也可能是一个性格孤僻的人，不开朗，或者有明显的自高自大、讨人嫌的行为。

上面是从总体上评述你的人际关系情况。此外，根据你在每一个横栏上的小计得分，分析你与人交往的具体困扰行为并提供改进的借鉴方法。

计分Ⅰ横栏上的小计分数，说明你在交谈方面存在的困扰程度。

得分在 6 分以上：说明你不善于交谈，只有在极其需要的情况下你才同别人交谈，你总是难以表达自己的感受，无论是愉快还是烦恼，你不是一个很好的倾听者，常常不能专心听别人说话或只对单独的话题才感兴趣。

得分在 3～5 分之间：说明你的交谈能力一般，你会诉说自己的感受，但不能讲得条理清晰；你努力使自己成为一个好的倾听者，但还是做得不够。如果你与对方不太熟悉，开始你常常表现得拘谨与沉默，不大愿意跟对方谈。但这种局面一般不会持续很久，经过一段时间的接触与锻炼，你可能会主动与同学搭话，同时这一切来得自然而非造作，此时，表明你的交谈能力已经大为改观，在这方面的困扰也会慢慢消除。

得分在 0～2 分之间：说明你有较高的交谈能力和技巧，善于利用恰当的谈话方式来交流思想感情，因而在与别人建立友情方面，你往往比别人获得更多的成功。这些优势不仅为你的学习与生活创造了良好的心境，而且常常有助于你成为伙伴中的领袖人物。

计分Ⅱ横栏上的小计分数，说明你在交际与交友方面的困扰程度。

得分在 6 分以上：说明你在社交活动与交往方面存在着较大的行为困扰。比如，在正常集体活动与社交场合，你比大多数伙伴更为拘谨；在有陌生人或老师存在的场合，你往往感到更加紧张而扰乱你的思绪；你往往过多地考虑自己的形象而使自己处于越来越被动、越来越孤独的境地。总之，交往与交友方面的严重困扰，使你陷入“感情危机”和孤独困窘的状态。

得分在 3～5 分之间：说明你在被动地寻找被人喜爱的突破口。你不喜欢独自一个人待着，你需要与朋友在一起，但你又不大善于创造条件并积极主动地寻找知心朋友，而且，你心有余悸，生怕在主动行为后的“冷”体验。

得分低于 3 分：说明你对人较为真诚和热情。总之，你的人际关系和谐，在这些问题上你不存在较明显持久的行为困扰。

计分Ⅲ横栏上的小计分数，说明你在待人接物方面的困扰程度。

得分在 6 分以上：说明你缺乏待人接物的机智与技巧。在实际的人际关系中，你也许常有意无意地伤害别人，或者你过分地羡慕别人以致内心嫉妒别人。因此，其他一些同学可能汇报给你的是冷漠、排斥，甚至是愚弄。

得分在 3～5 分之间：说明你是个多侧面的人，也许可以算是一个较圆滑的人。对待不同的人，你有不同的态度，而不同的人对你也有不同的评价。你讨厌某人或被某人所讨厌，但你却极喜欢另一个或被另一个所喜欢。你的朋友关系某些方面是和谐的、良好的，某些方面却是紧张的、恶劣的。因此，你的情绪很不稳定，内心极不平衡，常常处于矛盾状态。

得分在 0～3 分之间：说明你较尊重别人，敢承担责任，对环境的适应性强。你常常以你的真诚、宽容、责任心强等个性获得众人的好感与赞同。

计分Ⅳ横栏上的小计分数，说明你在与异性朋友交往方面的困扰程度。

得分在 5 分以上：说明你在与异性交往的过程中存在较为严重的困扰。也许你存在着过分地思慕异性或者对异性持有偏见的情况。这两种态度都有它的片面之处。也许是你不知如何把握好与异性同学交往的分寸而陷入困扰之中。

得分在 3～4 分之间：说明你与异性同学交往的行为困扰程度一般，有时你可能会觉得与异性同学交往是一种愉快的事，有时又会认为这种交往似乎是一种负担，你不懂得如何与异性交往最适宜。

得分在 0～2 分之间：说明你懂得如何正确处理异性朋友之间的关系。对异性同学持公正的态度，能大大方方、自自然然地与他们交往，并且在与异性朋友交往中，得到了许多从同性朋友那里不能得到的东西，增加了对异性的了解，也丰富了自己的个性。你可能是一个较受欢迎的人，无论是同性朋友还是异性朋友，多数人都较喜欢你和赞赏你。

反思成长

1. 根据所学的人际交往的知识，从自身修养方面和对他人的正确认识方面，列举出自己存在的需要改进的地方。

---

2. 人际交往过程需要把握一些基本要求并掌握一些基本方法，你觉得自己在哪些方面特别需要加强？

资源导航

推荐书籍：

1. [美]戴尔·卡耐基. 人际关系学. 李文泽，译. 北京：中国画报出版社. 2011.

2. 王滟明，邹简．哈佛积极心理学笔记：哈佛教授的幸福处方．北京：中国言实出版社．2011.

3. 岳晓东．通向心灵旺盛的十堂课．北京：世界图书出版公司．2010.

4. 聂振伟．心灵的距离——人际关系解码．北京：高等教育出版社．2008.

5. 胡邓．人际交往从心开始．北京：机械工业出版社．2008.

• 模块八

• 大学生恋爱与性心理健康

名人名言

爱是人的一种主动的能力，一个突破把人和其他同伴分离之围墙的能力，一种使人和他人相联合的能力；爱使人克服了孤独和分离的感觉，但他允许成为他自己，允许他保持他的完整性。

——弗洛姆

导读

如何树立一个正确的爱情观，不仅是每一个大学生的必修课，也是我们每一个人的人生必修课。在本章中我们将带领你走进神秘的爱情，探寻爱情的秘密。

学习目标

序号	目标维度	具体内容
1	知识目标	(1)了解什么是爱情，爱情的特征； (2)了解性的含义及特点，大学生恋爱与性心理特点。
2	能力目标	(1)了解大学生恋爱中常见的心理困扰，掌握解决恋爱困扰的能力； (2)掌握维护大学生性心理健康的途径。
3	情感和态度价值观目标	(1)培养大学生爱的能力； (2)树立正确的恋爱观和择偶观。

典型案例

爱情是什么？

大一的小雪性格开朗，人也长得甜美。由于刚入学不久，小雪来到新的环境，还未与身边的同学熟络起来，难免感到有些孤单。大二的学长小李是小雪班级的辅导员助理，帮助辅导员处理班级的事务。小雪不懂的事经常向小李请教，两人渐渐熟悉，很快两人便确定了男女朋友关系。小雪因为有了小李这个男朋友感觉不那么孤单了，而小李也终于与自己的舍友一样，有了女朋友。但好景不长，他们两人经常为一些小事争吵：小雪常常因为小李爱玩游戏没有更多的时间陪伴自己而责备小李，小李也觉得小雪太黏人、太“公主”气。小李提出了分手，小雪很难过，想不通小李为什么要和自己分手。她越想越难过，甚至开始出现抑郁情绪，什么都不想做，来到学校心理咨询中心寻求帮助。

(来源：根据真实心理咨询案例整理而成。)

思考题：

1. 你认为小雪与小李各自的恋爱动机是什么？
2. 小雪应该如何处理自己的感情？

8.1 认识爱情

法国思想家让-雅克·卢梭(Jean-Jacques Rousseau)在《忏悔录》中写道，他还是15岁的中学生时，热恋上了德·维耳松小姐，却被无情地抛弃了，曾经十分痛苦。

由于这种奇妙感情的出现，男女青年会忽然听见自己内心深处躁动而又甜蜜温柔的声音，这是青春苏醒的声音，它标志着青年男女即将走向进生命的另一个阶段——青春期。之后的男女心底萌发了对爱的渴望，然而对爱情还懵懵懂懂。我们也许会在爱情中摔跤，会有甜蜜，也会有痛苦，那么爱情到底是什么？

一、爱情的概述

（一）爱情是什么

爱情，是人类亘古不变的主题，是人类最复杂、最微妙的一种人际关系，是人类情感最高级的一种形态。史铁生在关于爱情的描述中，是这样描述爱情的："爱情——这声音，才是银河系中那颗美丽星星的标志。"意思是如果要在茫茫宇宙中给每一颗星球找个标志，那爱情可以算是地球上古老而又特别的存在。法国作家雨果说："人类两次出生：第一次是在开始生活的那一天，第二次是在萌发爱情的那一天。"保加利亚作家瓦西列夫在他的《爱情论》中说："爱情是作为男女关系上的一种特殊的审美感而发展起来的，爱情创造了美，使人对美的领悟能力敏锐起来，促进对世界的艺术化认识。"人本主义心理学家罗杰斯说："爱是深深的理解和接受。"马斯洛认为："爱的需要涉及给予和接受爱，我们必须懂得爱，才能教会爱、创造爱。"

以上对于爱情的理解几乎都包含了一个观点，那就是：理解、尊重。我们可以用诗歌歌颂爱情、用绘画作品表达爱情、用戏剧表演展示爱情，但就是很难用理性的语言阐述爱情。因为每个人对爱情的理解与体验都不相同，也没有一模一样的爱情模式，那么说不出又道不明的爱情到底是什么呢？

关于爱情的定义，一直存在着很大的争议。广义的爱情指人与人之间相互爱恋的感情；狭义的爱情是指男女之间相互爱恋的感情，是至高至纯至美的美感和情感体验。从法律上来说，爱情定义为男女双方之间基于共同的生活理想，在各自内心形成的相互倾慕，并渴望对方成为自己终身伴侣的一种强烈的、纯真的、专一的感情。

综上所述，爱情是指男女之间基于一定的社会关系和共同的生活理想，在各自内心形成的对对方最真挚的爱慕，渴望对方成为自己终身伴侣的最强烈的情感体验，是两颗心灵相互吸引，达到精神升华的产物，是人类特有的一种高尚精神生活享受。

（二）爱情的基本要素

1. 相异性

爱情发生在两个人之间，例如男女之间彼此倾慕而产生爱情，人不会与自己产生爱情。

2. 成熟性

爱情是个体随着生理与心理的成熟而产生的情感体验，幼儿之间不会产生爱情。

3. 生理性

爱情具有一定的生理基础，即性爱成分，而非纯粹的精神上的活动。

4. 高级性

爱情是一种高级的情感，它包括认知成分，是恋爱双方的个性、习惯、兴趣等诸多方面互补、完美协调，是情感交融的高层次境界与愉悦享受。

(三)爱情的特征

1. 专一性

爱情具有排他性，排他性是爱情的最大特点，它源于爱情的自然属性，即基于性爱基础之上的一种自发的心理倾向。排他性往往表现为对恋人与其他异性亲密关系的排斥。它强调恋爱双方要建立专一的情感，彼此忠诚，不能朝三暮四、三心二意，否则容易引起猜疑与不信任感，对恋情造成破坏。

2. 持久性

爱情不是交往双方因一时冲动而产生的，而是两人经过相互了解和深入思考，在产生激情的基础上形成的真挚的情感。爱情所包含的认知成分与情绪成分存在于整个恋爱的过程当中，爱情会随着时间不断深化。真正的爱情不会因为时间和环境的改变而轻易改变，它会随着岁月的流淌不断升华。

3. 互爱性

爱情是男女双方在思想品德、性格爱好、仪表风度和文化素养等方面相互倾慕，是经过较长时间的接触，在彼此相互了解、相互尊重的基础上自愿建立的情感关系。恋爱双方既是爱者，又是被爱者，彼此之间相互关怀、相互理解、相互包容，具有共同的理想、共同的价值观、共同的思想。

4. 平等性

真正的爱情是建立在男女之间自愿基础上的互爱，是对对方的倾慕与无私付出，同时得到对方爱的回馈，而不是依靠外在因素的干预。在爱情中，两人应是平等、互相尊重的，没有一方能凌驾于另一方之上。

(四)爱情的发展

随着年龄的增大，人的脑垂体激素的分泌量增加。特别是进入青春期后，随着人的第二性征的出现、性腺的逐渐发育成熟和性意识的觉醒，青年开始关注两性关系及对待异性的态度和行为规范。一般认为爱情的心理发展可以分为三个时期。

1. 恋爱意识的萌动时期

人的恋爱意识和心理的形成是一个逐步发生与发展的过程。

(1)朦胧期

进入青春期以后，少男少女们开始对性别角色越来越敏感，孩提时代两小无猜的男女伙伴开始疏远了。在日常生活中，男女学生很少说话，如同路人，各自的心理却产生不安和羞涩，见男女同学单独在一起，其他人便开始起哄。这种男女界限的出现，标志着男女学生性意识的觉醒，也刺激这些少男少女们产生对异性之间接触的好奇感，并让他们渴望了解更多关于男女及其相互之间的秘密。

(2)探索期

进入青春后期的男女，随着性意识的发展，异性之间的疏远逐渐转变为彼此接近。那么，恋爱问题就开始纳入到个体的意识领域，异性之间出现渴望接触的意向，对恋爱问题开始探求。这时期的男女开始关注自身的容貌与风度，以引起异性的注意与兴趣，博得异性的好感与青睐。他们的这种心理在行为上表现为两个方面：①一部分人开始通过传递纸条、书写情书的方式来表达自己对异性的爱慕；另外一部分人对异性表现得很“不友好”，其实这正是一种爱慕的表现，只是不知道用什么方式表达。②这时期男女的爱恋容易转移，具有不稳定性的色彩。所以说，这个时期的爱是一种不成熟的爱。

2. 恋爱意识的完善期

(1)定向阶段

在青年初期，随着思维模式由感性逐渐向理性转变，这时的恋爱观念逐渐由浮动的激情向稳定的理性过渡。主要标志是：择偶标准的合理化与系统化；开始明确意识到“恋爱”和“社会责任、义务”等道德的关系；通过对恋爱的思考，明确意识到自身存在的价值。

(2)理想选择阶段

经历了感性认识和理性思索的恋爱准备后，青年人会根据自己的择偶标准，在心中构想出一个“理想化”的异性对象，同时赋予其具体的内容。有些人还会根据实际生活中的影视歌星，构建一个心仪的对象。在恋爱对象的选择过程中，不自觉地投射到其他人身上并进行对比，最后选出和心仪的明星相似度最高的人作为交往的对象。

3. 恋爱意识的成熟期

历经恋爱意识充分发展与基本确定选择异性交往对象标准的青年人，其恋爱意识尚未经过实践的检验，在某种程度上受到主观意愿与自我情感的制约。一般而言，恋爱意识与心理的完全成熟要经历两个阶段。

(1)恋爱的实践阶段

在确立好心目中的恋爱对象的标准后，青年人就会在现实生活中去寻找自己心仪的对象，同时产生恋爱行为。这个过程一般包括两种形式：一是间接实践，就是自己暂时没有正式去谈恋爱，但是密切关注生活中的其他恋爱情侣，通过别人的恋爱过程使自己的恋爱经验得到积累；另一种是直接实践，就是自己在找到了自己的理想恋爱对象后，直接与其产生恋爱行为。

(2)恋爱意识修正阶段

在恋爱的实践过程中，青年人会发现自己的理想化的恋爱意识与现实生活有一定的差距，于是就去审视自己原来的恋爱意识，同时又考察现实社会中恋爱对象的选择，通过不断地排除或消解内心的情感冲突与矛盾，来逐渐修正和完善自己的恋爱意识，最终达到与恋爱对象的合理交往。

简单来说，青年人步入恋爱的心理过程主要包含三个阶段：友谊交往阶段、比较与选择阶段、开始恋爱阶段。从心理学角度来看，循序渐进的异性交往方式会有助于建立健康、稳固、成熟的爱情。

二、爱情的心理理论

(一)爱情三元理论

美国著名社会学家、婚姻专家罗伯特·斯腾伯格(Robert J. Sternberg)提出了爱情三元理论，重点探讨了浪漫激情之爱的起源，并依据爱情三元理论将爱情分为四种类型以及相应的体验，以此解释男女之间的各种感情现象。

罗伯特·斯腾伯格认为爱情应该有三个核心成分，亲密、激情和承诺。亲密包括热情、理解、交流、支持和分享等内容；激情则主要指对对方的性的欲望，以对身体的欲望激起为特征；承诺是爱情的最后一个成分，指自己愿意投身于与所爱的人保持并且主动维持这种感情。斯腾伯格用激情来形容爱情的“热度”，用亲密来形容爱情的“温暖”，而承诺则反映了一种认知上的内容，带有一定的理性思考。斯腾伯格用这三个成分来描述两个人之间的爱情关系，这三种成分就构成了一个三角形，当三种成分的强弱不同时，三角形的形状就会发生改变，就会产生各种各样的形状，而此时的爱情表现特点以及它的含义也随之发生很大变化。但在斯腾伯格看来万变不离其宗，现实中丰富多彩的爱情就像无数的彩色电影，五颜六色，但三元色是基本颜色，关键是怎样调色。

斯腾伯格认为如果缺少了三个基本成分中的任何一个都不能被称为是爱情。如果三者皆无，很简单就是毫无关系的两人，或是简单熟人，连朋友都不是，被称之为无爱。当亲密程度高但激情和承诺非常低的时候，就会产生喜爱，也就是常说的喜欢。喜爱会发生在亲近和温暖的友情中，但缺少了激情和与之共度余生的预期。如果你爱恋的异性对你说“我爱你，但这不是爱情”，可能不是好消息。这人实际想说的是“我喜欢你，愿意和你聊天，你是个很不错的人，但我发现你对我没有性的吸引力”。当朋友之间激起了激情或欲望，那么两者的关系就不再是朋友那么简单了。如果仅有强烈的激情，但缺乏亲密和承诺时，就是迷恋，和我们通常所说的“一见钟情”颇为相似：我们对那个人没有任何了解，仅仅是第一面，迷人的外表激起了心中的欲望和冲动。同样，如果在这种“唤起”状态下，逐渐发展出亲密和承诺，那就是一段值得羡慕的人间爱情佳话了。斯腾伯格爱情三元理论的爱情组合如表8-1所示。

表8-1　斯腾伯格爱情三元理论的爱情组合

爱的种类	亲密	激情	承诺
非爱	无	无	无
喜欢	有	无	无

续表

爱的种类	亲密	激情	承诺
迷恋的爱	有	有	无
空爱	无	无	无
浪漫的爱	有	有	无
友爱	有	无	有
愚蠢而不自知的爱	无	有	有
美满的爱	有	有	有

(二)爱情态度理论

美国社会心理学家齐克·鲁宾(Zick Rubin)开始将爱情定义成对某一特定的他人所持有的一种态度之后，使得爱情得以并入人际吸引之社会心理学主流内，并能使用一般测量方法研究爱情。

他假设爱情是可以被测量的独立概念，可视为一个人对特定他人的多面性态度，他从文艺著作、普通常识及人际吸引的文献资料中，寻找拟定叙述感情的题目，经过项目分析、信度、效度考验而建立爱情量表和喜欢量表，他发现爱情与喜欢有质的差别，其爱情量表中包含三种成分：

1. 亲和和依赖需求；
2. 欲帮助对方的倾向；
3. 排他性与独占性。

(三)约翰李的爱情彩虹图

加拿大社会学家约翰·艾伦·李(John Alan Lee)将男女之间的爱情分成六种形态：情欲之爱、游戏之爱、友谊之爱、依附之爱、现实之爱及利他之爱。

1. 情欲之爱

情欲之爱建立在理想化的外在美上，是罗曼蒂克、激情的爱情。其特点是一见钟情式，以貌取人、缺少心灵沟通、热烈而专一，靠激情维持。

2. 游戏之爱

游戏之爱视爱情为一场让异性青睐的游戏，并不会将真实的情感投入，常更换对象，且重视的是过程而非结果；不承担爱的责任，寻求刺激与新鲜感。

3. 友谊之爱

友谊之爱是指如青梅竹马般的感情，是一种细水长流型、稳定的爱。这种爱情以友谊为基础，在长久了解的基础上滋长着，能够协调一致解决分歧，是宁静、融洽、温馨和共同成长的爱情。

4. 依附之爱

依附之爱对于情感的需求非常大；依附、占有、妒忌、猜疑、狂热，在恋爱中情绪不稳定。这种爱控制对方情感的欲望强烈，将两人牢牢地捆在爱情这条绳索上。

5. 现实之爱

现实之爱会考虑对方的现实条件，以期让自己的酬赏增加且减少付出的成本的爱情。这类爱情理性高于情感，是受市场调节的现实主义态度。

6. 利他之爱

利他之爱带着一种牺牲、奉献的态度，追求爱情且不求对方回报。自我牺牲型爱情是无怨无悔的，是纯洁高尚的。

(四)爱情依恋理论

爱情依恋理论将爱情与童年依恋联系研究。婴儿时期与人建立的依恋关系，会使个体形成一个持久且稳定的人格特质，这项特质在个体与异性建立亲密关系时自然流露出来。美国心理学家辛迪·哈赞(Cindy Hazan)和飞利浦·薛佛(Phillip Shaver)将成人的爱情关系视为一种依恋的过程，分三种类型。

1. 安全依恋

安全依恋与伴侣的关系良好、稳定，能彼此信任、互相支持。绝大多数人的爱情属于安全依恋。

2. 逃避依恋

逃避依恋害怕且逃避与伴侣的亲密。法国电影《天使爱美丽》中的艾米丽就属于这类。

3. 焦虑/矛盾依恋

焦虑/矛盾依恋时常具有情绪不稳、极端反应的现象，善于忌妒且希望跟伴侣的关系是互惠的。

哈赞和薛佛在研究中发现，三种不同的爱情依恋风格在成人中所占比例分别为：安全依附约占56%，逃避依附约占25%，而焦虑/矛盾依附约占19%，与婴儿依附类型的调查比例相当接近。

美国心理学家巴塞洛缪(Bartholomew)和霍洛威茨(Horowitz)以上述爱情依附风格理论的概念为基础，发展出一种四类型的爱情依附风格理论，他们以正向或负向的自我意象和正向或负向的他人意象两个不同的向度来分析，得到四种类型的爱情依附风格。

1. 安全依恋：由正向自我意象和正向的他人意象所造成。
2. 焦虑依恋：由负向自我意象和正向的他人意象所造成。
3. 排除依恋：由正向自我意象和负向的他人意象所造成。
4. 逃避依恋：由负向自我意象和负向的他人意象所造成。

(五)爱情阶段理论

社会心理学家伯纳德·默斯坦(Bernard Murstein)主要探讨亲密关系如何发展，注重爱情的阶段性。默斯坦提出的SVR理论认为亲密关系的发展，依双方接触的次数多寡分为刺激、价值和角色三阶段。

1. 刺激阶段

通常双方第一次的接触即属于刺激阶段。在这个阶段中，双方彼此间互相吸引主要建立在外在条件上，例如被对方的外貌或身材所吸引。

2. 价值阶段

一般而言，双方大约第二次至第七次的接触，便属于价值阶段。在这个阶段中，彼此情感上的依附主要是建立在彼此价值观和信念上的相似。

3. 角色阶段

通常双方大约第八次以后的接触，便开始属于角色阶段。在这个阶段中，彼此对对方的承诺主要建立在个体是否能成功地扮演好在此关系中对方对自己所要求的角色。

虽然默斯坦认为亲密关系包含刺激、价值、角色三阶段，但在亲密关系的每个阶段中，这三种因素对关系都有影响；只是在每个阶段中，各有一个因素是最主要的影响因素。从整个关系的发展历程来看，刺激因素一开始占较高的比重，之后随着接触次数的增加而逐渐上升，但是所增加的幅度很小，最后会趋于一个平稳的水准；价值因素虽然一开始时所占的比重较低，但关系发展至价值阶段的时候，这个因素的比重会迅速提高，不过在角色阶段时，其比重也会趋于平稳，且最后平稳的水准所占的比重，也比稳定后刺激因素所占的比重高；同样地，角色因素一开始所占比重最低，到角色阶段则会超越其他两个因素，且随着关系的继续发展，其比重也会不断地往上提升。

（六）投资模式理论

婚恋心理学家卡里尔·鲁斯布尔特(Caryl Rusbult)的投资模式理论以社会交换论的观点来看亲密关系的发展，认为亲密关系中的双方，在此关系中互相有所得失，并以一种理性且公平的评估方式，衡量自己在此关系中的付出与收获，再以此评估为基准，决定其对关系的应对方式。

鲁斯布尔特认为男女亲密关系中的承诺，是由满意度、替代性及投资量等因素所共同决定。根据投资模式的预测，当亲密关系中的个体对关系有较高的满意度，知觉到较差的替代性品质，以及投资了较多或较重要的资源时，便会对此亲密关系做出较强的承诺，也就是较不易离开此关系。简单来看，可用一个方程式加以说明：满意度－替代性＋投资量＝承诺。

1. 满意度

亲密关系中的个体，对于他在此关系中所得到的报酬及所付出的成本，会评估相互抵消后的实际结果。随着关系的长期发展，彼此的相互依赖性会随着提高，而开始将伴侣的结果和整个关系的结果也并入实际结果的计算，例如和伴侣一起分享他的成功或共同分担他的痛苦。此外，个体也会依据过去曾有的亲密关系及有关的经验(例如与家人和朋友所讨论、比较的结果)，形成一个自己对目前关系所应得结果的预期水准。最后个体会将在关系中获得的实际结果与此预期水准相比较，而产生对此亲密关系的满意度：实际结果越好，预期水准越低，则满意度越高。

2. 替代性

替代性指的是对放弃此亲密关系的可能结果的好坏判断，可能结果包括发展另一段亲密关系、周旋在不同的约会对象间，或是选择保持没有任何亲密关系的单身状态等。个体考虑替代关系的因素既包括特定的喜欢对象，也包括不特定的对象，以及个体对自己能否离开此关系的能力的主观知觉与客观评估。此外，个体的内在倾向与价值观也会影响替代性的主观知觉。例如当个体觉得有自信、有价值、有高自尊及有强烈的自主性需求时，通常会知觉自己有较佳的替代性品质，而较容易离开此亲密关系。

3. 投资量

投资是指个体在亲密关系中，所投入或形成的资源。投资与报酬或成本最大的不同有两点，第一是投资通常不能独立地从关系中抽取出来，而报酬与成本可以；第二是当关系结束时，投资无法回收，而会随着关系的结束一并消失。因此投资会增加结束关系的成本，使个体较不愿也不易放弃此关系。从另一个角度看，则是增强了个体对此关系的承诺。

个体投资在亲密关系中的资源可分为两类：一类是直接投入的资源，如时间的投入、情绪能量的释放、个人隐私与幻想的揭露及为对方所做的牺牲等；另一类是间接投入的资源，如双方彼此的朋友、两人共同的回忆及此关系中所特有的活动或拥有物等。此外，在长期亲密关系中所形成两人一体的认同感、长期相处下来所建立的默契与思想上的相似，以及彼此互补的一些记忆与讯息等，也是会随着关系结束而立即失去的投资。个体所投入的资源层面越广、重要性越高、数量越多，则表示其投资量越大；当个体在此关系的投资量越大时，对此关系的承诺也越强。

4. 承诺

此模式中所指的承诺，是指会使个体设法维持这份关系及感觉依附在此关系中的倾向。因此承诺的定义包含两个部分：行为的意向与情感的依附。

当个体对一份亲密关系做出承诺后，他想维持并依附关系的倾向会促使个体做出种种有助于维持此关系的行为：例如与他人做一些适应性的社会比较，并选择性地加以解释；对于对个体具有吸引力而易破坏现有关系的替代对象，尽量拒绝与其接触或相处的机会；采取有效的方式，处理有关嫉妒与第三者介入的问题；自愿为此关系做一些付出与牺牲；当对方做了某些糟糕或不合己意的事时，采取顺应而非报复的方式解决。

8.2 大学生恋爱与性心理健康

埃里克森在《儿童期与社会性》一书中提出个体必须成功通过八个心理社会性发展阶段，在每一个阶段个体都会经历一个主要的冲突或危机。大学正处于第六个阶段——成年早期(18～25 岁)，在这个阶段的发展任务是获得亲密感，需要和朋友等其他社交对象建立友爱关系，避免孤独感并体验爱情的实现。随着性心理发育成熟，各类校园活动使得社交网络扩大，大学生交流的机会增多，再加上年龄、学历、兴趣等方面相似，爱情的种子悄悄发芽。那么大学生的恋爱心理一般要经历哪些阶段，性心理又有哪些特征呢?

一、大学生恋爱心理

(一)大学生恋爱心理产生的动因

爱情不仅仅是青年人的事情，在生命的任何阶段都有可能产生爱情。对于大学生来说，恋爱是一种普遍存在的现象。

大学期间，性生理的发育成熟是大学生恋爱的最根本的生理动因；生理发展所引起的心理巨变是大学生恋爱的心理动因；而宽松的校园环境、大学浪漫的人文氛围，以及社会开放的文化渗透和道德伦理规范的约束是大学生恋爱的环境动因。

1. 生理因素

生理动因是大学生恋爱心理产生、发展的自然因素。我国当代大学生年龄一般在 18～23 岁，正值青春发育成熟期，即性萌发到成熟的时期。不仅生殖系统即性器官和内分泌在发育成熟，而且大脑中的性控制中枢与情绪中枢也正逐步成熟。

这个时期大学生的性本能欲求具有很强大的推动力，大学生性意识增强，渴望与异性交往、恋爱的欲望增强。同时，在这个过程中大学生又存在生理上的变化以及发育不适。例如，第二性征发育不良引发的对身体形象、性器官功能发育的不适感和不满情绪，容易让他们产生心理挫折感，引起自卑、焦虑、忧郁等情绪障碍。同时，由于缺乏完备的性生理知识和性心理知识，他们还会产生一些性意识困扰，如对一些性问题、性幻想、性梦、自慰等问题的不正确的理解而引发的不同程度的心理冲突。情况严重的会出现失眠、注意力分散、害怕与异性交往等现象，常常陷入一种苦闷困扰的情绪之中。

2. 心理因素

认知活动是大学生恋爱的感性基础，它对大学生恋爱心理起着感应、唤起和导向作用。而情绪则对大学生恋爱心理体验起着活跃和扩展的作用，调节大学生恋爱心理的起伏。处于青年早期的大学生情绪波动大、可塑性强，面对情感问题的两难抉择容易产生情感冲突，在恋爱过程中失去心理平衡，引发自卑、不安、抑郁、消沉等情绪问题。在意志方面，意志把恋爱的建立与社会义务、责任、权利联系起来，制约着大学生恋爱心理的发展。

人格特质、自我概念等也都是大学生恋爱心理的重要因素。不同的气质类型影响着大学生恋爱的表达方式与程度，以及恋爱心理的发展。性格倾向不同的大学生在恋爱情感体验中的表现也大相径庭：性格外倾者在恋爱过程中往往冲动、狂热、乐观、主动，而性格内倾者则往往冷静、谨慎、悲观、被动。

中学阶段由于升学的压力而被暂时压抑的、丰富的青春期情感，此时得以爆发。大学生自我形象逐渐清晰，渴望情感需要的满足。加上有相当一部分的大学生是远离家乡到异地求学，对家庭和原来朋友的思念使他们更迫切需要有人来陪伴。同时由于荷尔蒙的分泌，他们把这种需要转化为对异性同学的交往需求，采取恋爱的方式来满足自己的情感需求。

3. 环境动因

大学环境有它的独特性：对大学生来说，它在青年走入社会的过程中提供了一个宽松开放的缓冲环境。在这里，浪漫的校园人文氛围、社会开放的文化媒介渗透和伦理道德规范的约束是大学生恋爱的环境动因。

大学校园里，大学生摆脱了父母、师长的约束和“监控”，也没有了高考的巨大压力，拥有了更大的自主、自由和权力。校园里恋爱心理相互感染，身边同学们的恋爱现象也会促使更多大学生想要尝试恋爱。通过各种媒介，如网络、影视、报纸、杂志，大学生们可以便捷地获得关于爱情的大量信息，这些信息诱导并刺激着大学生恋爱心理活动的发生、发展，并不断影响、调适、转化着大学生的恋爱心理。

同时，社会的变革和发展引起了人们的人生观和价值观的变化。部分大学生价值取向中的消极因素反过来影响了大学生对生活的态度，把谈恋爱当成是一种炫耀的资本，于是一些人就拿自己的男(女)朋友和别人的相比，在别人的艳羡中获得满足感。还有一部分大学生仅仅是觉得时髦，出去有男(女)朋友相陪，是一种面子的体现。再有一小部分大学生是把自己的男(女)朋友当成自己性满足的对象。

(二)大学生恋爱心理发展过程

埃里克森认为，在成年早期个体需要发展出对他人做出充满情感、道德和性的承诺的能力。如果个体在这一阶段能够与他人建立亲密关系，便可形成“爱”的品质；如果缺乏这种能力，就可能产生孤独感。在大学阶段，大学生对异性的爱慕和向往有了明确的目标，对爱的内容和要求也比较清晰和强烈，开始有目的地试着选择对象，并尝试与之建立关系。

大学生恋爱心理的发展过程大致可分为萌芽期、发展期、稳定期三个阶段。大学期间是大学生恋爱心理形成并逐渐走向成熟的重要时期。

1. 萌芽期

通常在大学一年级阶段。大一新生跨入大学后，随着升学压力的消失，在思想上暂时会出现“停一停，歇一歇”的想法。同时，大多数学生远离家乡到异地求学、远离父母和亲朋好友，独自一人面对全新的生活环境和全新的人际关系，心里不免会产生孤独感和悲凉感，渴望得到他人的关心和帮助，渴望建立友谊。此间，班级活动、各级学生会、团委、校园社团为大家提供了许多交流和接触的机会。找老乡，找朋友，你来我往，慢慢地，男生女生的接触逐渐频繁起来。这一阶段，男女生在较高的交往频率和交往质量的基础上彼此了解和熟悉，两人渐渐产生好感。要注意的是：好感并不意味着爱情，如果错将好感或友谊看做爱情，不仅会给自己带来困惑，也会给对方造成困扰，进而影响双方的友谊；但好感往往又是爱情的基础，由好感可以逐渐发展成爱情。

2. 爱慕期

随着对新环境的逐渐适应，大学生与班级、宿舍同学的磨合也逐渐完成。此时的大学生无论是知识、能力、体魄，还是风度、服饰、语言等都彻头彻尾地“被”大学生化了。经过进一步的了解，经过恋爱萌芽期的双方，对对方的爱好、性格、为人等各方面有了更加深入的了解，产生了更深刻的情感体验，萌发了希望与对方在一起的强烈的情感倾向。在认知的参与下，这种情感体验发展成对对方的爱慕之情，这一阶段的男女大学生在深入了解后开始彼此吸引，并体验到了一种难舍难分的感觉。

3. 相爱阶段

大学男女之间单方面的爱慕还不是爱情，只有当双方相互爱慕且互相确认，建立起恋爱关系，爱情才能建立。在恋爱中的大学生，通常具有以下特征：(1)恋人之间常有眉目之间的传情和语言的沟通。(2)恋人之间有美化对方、只见对方优点而不顾及其他方面的倾向。(3)恋人有力图完善自己与对方协调起来的倾向。(4)恋人会在日常的一举一动里表达自己对对方的关心，有“一日不见，如隔三秋”的感受。(5)恋人常常戒备对方会被别人抢走，有独占对方的欲望。

4. 热恋阶段

恋爱关系确立一定时间后，双方就进入了热恋状态。情侣在热恋中的感情容易起伏波动，时而达到幸福与欢乐的最高峰，时而进入情绪的低谷和痛苦之中，甚至导致恋爱关系的破裂。因此，热恋阶段对青年来说是一个证实、发现、判断的时期。在这个阶段，个体需要证实自己在求爱阶段对恋人的一些理想化看法，并发现另一些没有注意或被忽视的优缺点。热恋是两人朝夕相处的阶段，优缺点较求爱阶段和恋爱初期更容易表露出来。恋爱双方一般会自觉或不自觉地根据对方表现出来的这些优缺点的综合印象作出价值判断，进而对这段感情是否值得延续下去做出抉择。

5. 家庭角色扮演阶段

如果恋爱双方在热恋阶段互相肯定，并决定将恋爱关系延续和升华，那么恋爱就会慢慢发展到家庭角色扮演阶段。在这一阶段恋人从浪漫的迷雾回归到现实生活，开始考虑柴米油盐酱醋茶，考虑工作问题或其他谋生问题。这种家庭角色扮演为以后的婚姻生活打下基础，作出铺垫。

(三)大学生恋爱的特征

恋爱状态下的男女常常表现出以下特征：恋人之间经常有眉目传情的语言沟通；常有美化对方、"情人眼里出西施"的倾向；力图完善自己，表现得更好；渴望与恋人在一起，若一日不见便如隔三秋；常防备恋人被人抢走，看见恋人与别的异性在一起就会有嫉妒心理；期望与对方融为一体；希望能为恋人多担风险等。由于大学生所处的特殊生活环境和文化氛围，其恋爱具有以下明显的特征。

1. 恋爱普遍性、自主性强

大学生的生理发育基本成熟，对于异性接触的要求是一种普遍现象。大学的管理制度也相对人性化。在这种思想的指引下，一部分大学生就开始谈起了恋爱。

大学生的自主意识较为强烈，在选择恋爱对象及处理恋爱关系的过程中，他们都会以自己的意志和情感作为根本出发点，很少受传统习俗的局限，也很少告知父母或征求他们的意见，显示出较强的自主性。

2. 恋爱注重过程，轻视结果

大学生具有较强的恋爱动机，但却缺乏生活的责任感和理智的现实思考，他们较为注重恋爱的过程，不会过多考虑恋爱的结果。如今，大部分大学生都会把大学时期的恋爱作为一种情感体验、一种人生阅历和一个必经阶段。他们不苛求美满的结果，只把握现实的过程。这种思想对大学生的成长有积极的一面，可以使他们充分地释放自己的情感，学会投入和付出，抛去功利性的思想意识，果断地把握身边的幸福。同时，这一思想也具有一定负面的效应，会使大学生在恋爱的过程中降低自我约束和控制能力，因而无法对爱情保持坚定的信念。

3. 恋爱观念开放，传统道德淡化

随着社会的发展和西方文化的大量涌入，大学生的恋爱观也受其影响变得更加开放，传统道德观念的影响在逐渐减弱。

4. 恋爱动机多样，缺乏责任感

大学生的恋爱动机存在多样化的特点：他们或是为了满足心理需要，寻求精神寄托；或是为了解除寂寞，填补空虚；或是志趣相投，相互帮助；抑或是追求物质，满足虚荣心。

5. 恋爱心理不成熟、不稳定

大学生的社会阅历不深，人生经验不够丰富，他们还没有形成成熟的人生观和价值观，对自己的人生目标和需求没有明确的概念和定位，大学生的恋爱心理还处于不成熟、不稳定的阶段。大学生的经济尚未独立，尚未意识到现实生活的压力，尚未真正理解爱情的真谛，其恋爱多处于单纯的精神层面，感情和思想不够稳定，缺乏妥善处理恋爱中情感纠葛的能力，缺乏宽容和理解，因此易出现恋爱选择反复不定、恋爱周期短、频率快及成功率低等现象。

(四)大学生恋爱的心理差异

由于生理机能以及由此带来的社会角色、心理机制的不同，男女大学生在恋爱过程中表现出很大的心理差异，如果不能正确理解和把握，势必会产生许多心理问题和其他不利影响。从爱的过程来看，男女恋爱心理的差异主要表现在以下几个方面。

1. 审美的差异

一般来说，男性更注重自己的视觉感受，较多地观察和要求女子的相貌、情感、姿态等。女性更注重于自己的听觉感受，较多地注重男性的语言，所以经常会问询对方是否爱自己。对大学生来说，他们对于心目中的对象有一种特殊的要求。女大学生心目中的男性美，已从外在形象的英俊潇洒转向追求知识、品格、性情和力量的统一，既欣赏男同学的内在力量，如刚强、进取、有才华，又希望男同学有人情味，如温柔、体贴和细心。男生心目中女生的最大魅力在于她的温顺、优雅之中富有韧性和坚强。

2. 追求爱情形式的差异

一般来说，男同学追求爱情时往往比女同学更主动、直接、大胆，并且容易付诸行动。而女同学则能从对方的微小动作、瞬间的眼神中窥视男同学心中的秘密。由于受到传统文化的影响，女同学在爱情中往往比较被动、含蓄、矜持，即使心中有了心仪的对象，一般也不会主动表示，宁愿等待，期待男同学去揭开这层面纱；有的女同学会设法暗示对方，男同学如果未能及时采取行动，那么很有可能引起女同学的错觉，认为对方无情，从而失去爱的机会。也就是说，女同学渴望得到爱，但是往往只是被动地等待；而男同学则强烈地表示自己的爱，并且会付诸行动。不过现在的大学生，也有越来越多的女同学开始大胆主动地追求自己的爱情，这是社会的进步，也是女性自我意识觉醒、恋爱心理健康发展的必然趋势。

3. 承受爱情挫折能力的差异

爱情是美好又甜蜜的，但有的时候男女双方在交往的过程中，会产生摩擦甚至分手。对恋爱中的摩擦，男生较随和，他们面对矛盾和争吵往往比较坦然，一般会主动做出让步——认错、哄女友开心，不愿意将矛盾升级，采取息事宁人的态度。而女生有时则比较敏感、多心，经常会为一点儿不快就激动、不安，甚至哭泣。当然，这也不是绝对化的，也有部分同学与上面所说的恰恰相反。虽然失恋带来的痛苦是难免的，但是对于绝大多数学生来说，他们不会因为失恋而丧失对生活的信念。在这方面，女生一般比男生更容易控制自己的情感，承受能力高于男生。女生一般会独自忍受失恋的辛酸和痛苦，等待时间慢慢抚平心灵的创伤；而男生一般会急于发泄自己的失落，有时甚至走向极端，采取暴力报复行为。

(五)大学生恋爱常见的心理问题

1. 单恋

单恋又称单相思，是指在异性关系中一方对另一方产生倾慕之情，但又不能告知对方或不被对方接受的一厢情愿的恋爱渴望。

一些大学生遇到自己喜欢的异性，便会产生爱慕之情，但却不清楚对方的情感态度，因而会感到迷茫困惑，羞于表白，使自己陷入单相思的煎熬之中。还有一些大学生坦率地向倾慕的对象表达自己的情感之后，却遭到对方的拒绝，挫折心理在短时间内难以调节，心理需求得不到满足，情绪无法释放，致使自己陷入矛盾与痛苦之中。

单恋的大学生通常会表现为郁郁寡欢、闷闷不乐、神情恍惚，甚至茶饭不思，对生活失去兴趣。他们的情绪极不稳定，时而沉默寡言，时而烦躁不安、哭泣自责。这种情绪如果得不到有效的抑制，久而久之就会使人变得孤僻、固执、自卑或消极，严重者可能导致抑郁症。

2. 爱情错觉

爱情错觉是单相思的一种形式，是对爱情的错误感觉。一些大学生，在十分强烈地渴望得到倾慕者爱情的时候，就会过分地敏感，产生过多的幻想。他们常常会把对方的言行态度纳入自己主观需求的轨道上去理解，会把对方的亲切和蔼与热情大方误认为是爱的表达。对方的一个表情、一个微笑或是一句话语都会被单恋者看作是某种暗示或爱的回应。在这种爱情错觉的影响下，单恋者会感到自我满足，因此越陷越深、难以自拔，一旦发现幻想破灭，就会受到严重的打击。因此，大学生应该理智、客观地认识自己与他人的情感，避免沉浸在爱情错觉当中自欺欺人。

3. 多角恋

所谓多角恋，是指一个人同时与两个或两个以上的异性建立恋爱关系。在大学校园中多角恋现象不可忽视。大学生多角恋通常有以下几种情况。

(1)一些大学生由于心理发展还未完全成熟、生活经验不足、择偶标准不明确等原因，不能确定与自己关系密切的异性中哪一位更适合自己，因此就会广泛培养，以求选择最佳对象，由此出现了选择性的多角恋。

(2)一些大学生的择偶动机不良，心态浮躁，追求形式，抱着游戏人生的想法，感情态度不专一，渴望占有所有美好的事物，因此就在不同的恋爱角色中周旋，寻求刺激，获得满足感。

(3)一些大学生的虚荣心较强，他们会以自己追求者众多而感到荣耀，通过建立多角恋爱关系来显示自己的魅力，满足强烈的虚荣心。

(4)还有一些大学生过分地以自我为中心，固执任性，嫉妒好强，对于自己喜欢的对象具有强烈占有欲，因此会在他人的恋爱关系中充当第三者的角色，导致复杂的多角恋。

多角恋是一种极为不健康的恋爱观念，是对他人不尊重和不负责的表现，是违背社会道德规范的行为。多角恋还潜伏着极大的危险性，处理不当容易激化矛盾，产生严重的不良后果。

4. 网恋

随着电子信息技术的普及，网络已经渗透到社会生活的每个角落，同时也成为大学生的普遍交往方式。一些大学生在感到学习和生活压力过大或孤独、空虚时，便会通过网络宣泄情绪，寻求情感寄托，遇到情投意合的对象便会发展成为网恋。

网络虚拟性的特点使得网恋多为思想、情感、意识和观念等精神世界的沟通和交流，缺乏现实的生活基础。恋爱双方不可能全方位地认识和了解对方，仅仅是通过对方的自我陈述和表达来实现恋爱的过程。因此，网恋具有一定的主观性、片面性和虚假性，一旦网恋双方在现实中相互接触，就会因现实的差距而导致恋爱的失败。我们不否认网恋的成功案例，但是大学生在对待网恋问题上应保持冷静和慎重的态度，避免受到伤害或欺骗，以免酿成不可挽回的后果。

5. 失恋

所谓失恋，是指恋爱中的一方单方面否认或终止恋爱关系，并因此给对方造成严重的心理挫折。从心理学角度来看，失恋是青春期最严重的挫折之一，是一种痛苦的情绪体验，严重的会给失恋者留下难以愈合的创伤。

大学生的恋爱心理不成熟、不稳定。择偶标准不明确、在恋爱过程中缺乏责任感、淡化恋爱结果等观念和态度，会使得恋爱中的某一方因双方的性格不合、见异思迁、不愿承担压力或恋爱动机不纯等而主动放弃恋爱关系，导致另一方受到极大的伤害。

失恋会引起一系列不良的心理反应，如挫折、失落、悲伤、孤独、抑郁、冷漠、绝望甚至报复等。失恋的学生往往会有愁眉苦脸、精神不振、压抑颓废、沉默寡言等表现，他们在短时间内难以平复自己的情绪，容易产生自卑心理，对爱情失去信心，对生活失去兴趣。心理承受能力差的学生甚至会由于心理严重失衡而走向极端。

失恋的原因有很多种，常见的有以下几种。

(1)性格不合。这种情况在大学生恋爱中是最常见的。现在很多人都喜欢一见钟情，在双方互不了解的情况下，仓促建立爱情关系。随着时间的推移，双方会发现彼此在思想、性格等方面并不合适而选择分手。如果分手是其中一方提出的，而另一方依然留恋、放不下这段感情，则会是很痛苦的事情。

(2)见异思迁。恋爱中的两个人，在热恋的过程中，一方发现对方身上有一些缺点是自己原来没有发现的，而这时又发现另外一个异性身上存在此方面的优点，那么就很容易见异思迁、移情别恋，从而离开对方。此时，另一方就要承受很大的痛苦。

(3)一厢情愿。当初两个人在一起的时候，是其中一方穷追不舍，另外一方迫于同情而建立起恋爱关系，但交往后发现对方并不符合自己内心真正的恋人标准，于是提出分手。

(4)社会舆论压力。相爱的双方由于受到社会舆论的影响，两个人不得不分开。比如临近毕业的时候，双方的工作地点不在一起，或者双方的父母极力反对，那么恋爱的双方可能因此而分开，双方都会陷入到痛苦之中。

(5)恋爱动机不纯。恋爱动机的纯洁和健康是保证恋爱顺利进行的重要基础。有些大学生谈恋爱不是出于爱情本身，而是因为生活的单调、寂寞、烦闷、虚荣心等需要而去谈恋爱。

爱情是美妙的。对于感情真挚的大学生来说，当爱情故事悄悄地开始时，一切都是特别美好；可是当爱情故事结束时，失恋的打击也是非常令人心碎，而由此引起的心理反应也异常激烈。当一场爱情走到了尽头，失恋者由于失去了对方的爱情，其他情感又不能替代时，就会产生极度的绝望感。在此危险时刻，失恋者往往有以下几种心理和行为特征。

(1)情绪低落。一些大学生失恋后，把痛苦埋在心底，充满虚无感、失意感，心情抑郁，为人冷漠、孤僻，严重者可导致精神分裂；还有一些人为寻找精神寄托而借酒消愁，在酒精和尼古丁中麻醉自己；或从此愤世嫉俗，怀疑一切，看什么都不顺眼，爱发牢骚；或从此玩世不恭，得过且过，寻找刺激，发泄心中不满。

(2)盲目弥补。分手后，一部分大学生仍对对方一往情深，对爱情生活充满了美好的回忆和幻想，于是陷入单恋的情境，盲目地去弥补自己的这份爱情。有些人在原来的恋人面前哭哭啼啼，苦苦哀求，希望能够重归于好，若对方不答应，甚至以死相逼；有些人继续像原来那样对待对方，但是对方并不领情。这些都是幼稚的行为，因为爱情本身就是双方共同来经营的，如果一方退出了，那么另外一方也就没有办法一个人继续了。

(3)报复行为。这是一种不正常的发泄手段。失恋者不能接受分手的结局，于是产生了“我不好过，你也别想过好”的心态。有些人制造流言来诽谤对方，有些人对对方的生活进行骚扰，更有甚者，把对方的电话放到网上、贴到电线杆上等对对方进行报复。还有一些极端的大学生，对分手这件事情特别难以接受，采取暴力行为，最后致使对方伤残甚至死亡。

6. 同性恋

性社会学家李银河认为，同性恋是指以同性为对象的性爱倾向与行为。实际上，同性恋也包含了与异性恋同样的爱情成分。

不可否认的是，当前我国的同性恋者依然承受了来自社会文化和舆论的较大压力。在此需要指出的是，同性恋、同性恋之间的性行为不是心理异常的表现，和异性恋一样，只有当这一行为给自己带来心理困扰或者影响到学习、生活、工作时，才会引起心理异常。多项针对同性恋者心理健康状况的调查研究发现，大多数男同性恋者和女同性恋者在生活中很快乐、很积极。基于这一研究结论，美国精神病协会和美国心理学协会在20世纪70年代先后将同性恋从心理障碍名单中删除，给予同性恋与异性恋同等的地位。近年来许多国家已经逐步承认了同性婚姻的合法地位，赋予同性恋者婚姻家庭权。世界卫生组织和我国的精神病诊断标准第三版(CC-MDⅢ)也相继取消了同性恋的诊断标准。

二、大学生性心理健康

（一）性心理健康及评定标准

1. 什么是性心理健康

世界卫生组织对性心理健康所下的定义是：通过丰富和完善人格、人际交往和爱情方式，达到性行为在肉体、感情、理智和社会诸方面的圆满和协调。我国学者这样定义性心理健康：性心理健康是指个体具有正常的性欲望，能够正确认识性的有关问题，并且具有较强的性适应能力，能和异性进行恰当的交往，在免受性问题困扰的同时，还能使之增进和完善自身人格，促进自身身心健康地发展。

2. 性心理健康的标准

世界卫生组织制定的性健康标准包括以下五条内容。

(1)有正常的性需要和性欲望。

(2)能够正确认识自我，愉快地接纳自己的性别。

(3)性心理特点和性行为符合相应的性心理发展年龄特征。

(4)能和异性保持和谐的人际关系。

(5)性行为符合社会道德规范。

保持健康的性心理应做到这样几点：具有良好的性知识；对于性没有由于恐惧和物质所造成的不良态度；性行为符合人道；在性方面能做到“自我实现”，即能学会拥有、体验、享受性的能力，在社会道德的允许下，最大限度地获得性活动的快乐与满足；能负责地作出有关性方面的决定；能较好地获得有关性方面的信息交流；接受社会道德和法律的制约。

结合我国的具体情况，健康的性心理应当包含以下一些具体内容。

(1)有正常的性需要和性欲望。正常的性需要和性欲望是健康性心理的生物学基础。

(2)有科学、全面、正确的性知识，包括性生理、性心理、性道德等一切有关性健康的知识。

(3)有正当健康的性行为方式，性行为的目的和性满足的方式符合人性。

(4)性观念和性行为符合社会道德和法律规范。

(5)对性抱有正确的态度和情感，能够自觉调解和克服不良情绪，如自卑、恐惧、焦虑等。

正常的性需求和性欲望是性心理健康的物质基础，科学的性认识是性心理健康的自我调解机制，正当、健康的性行为是指符合法律法规、校纪、道德等规范的行为。

（二）当代大学生性心理发展特点

1. 性心理发展滞后

有关研究资料表明，当代青少年性生理发育成熟的年龄明显提前，女生初潮平均年龄由20世纪60年代的14.5岁提前到20世纪90年代末的13.06岁，男生首次遗精平均年龄由20世纪60年代的14.43岁提前到20世纪90年代末的14.02岁。大学生的年龄一般在17～23岁，处于青年早期，其性生理已经发育成熟。但由于社会经验和社会实践活动的缺乏，大学生心理发展尚处于由不成熟向成熟过渡的阶段，其价值观念尚未成熟、稳定，性心理发展明显滞后。性生理和性心理发展的失衡，使许多大学生产生诸多的性困惑。

2. 性知识贫乏

性意识是指对两性间性生理、性心理和性别角色差异的认识和反映。随着性生理的成熟，大学生的性意识明显增强。但是，大学生获得性知识的途径主要是报刊、影视作品、网络等非正规途径，这使得大学生科学的性知识相对贫乏。

3. 性心理不成熟

很多大学生认为，谈恋爱是“追求刺激”“逢场作戏”。他们对性关系的自我认知模糊，特别是对因恋爱产生的性关系表示理解与宽容，校外同居现象并不鲜见。由于大学生的性心理还不成熟，尚未形成稳固的、正确的恋爱观和道德观，对各种性现象、性行为的认知评价体系还不完善，自控力较弱，因而其性心理易受外界的不良影响而动荡不安。

4. 传统性价值观与当代多元化性价值观并存

调查发现，当代大学生性观念一方面残留着中国传统文化的烙印，另一方面又越来越多地接受了西方文化的影响，这使大学生处在传统的性道德与现代性观念的矛盾与冲突之中。由于长期受传统性观念的影响，有相当一部分大学生仍然坚持传统的性道德观和性价值观，特别希望自己的性伴侣能坚守传统性伦理道德；又由于受西方性自由观念的影响，希望自己能突破传统的性伦理道德的束缚，充分享受性自由，表现出一种矛盾的性心理状态，即传统性价值观与多元化价值观并存的心理状态。

5. 边缘性性行为普遍

在高校，大学生发生边缘性性行为的现象十分普遍。近年来，随着大学生性观念的开放，婚前性行为在大学生中呈上升趋势。婚前性行为使男女双方在性欲和其他动机方面都获得了一定的满足，但同时也会给当事者，特别是给女方带来严重的不良后果。

8.3 大学生爱的能力的培养

大学的爱情就像一个美丽的童话，许多同学渴望“王子和公主从此过上了幸福的生活”。而事实是，童话结束了，王子和公主就分手了。大学是一个容易产生童话的地方，几乎每个人都有着罗曼蒂克的想法，也各自试图想要拥有属于自己的浪漫的爱情故事。然而爱情不是单纯的“头脑发热”，更不是只凭着“一腔热血”就能拥有的。爱情是需要学习与经营，接下来让我们来看看如何才能拥有健康完整的爱情。

一、培养爱的能力

爱情本是美好而又纯洁的情感，每个人都渴望自己能得到美好、幸福的爱情。费洛姆说：“爱是一种能力，也是一种艺术，也是一个人的终生任务。”恋爱的过程是培养爱的能力的过程。具备了爱的能力，才能使自己真正体验到爱给人带来的快乐和幸福。爱的能力主要表现为爱的过程中以下几个方面的能力。

(一)迎接爱的能力

迎接爱的能力包括表达爱的能力和接受爱的能力。弗洛姆说：“爱主要是给予，而不是接受。”一个人心中有了爱，在理智分析之后，要敢于表达、善于表达，这是一种爱的能力。一个人面对别人的示爱，能及时准确地对爱做出判断，并做出接受、谢绝或再观察的选择，这也是一种爱的能力。缺乏这种能力的人，或是匆忙行事，或是无从把握。大学生要具备迎接爱的能力，就应该懂得爱是什么，有健康的恋爱价值观，知道自己喜欢什么、需要什么、适合什么。就应该对自己、对他人、对万事保持敏感和热情，主动关心他人，热爱他人。当别人向你表达爱时，能及时准确地对爱的信息做出判断，坦然地做出自己的选择。

(二)拒绝爱的能力

当遇到自己不愿意或不值得接受的爱时，应该有勇气加以拒绝。拒绝爱要注意两个方面：一是在并不希望得到的爱情到来时，要果断、勇敢地说“不”，不能拖拖拉拉，一直不能给个确定的反馈，这种做法对双方都会造成伤害。二是要掌握恰当的拒绝方式。虽然每个人都有拒绝爱的权利，但是珍重每一份真挚的感情是对他人的尊重，也是一种自珍，同时还是对一个人道德情操的考验。如果不顾及对方的情面，恶语讥讽，就会使双方的感情和自尊心受到伤害，这种做法是不妥的。

(三)发展爱的能力

弗洛姆在《爱的艺术》中指出：要有爱的能力，一个人就得保持紧张、清醒和强烈的活力。做到这一点，他就得在其它所有领域里都能保持创造性和主动性。倘若在其他领域消极无能，他在爱的领域也必将重蹈覆辙。培养爱的责任，发展爱的能力，不仅把阳光放在爱的领域，也放在其他非性爱的领域。苏联著名教育家马卡连柯说：“爱的力量只能在人类非性欲的爱情素养中存在。它的非性欲爱情范围越广，它的性爱也就越为高尚。”发展爱的能力，并不是非要具体到对某一异性的爱，可以是更广泛意义上的爱。我们的亲人、同学、朋友、祖国和人民，都值得我们去热恋。发展爱的能力，就是要培养无私的品格和奉献精神，要培养善于处理的能力，有效地化解、消除恋爱和生活中的矛盾纠纷，为恋人负责，为自己负责，为社会负责，这样才能创造出幸福美满的婚恋生活。

(四)提高恋爱挫折承受能力

恋爱受多种因素的制约，因而在追求爱情的过程中，遇到各种波折是在所难免的。前面所提到的单相思、爱情错觉、失恋等恋爱心理挫折对心理承受能力都是一种考验。如果恋爱挫折承受能力较强，就能较好地应付挫折，否则就有可能造成不良后果。因此，提高恋爱挫折承受能力对心理健康是非常重要的。

(五)鉴别爱的能力

能较好地区分什么是好感、喜欢和爱情并有鉴别爱的能力的人，是自尊也尊重别人的人。这样的人会主动与别人交往，主动扩展交往的范围，珍惜友谊，会尽量多地体验他人的感受。

(六)解决爱的冲突的能力

相爱的人不是寻求两人的一致，而是看如何协调、合作。爱需要包容、理解、体谅。恋人间需要有效沟通，清楚地表达自己的思想、感受。善于化解各种矛盾，爱情才能得以稳固发展。

二、树立健康的恋爱观和择偶观

(一)树立正确的恋爱观

恋爱观是指人们对恋爱问题所持有的基本观点和态度，是一定社会条件下的经济关系和道德关系的产物。健康的恋爱观是理想、道德、义务、事业和性爱的有机结合，包括：建立正确的认知和择偶标准，摆正恋爱、爱情与事业、发展友谊的关系，提倡志同道合式的爱情，选择健康的恋爱行为方式等。

一个人的恋爱观是否健康、正确，首先看他们对择偶标准的认识。因为恋爱观不正确会导致一个人产生择偶偏差，并会给双方带来一系列交往问题，乃至会为将来的婚姻生活埋下隐患。

1. 摆正爱情的位置

对于青年学生而言，大学阶段是人生的黄金时代：一生的事业在这里奠基，成才的希望在这里起步。大学生应以学业为主，将爱情放在次要地位。大学生应树立崇高的理想，不应只有“儿女情长”而没了胸怀大志。大学生正确认识、对待和处理爱情与学业的关系，主要表现在如何正确认识和处理恋爱和学习的关系、正确处理恋爱与集体活动和社会工作的关系、正确处理恋爱与其他同学的团结关系等方面。

2. 真诚的态度，平等的相爱

爱情是建立在恋爱双方相互理解与尊重的基础上的。恋爱双方应以诚相待，绝不能伪善与欺骗，更不能有不良目的。恋爱的双方要尊重对方的情感和人格，不能把恋人当作是自己的私有物，侵犯恋人的个人自由，诋毁恋人的人格尊严。爱情的双方不仅要自尊自爱，还要相互尊重与体谅，这样才能成为并肩作战的亲密战友。

3. 严肃认真，忠贞专一

恋爱是涉及双方终身幸福的事情，因而当事人要持严肃认真的态度，不能朝三暮四、见异思迁。恋爱关系一经确定，就要忠实于伴侣。爱情要专一，这是恋爱道德的基本要求。爱情的专一，要求男女双方都要承担一定的道德义务和道德责任，不能变化无常，轻率转移爱的对象，不能同时分给两个人。只有专一，两人的爱情才能长久。

4. 爱与责任相统一

爱不仅仅是一种权利，更是一种责任和义务。爱的权利与义务不可分割，不能只享受爱的权利，而不履行爱的责任与义务。爱是一种给予，包含对对方强烈的责任感。恋爱双方的所作所为须向对方负责，这也是恋爱道德的基本要求。

5. 积极参加社会实践，提高人际交往能力

爱情体现着人与人之间一种特殊的人际关系，良好的人际交往能力是健康恋爱心理形成的必要条件。积极参加各种社会实践活动，有助于锻炼大学生的社会适应能力，丰富自己的社会阅历，提高自我认识水平和自我控制能力，从而塑造良好心理素质，提高人际交往能力，形成健康的恋爱心理。另一方面，人际交往能力的提高，使得大学生在遇到困难时能够获得更多的社会支持，降低由恋爱挫折造成的消极影响。

(二)树立正确的择偶观

1. 大学男女择偶偏差

男同学的择偶偏差主要表现在：(1)片面追求外表美。这个因素是两性心理差异造成的，“男人是视觉动物”，但是一味地追求外表美，而忽视其他的因素，在日后的交往中会逐渐产生矛盾。(2)片面追求“贤妻良母”型。现在的大学生基本上都是独生子女，在家受到父母的照顾比较多，很少有人能达到“贤妻良母”的标准。男同学要求自己的女友时刻要理解自己、温柔体贴，但是自己却飞扬跋扈、大男子主义，这样也会破坏两个人的感情。(3)片面追求“性”。很多男同学认为，两个人在一起恋爱了，就应该身心交融，“爱我就给我”。这种思想会让女孩子觉得和你在一起谈恋爱只是为了性，而不是为了爱情。(4)片面追求“忠诚”。一部分人一旦找到了女朋友，占有欲很强，认为你就应该忠诚于我，不许再和其他异性发短信、打电话。

女大学生的择偶偏差主要表现在：(1)片面追求外在美。好多女大学生喜欢“帅哥”，觉得挽着一位“帅哥”走在校园里，回头率一定高。这些人有时候容易被甜言蜜语蒙蔽，最后上当受骗。(2)片面追求经济实惠，有靠山。这类大学生追求的是一种安全感或虚荣心，很容易被社会上一些“感情骗子”欺骗。(3)片面追求完美。有些女性在择偶时要求男生十全十美，坚持认为男生要有身高、有长相、有风度、有品味、有事业心、有家庭责任感等，这种过于完美化的标准最终会使得自己很难找到合适的意中人。

2. 树立正确的择偶标准

所谓择偶标准，是指在一定爱情观的指导下用某些标准或条件，挑选自己所要爱的人。在现实社会中，不同的人有各自不同的择偶标准，或“高富帅”，或“白富美”，概括起来可分为事业型、美貌型、金钱型、权力地位型、兴趣志向型等。大学生文化层次相对较高，未来将成为各条工作战线上的骨干人员，在恋爱对象的选择上应从政治、品德、性格、爱好等多方面综合考虑，注意理想志向的一致性，以互相爱慕、志同道合为基础，选择与自己心理特点相配的恋人。这不仅符合恋爱道德的要求，也是使恋爱能够成功的前提条件。

作为现代的大学生，为了自己的爱情之花盛开不败，就要建立正确的爱情观，确立合适的恋爱动机，选择适合的恋爱对象，培养正确的行为方式，塑造自身良好的人格，这样才能酿造出甜蜜的爱情美酒。

知识窗

爱的五种表达方式

心理学家盖瑞·查普曼(Gary Chapman)博士在他的著作《爱的五种语言》中列出了五种表达爱的方式。他认为，爱的表达不只是简单地说一句“我爱你”，人们可以试着学习多种表达爱的方式。他介绍了以下五种爱的表达方式：肯定的言辞、投入的时间、给出的礼物、服务的举动、身体的接触。你可以比对看看，你和你的伴侣，分别都做到了几种。

1. 肯定的言辞

多用积极的语言鼓励与肯定对方。语言表达是最直接、最容易被对方接收到的信号。如果一开始你还不习惯直接说“爱”，可以把“我爱你”变成一句描述，比如“我爱你笑起来的样子”“我爱你的善良”等。人们都喜欢被人倾听，当他人发现你认真地听他们说话时，他们会感到被你重视。你可以每隔一段时间，问问家人、朋友或伴侣最近的想法和对未来的打算等，耐心倾听并给予鼓励。这也是一个机会，让你能更了解自己在乎的人。

2. 投入的时间

很多时候人们更关注相处的时长，比如一周花多少时间在一起。但相处时间的质量也很重要，比起待在一起两小时却毫无交流，一起花半小时投入双方都爱的活动可能会让人感受更好。

你可以记下对方喜欢干的事，比如去博物馆、看演唱会或是去公园散步，规划并陪伴对方做这些事。注意在陪伴对方时，要表现出投入。如果你只是在不断刷手机，就会让在乎的人感到敷衍。

3. 给出的礼物

礼物是爱的视觉象征。如果你在乎的人喜欢收到礼物，那么你需要好好规划，成为一个送礼者。你可以多观察在乎的人平时在关心什么物品，对方曾经因为收到什么礼物而激动不已，把它们记下来。如果你实在不知道要送什么礼物，也可以考虑问问你在乎的人的朋友，他们或许更了解对方想要什么。有些人不喜欢花钱，他们为自己花钱都困难，一想到要为别人花钱就更难受。但实际上，花钱送礼物不单是为了对方，也是为了我们自己：它给我们带来关系的安全感。

4. 服务的举动

服务的举动指的是做对方希望你做的事，是用行动表达你的爱意。有些行动未必需要花费你很大力气——比如在父母看来，吃掉他们做的饭就是对他们的服务，关键是了解你在乎的人希望你为他们做什么。双方可以试着一起写下几件希望对方做的事，或许你会发现很多你没有注意到的对方的需求。

5. 身体的接触

查普曼博士指出，有些人看重身体的接触。在他们看来，疏远他们的身体，就是疏远他们本身。不单伴侣之间需要肢体接触，朋友和家人也需要，特别是当人们遭遇痛苦和危机时，拥抱可以舒缓情绪。如果觉得身体紧贴的拥抱过于尴尬，可以变成勾肩抱，或者拍拍手臂或手背。

了解自己与对方表达爱的方式

查普曼博士指出，了解与沟通双方爱的表达方式是很重要的。不同的人会喜好不同的爱的表达方式，就像不同地区的人会使用不同的语言。我们都有自己最先习得的爱的表达方式，就像每个人都有母语一样。而双方爱的表达偏好不同，会使得一方觉得自己已经努力表达爱意了，另一方却总觉得不够，从而产生不满与冲突。像两个语言不通的人彼此无法沟通，感情就在沟通不畅中破裂。所以，很多时候不是你表达得不够或是做得不好，而是因为你们没有了解和学习彼此的爱的表达方式，没有做出有效的爱的沟通。查普曼博士认为，要改善这点，关键是我们得站在对方的角度上了解对方喜欢什么，而不只是拘泥于我们自己偏爱的爱的表达。也许对方给你的关怀不是你最喜欢的，却是对方心目中最美好的东西。人们需要就这点沟通和交流，确保双方没有误会彼此的付出，并根据双方的喜好调整爱的表达。我们除了要学会表达爱，也需要学会辨识对方的表达方式。每个人偏好的表达方式都不同，比起强迫对方按照自己偏好的方式去表达，不如接受和享受对方的表达方式。当然你也可以提出你的期望，对方如果爱你，也会愿意做出一些调整，但你们必须是双方共同做出一定程度的妥协，而不是一方无穷尽地、高标准地要求对方。

最后，不要刻意地表达爱意。研究发现，当一个人刻意地对他人做出维持关系的举动时，对方能察觉到这种刻意。而一旦人们认为某种行为别有目的，便会保持警惕和距离。试着把表达爱意变成日常的小习惯，接受爱意的一方会更容易做出回应。此外，爱的表达也需要不断地练习。越表达，越会表达。如果不开始试着展现爱意，人们始终会对爱的表达感到陌生和焦虑。就像当你第一次说“我爱你”时可能会感到别扭，但第一百次说“我爱你”时会自然很多。不妨从今天开始，试着对你在乎的人表达爱意吧。

心理训练

一、心理练习

1. 如果在情人节的晚上，你的好朋友失恋了，你会给他(她)怎样的建议？

2. 请每个同学给自己写一张失恋寄语卡，然后在全班分享。

二、心理活动

活动主题：畅想爱情——我想定做一个他(她)

【活动目的】明确理想爱情与现实爱情的差距，学会调整自己的心态与目标。

【活动时间】45 分钟。

【适合人数】30 人。

【材料准备】每人一张白纸，每人一支笔。

【活动过程】

(1)教师将全班随机分成 5～6 组，一组不超过 10 人。

(2)请小组成员按下列内容填写：

理想中的完美爱人需要具备以下条件：

外表：

内涵：

人品：

智慧：

经济：

……

(3)请每一小组就自己的表格内容在组内自由发言，并请一个代表总结小组成员发言。

(4)教师组织同学们就发言内容进行讨论。

【讨论要点】

(1)每个人理想中完美的爱人是否相同？

(2)现实生活中是否存在完美的爱人？

【活动总结】

现实中没有完美的爱人，只有是否合适的恋人。每个人理想中完美爱人的样子不尽相同。爱情不是按照条条框框的标准来达成爱情的选择，而是需要用心感受、用责任与包容细心维护的。

三、心理测试

恋爱观自测量表

指导语：恋爱观的自测表共分 16 个问题，每个问题都有四个答案，你可以在最符合自己心理状态的答案上打上记号，然后根据评分方法，算出自己的得分，从而大略判定自己的恋爱观是否符合时代和社会的要求。

1. 你对恋爱的幻想是：
   a. 具有令人神往的浪漫色彩
   b. 能满足自己的情欲
   c. 使人振奋向上
   d. 没想过
2. 你希望同你恋人的结识是这样开始的：
   a. 在工作和学习中逐渐产生感情
   b. 青梅竹马
   c. 一见钟情，卿我难分
   d. 随便
3. 你对未来妻子的主要要求是：
   a. 善于理家
   b. 别人都称赞她的美貌
   c. 顺从你的意见
   d. 能在多方面帮助自己
4. 你对未来丈夫的主要要求是：
   a. 有钱或有地位
   b. 为人正直，有上进心
   c. 不嗜烟酒，体贴自己
   d. 英俊、有风度
5. 你认为巩固爱情的最好途径是：
   a. 满足对方的物质要求
   b. 甜言蜜语讨好对方
   c. 对恋人言听计从
   d. 使自己变得完美
6. 在下列爱情格言中你最喜欢：
   a. 生命诚可贵，爱情价更高
   b. 爱情的意义在于帮助对方提高，同时也提高自己
   c. 有福同享，有难同当
   d. 爱情可以使我牺牲一切
7. 你希望爱人同你在兴趣爱好上：
   a. 完全一致
   b. 虽不一致，但能互相照顾
   c. 服从自己的兴趣
   d. 没想过
8. 你对恋爱中的意外曲折是这样看的：
   a. 最好不要出现

b. 自认倒霉
c. 想办法分手
d. 把它作为对爱情的考验

9. 当你发现恋人的缺点时，你是：
a. 无所谓
b. 嫌弃对方
c. 内心十分痛苦
d. 帮助对方改进

10. 你对家庭的向往是：
a. 同爱人天天在一起
b. 人生有个归宿
c. 能享受天伦之乐
d. 激励对生活的追求

11. 自己有一位异性朋友，你会：
a. 告诉恋人，并在对方同意下才继续同异性朋友交往
b. 让对方知道，但不许干涉自己
c. 不告诉对方，因为这是自己的权利
d. 可以告诉，也可以不告诉，要看恋人的态度。

12. 看到一位比恋人条件更好的异性对自己有好感时，你会：
a. 讨好对方
b. 保持友谊，但在必要时向对方说明真相
c. 十分冷淡
d. 听之任之

13. 当你迟迟找不到理想的恋人时，你会：
a. 反省自己的标准是否切合实际
b. 一如既往
c. 心灰意懒，对婚姻感到绝望
d. 随便找一个算了

14. 当你所爱的人不爱你时，你会：
a. 平和地同对方分手
b. 毁坏对方的名誉
c. 千方百计缠住对方
d. 不知所措

15. 你的恋人对你不道德地变心时，你会：
a. 采取报复措施
b. 到处诉说对方的不是
c. 只当自己瞎了眼

d. 从中吸取教训

16. 你认为理想的婚礼是：

a. 能留下美好而有意义的回忆

b. 有排场，为别人所羡慕

c. 亲朋满座，热闹非凡

d. 双方父母满意

评分标准：

题目/选项	a	b	c	d	题目/选项	a	b	c	d
1	2	1	3	0	9	1	0	2	3
2	3	2	1	1	10	2	1	1	3
3	2	1	1	3	11	3	2	1	1
4	0	3	2	1	12	0	3	2	1
5	1	0	2	3	13	3	1	0	1
6	2	3	2	1	14	3	1	0	1
7	2	3	1	0	15	0	1	2	3
8	1	2	0	3	16	3	0	1	1

如果总分在 40 分以上，说明恋爱观是基本正确的；32 分以上为一般；32 分以下，说明恋爱观不够正确，应该注意改进。如果有大约 8 个问题不知道怎么回答，说明你的恋爱观尚没有确定。

反思成长

1. 尝试用爱情的理论分析自己的爱情，看是否具有心理学家所说的要素。你的爱情属于哪一类型呢？

____

2. 结合你自己经历谈谈大学生恋爱过程中有哪些心理困扰。

____

资源导航

推荐书籍：

1.［美］艾·弗洛姆．爱的艺术．刘福堂，译．上海：上海译文出版社，2018.

2.［美］盖瑞·查普曼．爱的五种语言．王云良，陈曦，译．南昌：江西人民出版社，2018.

• 模块九
• 大学生挫折应对与心理危机干预

名人名言

每一种挫折或不利的突变，是带着同样或较大的、有利的种子。

——爱默生

导读

生命对于每个人来说都只有一次，每个人的生命都是独一无二的。生命的由来向来都是伟大而又富有精神意义的，而它的最终意义就是有意识、有价值地活着。不管你要什么样的人生，首先你得活下来，你才有能力继续探求生命的意义。作为社会未来建设者的大学生，在平时的生活和学习中可能会遇到很多困难，会有诸多压力，所以更应该学会正确地认识生命，积极应对挫折，度过心理危机。

学习目标

序号	目标维度	具体内容
1	知识目标	(1)了解大学生挫折和心理危机的产生与特点； (2)了解挫折及心理危机对大学生的影响； (3)了解压力与挫折对人生的意义。
2	能力目标	(1)学会正确应对挫折； (2)学会识别心理危机的信号； (3)掌握初步的干预方法，预防心理危机。
3	情感和态度价值观目标	(1)使学生认识生命，尊重生命，珍爱生命，维护生命安全； (2)树立正确的生命观、生活观与生存观。

典型案例

为什么受伤的总是我？

刘某，女，20岁，某高职院校一年级学生。她来自农村家庭，父母都是农民，在家排行老二，有一个姐姐、一个弟弟。弟弟在她上高中时意外死亡，给这个家庭留下的是永远抹不掉的悲伤和大笔的债务。刘某于2017年高考前得了一场大病，影响了高考，没有考进自己理想的大学。她在日常的学习生活中沉默寡言，很少与老师沟通，与同学相处不太融洽；在家庭中，因高考一事她与父母意见分歧较大，交流较少。

2017年11月，在学生会"晨点出勤记录"里，辅导员发现刘某经常旷"点"。寝室长也反映她近期在日常生活中表现异常，如她每晚熄灯后才去洗澡，而且声音很大，总让人感觉她是在故意制造噪声；躺在床上也是辗转反侧，很久不能进入睡眠状态；从任课老师那了解到她最近还经常旷课；同时在新生心理普查报告显示：她有严重的自闭心理和自杀倾向。了解到这些情况后，辅导员马上拨通了刘某的电话，可电话无人接听。辅导员赶紧把这些情况向学院主管领导做了汇报，领导指出情况危急，立即启动预案，实施心理危机干预。

（来源：根据真实心理咨询案例整理而成。）

思考题：

1. 看到这个案例中的主人公，你是否有过或者正在经历着同样的境遇？你可曾想过造成这一切的缘由是什么？需要如何正确地应对呢？

2. 在这个经济快速发展、竞争激烈的现代社会，作为新时代大学生，当你面对这些境况时，感受如何？它对于我们的成长又有什么意义？

9.1 认识挫折

在大学校园里，有这么一群人：他们注重享乐却受不了挫折，抗压性差，合群性不足，主动性和积极性都比较差。于是，这样一批具有草莓特质、抗压性比较差的群体就被冠名为“草莓族”。顾名思义，他们就像草莓一样，虽然外面光鲜夺目、个性十足，却质地绵软，稍一施压就整个抵抗不住，变成一团稀泥。和这样的人相处我们要拿捏得十分小心，你是不是“草莓族”？

一、挫折的内涵

(一)挫折的含义

在追求梦想的过程中，我们时常会遇到各种困难与阻碍，在面对这些干扰时所产生的消极心理体验就是所谓的挫折感。心理学研究认为挫折是指人们在从事有目标的活动时受到难以克服的阻碍或干扰，致使其需要不能得到满足、动机不能实现时产生的消极情绪状态。

从定义中不难看出挫折包含了三个方面的内容。

1. 挫折情境

挫折情境指个体在从事有目的的活动时，引起挫折的原因、对象、环境和条件。

2. 挫折认知

挫折认知指个体对挫折情境的知觉、认识和评价，认知的对象既可以是实际存在的，也可以是想象的情境、主观上的感受。

3. 挫折反应

挫折反应指个体伴随着挫折认知，对于自己的需要不能满足而产生的情绪和行为反应，如愤怒、紧张、焦虑、攻击等。

挫折认知是挫折的核心因素，当我们面对同样的挫折情境时，不同的挫折认知会产生不同的挫折反应。一般来说，挫折情境越严重，挫折反应就越强烈；反之，挫折反应就越轻微。但是，只有当挫折情境被主体所感知时，才会在个体心理上产生挫折反应。如果出现了挫折情境，而个体没有意识到，或者虽然意识到了但并不认为很严重，那么，也不会产生挫折反应，或者只产生轻微的挫折反应。因此，挫折反应的性质、程度主要取决于个体对挫折情境的认知。

(二)挫折产生的原因

挫折产生的原因有很多，可分为外部因素和内部因素两个方面，它们之间相互作用，便导致了挫折感的产生。

1. 挫折产生的外部因素

受挫的外部因素又称客观因素，主要包括自然环境、家庭环境、学校环境、社会环境四个方面。

(1)自然环境。因为不以人的意志为转移的时间、空间的限制，或者无法预料的地震、洪水、台风、海啸、车祸等天灾人祸以及社会的快速发展，给个体的发展带来某种阻碍，致使个体的需要得不到满足而受挫。

(2)家庭环境。家庭对每个人的影响是巨大的，家庭环境对每个人的思维和处世方式都会产生长远的影响。家庭环境中的经济基础、父母的教育方式、父母的婚姻状况、家庭成员的相处状态等都会成为引发挫折心理的一个重要因素。

(3)学校环境。学校是个体接受教育、成长成才的重要载体，学校的学习环境、管理方式、教师教育教学水平、学风状况、评价导向以及人际交往的和谐程度等都会对个体的身心状态产生重大影响。

(4)社会环境。每个人的生活都受社会环境变化的影响，社会的经济发展水平、治安状况、风俗习惯、道德伦理、文化观念、就业状况等都直接冲击着个体的身心状况。

2. 挫折产生的内部因素

内部因素主要包括生理因素、认知因素、个性因素、动机因素和意志因素等。

(1)生理因素。在现实生活中，个体由于自身的性别、身高、容貌以及某些生理缺陷、疾病等情况，导致其发展受限制、需要不能满足或动机不能实现，从而引发相应的消极情绪状态。

(2)认知因素。个体的思想观念、思维模式、处事态度、归因倾向等内隐心理特征影响着其自身的情绪和行为，当个体对外界事物、自身发展以及所处情境产生不合理的认知时，容易诱发产生挫折心理。

(3)个性因素。个人的性格特征、兴趣爱好、世界观都对挫折承受力有重要作用。性格开朗、乐观、坚强、自信的人，其挫折承受力强；性格孤僻、懦弱、内向、心胸狭窄的人，其挫折承受力弱。另外，一个人的适应程度、心理准备、生活态度、人生观、价值观(如理想、信念、信仰)、气质类型和态度特征等与挫折感的产生也有直接关系。

(4)动机因素。需求和动机是个体生存发展的内在动力，当多种需求和动机出现时，就产生了动机冲突，包括双趋冲突、双避冲突、趋避冲突和双重趋避冲突四种类型，这些冲突的实质是不同需要无法同时满足的结果。当个体的心理冲突持续太久、太激烈时，就可能会引起痛苦、焦躁和不安。

知识窗

动机冲突的四种基本形式

1. 双趋冲突。当人们同时遇到两个或两个以上都想达到的目标而又不能都达到时所产生的动机斗争。往往是鱼与熊掌不可兼得，就出现了难以取舍的冲突。比如，有的大学生在大学时代，既想静下心来好好学习，又想到外面去参加社会实践活动；毕业时既想继续深造，又想抓住就业求职的招聘机会。

2. 双避冲突。双避冲突是一种左右为难的心理困境。人们在同时面临两种或两种以上的不愉快或不称心的目标时所发生的动机斗争。比如，既不想用功学习，觉得读书太苦了，又怕考试不及格被退学而丢面子。

3. 趋避冲突。人们同时面临两种截然相反的目标和结果时所产生的动机冲突。比如，既想多参加社会活动，又怕占时太多，影响学习；想独立又怕失去依靠。

4. 双重趋避冲突。人们同时面临两个目标时，两个目标又各有所长、各有所短，所产生的动机冲突。比如，大学毕业求职时，面临着两种不同的就业机会，这两个就业机会各有优劣，从而让人产生矛盾心理。此外，随着社会的发展，人们的选择冲突也会增加。

(5)意志因素。个体为了实现预定的目标需要持续地付出努力，这个过程难免会遭受一些干扰、阻碍甚至失败。而面对这些挫折时的接受能力、适应能力以及心理承受能力就体现了其意志力水平，个体挫折感的强弱与其意志力水平有非常直接的联系。

(三)挫折的形成条件

正如巴尔扎克所说："世上的事情，永远不是绝对的，结果完全因人而异。苦难对于天才来说是一块垫脚石，对于能干的人是一笔财富，而对于弱者是一个万丈深渊"。生活中并不是所有的事件都能让我们产生挫折感，它必须具备以下几个条件。

1. 有行动动机和明确的行动目标

动机是推动个体去行动以达到一定目标的内在动力，没有一定的动机和目标，挫折的产生也就无从谈起。

2. 有满足动机和达到目标的手段或行动

个体所感受到的现实的挫折是在他采取一定的手段、为满足一定的需要、实现预期目标的实际行动中产生的。没有满足需要和达到目标的手段与行动，即使目标再高远、动机再强烈，也不会产生挫折感，或只能产生想象中的挫折感。

3. 有挫折的情境发生

个体在实现目标的道路上，尽力了却受阻且不能逾越便产生了挫折情境，如果只是去尝试而没达到不构成挫折情境。

4. 主体必须对目标受阻有知觉

个体在实现目标的行为受到阻碍而产生挫折时，必须有所知觉和认识。否则，就不会构成挫折情境，产生挫折反应。

5. 必须有对知觉和体验产生紧张状态和情绪反应

挫折反应和感受是形成挫折的重要方面，个体受挫与否，不取决于旁观者意见，而在于当事者对自己的动机、目标与结果之间关系的认识、评价和感受。对某个人构成挫折的情境和事件，对另一人不一定构成挫折，这就是个体感受的差异。

二、大学生挫折心理的类型及反应方式

(一)大学生常见的挫折类型

进入大学校园后，大学生们的生活环境、学习环境、人际环境均产生了巨大的改变，面临着不同的压力，随着自身生理和心理的成长变化，挫折反应也比较强烈。常见的挫折来源可分为适应型、学业型、人际型、恋爱型、择业型及其他类型。

1. 适应型

适应型挫折一般多集中于大学新生和毕业生，面对新的生活环境、新的生活模式、新的角色冲突、新的机遇和挑战，过去简单的应对方式无法再适应各式各样层出不穷的问题。属于适应型范畴的挫折会让个体产生角色模糊的错觉，即对个体自身所承担的社会角色没有清晰的认识，不能明确现实的处境和对未来的期望，没有目标，进而感到茫然、不知所措。

2. 学业型

有些同学在进入大学之前并不了解自己所学的专业，填报志愿时往往是盲目的，或是直接遵照父母和老师的意见。进入大学之后，在专业学习与个人意向、专业意识与个人价值观、强烈的自我实现需求与学习成绩、学习动机过强与“力不从心”等方面的矛盾就显现出来了，时间一长，便产生挫折感。

3. 人际型

大学生在心理发展的过程中，心理活动具有某种含蓄内隐的特点。他们既不希望把自己的想法轻易告诉别人，又希望别人能够真诚、坦率地对待自己；希望找到知心朋友，但又难找到知心朋友。这种特殊的心理矛盾使大学生在人际交往的过程中容易产生孤独感。

4. 恋爱型

对大学生来讲，恋爱关系不仅仅是一种人际关系，还是大学生自我价值和自我认可的基础；失恋不仅使人失去了感情的寄托，还会使人的自信心受到打击，从而让人产生心灰意冷、郁郁寡欢等消极情绪反应和自责、自弃等消极行为。

5. 择业型

大学生在择业的过程中渴望有公平的竞争环境、均等的机会，这无疑是有积极意义的。但是，目前很多行业壁垒和地方壁垒仍没有完全打破，由于学历、能力、身高甚至性别等原因，大学生在就业的时候很容易遇到各种求职挫折。这些挫折很容易使人变得怨天尤人，感慨世道不公，甚至从此一蹶不振。

6. 其他类型

除了上述压力与挫折的来源外，日常烦恼、经济压力、情绪困扰、个性因素等

也会造成大学生的困扰。

(二)大学生面对挫折的反应方式

适度的挫折对大学生的心理健康有积极的影响，而过度的、超过个体承受能力的挫折会损害大学生的心理健康，甚至诱发严重的心理问题。

1. 积极反应

(1)适度紧张。挫折引起的紧张状态并非一定是消极的，适度的紧张往往会产生积极的效果，比如注意力集中、思维活跃、效率提高、情绪适度唤起等，从而为战胜挫折提供有利的心理条件。具体而言，适度紧张有助于大学生认清自己所处的现实状况，考虑今后发展的具体对策；有助于认真分析自己的行为动机，重新修正发展目标；有助于充分调动自己的潜能，不断激活创新思维。

(2)继续努力。当遭遇挫折后，根据自己的经验、知识进行分析，发现追求的目标是可以实现的，那么即使暂时遇到了挫折，也应该找到战胜挫折的办法，提高自己的实力，坚持不懈取得成功。

(3)降低或改变目标。当目标无法达成之时，可以通过降低目标要求或者改变目标的方式，使需要得到满足。采用这种“曲线救国”的方式来应对挫折并不是逃避，也不是惧怕困难，而是实事求是的表现。

2. 消极反应

(1)生理反应。当目标未达到、情绪低落消沉时，人的神经、心血管、内分泌、消化等系统均会出现反应，如心率加快血压升高、呼吸加快、出汗等。如果紧张焦虑情绪长期持续，会出现面色苍白、四肢发冷、心悸、气急、腹胀等一系列生理反应，危害人的身心健康。

(2)情绪反应。遭遇挫折后，人们的反应截然不同：有人因鸡毛蒜皮的小事而大发脾气、大哭大闹、怒不可遏，反应过于强烈；有人则对一般人感到痛苦、惧怕或悲伤的事情无动于衷，甚至连正当的愤怒也不敢表示，过分压抑自己的情绪，以保持内心的安宁，使自己避免痛苦。最常见的挫折情绪反应有愤怒、焦虑、沮丧、失望、压抑、抑郁等。

(3)行为反应。应对挫折的外显行为反应因人而异，根据对大学生受挫后情况的观察了解，主要可分为积极的行为反应和消极的行为反应两种。一些拥有坚韧不拔、自强不息等优秀个人意志品质的大学生在遭受挫折后，能采取积极进取的态度和行为对待挫折，我们称这种行为反应为积极的行为反应。而消极的行为反应是指个体在受挫后，常常会表现出的一些失控的、失去目标导向的行为反应，这些行为反应甚至会对自己、对他人、对社会产生危害。因此，要高度关注大学生的消极行为反应。

三、大学生挫折心理的自我调适方式

(一)对挫折进行积极的认知

挫折是我们成长路上的组成部分，人生历经挫折是很平常的事。挫折是一把

"双刃剑"，挫折的积极作用在于它可以激发人的进取心，促使人为改变境遇而奋斗。既然挫折不可避免，大学生就要抱着崇高的生活目标，树立崇高的人生理想，随时做好应对挫折的心理准备，积极地寻找克服挫折的方法，并自觉地在挫折中磨炼自身的性格和意志。

(二)进行正确的自我归因

归因是指个体对自己或他人的社会行为结果进行推断和解释原因的过程。归因的目的是弄清挫折的原因到底是外部的还是内部的，或者是内外因素相互交织、共同起作用的。如果是后者，需要确定到底内在因素是主要的，还是外在因素是主要的。正确的分析和归因，是应付和解决挫折情境的必要前提。片面的客观归因容易使人推卸责任，片面的主观归因则容易使人丧失自信心，都是不可取的。

(三)运用积极的心理防御机制

挫折心理防御机制有积极和消极之分，应多运用积极的心理防御机制来化解内心冲突，克服挫折。积极的心理防御机制能够使我们在遭受困难与挫折时减轻或免除精神压力，恢复心理平衡，甚至激发我们的主观能动性，激励我们以顽强的意志力去克服困难、战胜挫折。有利于大学生成长的积极的心理防御机制主要有坚持、认同、补偿、升华、幽默等内容。因此，大学生应该学习如何使用积极的、成熟的心理防御机制来应付可能面临的挫折情境，化防御机制为激励机制，既缓解内心冲突又调节行为，尽量克服消极防御机制带来的负面性，以求得心理平衡和自我结构的完善。

知识窗

积极心理防御机制

一般心理挫折的反应可以分为三大类：积极心理防御、消极心理防御和中性的心理防御。积极心理防御的反应方式是正视挫折、承认挫折、正确分析挫折产生的主客观原因，总结经验教训，争取积极的行为方式，最后战胜挫折；主要表现为坚持、认同、补偿、升华、幽默等。

1. 坚持。指个体发现目标难以达到，要求自己做出加倍努力，并要求通过个体不断的努力，使目标最终实现。美国电影《阿甘正传》中的主人公阿甘是一位智商并不高的人，他面对挫折的方法就是忽视它并坚持不懈地努力，最后赢得了人们的尊重，赢得了自己的事业，也获得了自己的生活。正如有的学者所说：成功就在于最后的坚持之中。

2. 认同。指个体在现实生活中无法获得成功时，将自己比拟为某一成功者，借此在心理上减弱挫折产生的痛苦；或者迎合能满足自己需要的人，按照他们的希望去支配自己的思想、行动，来冲淡自己的挫折感，并以此求得内心的满足。当一个人在没有获得成功与满足而遭遇挫折时，将自己想象为某一成功者，效仿其优良品质和其获得成功的经验和方法，能够使他的思想、信仰、目标和言行更适应环境和社会的要求，增强自信心，减少挫折感。例如，大学生常以一些历史名人、科学家，或小说中所欣赏的人物、老师甚至同学作为自己效仿的对象，建立自己心中的榜样，并依照榜样进行积极的自我激励与自我暗示，用成功代偿挫折。

3. 补偿。即当个体行为受挫时，或因个人某方面的缺陷而使目标无法实现时，往往以新的目标代替原有目标，以其它方面的成功来补偿因失败而丧失的自尊与自信。这就是人们常说的“失之东隅，收之桑榆”。如某大学生没有当上班干部，没有机会表现自己的能力，于是便努力使自己的成绩名列前茅；又如，某大学生恋爱失败了，便积极参加文体活动，用成功来补偿失恋的痛苦。应该注意的是，补偿的行为反应并非都是积极的。由于个体要实现的目标有高尚与平庸之分，挫折后对补偿的选择也有进取与沉沦之别，因而决定了补偿有积极与消极之分。如果补偿选择的新的目标和活动符合社会规范和人的发展需要，这时的补偿反应行为是积极的、有益的。如果补偿选择的新的目标和活动不符合社会规范或有害于心身，那么即使这种补偿的反应行为使自己暂时获得了心理平衡和心理满足，也无助于心理健康发展，有时还会让人自暴自弃，甚至堕落犯罪，危害他人与社会。

4. 升华。即用一种比较崇高的具有创造性和建设性的目标代替，借以弥补因受挫而丧失的自尊与自信，减轻痛苦。升华是最积极的行为反应，从古至今演绎出不少励志佳话：古之文王拘而演《周易》，仲尼厄而作《春秋》，屈原放逐赋《离骚》，左丘失明写《左传》，孙膑跛脚修《兵法》，司马迁受辱著《史记》。不仅如此，升华还是一种富有建设性的行为反应。它使人在遭受挫折后，将不为社会认可的动机和不良的情绪移到有益的活动中去，使其转化为有利于社会并为他人认可的行为。如一些貌不惊人的大学生最初在社交活动中受到制约，于是他们在学问、个体思想道德修养上下功夫，学习成绩出类拔萃，品德优秀，为同学所瞩目。

5. 幽默。是指以幽默的语言或行为来应付紧张的情境或表达潜意识的欲望。通过幽默来表达攻击性或性欲望，可以不必担心自我或超我的抵制，在人类的幽默(笑话)中关于性爱、死亡、淘汰、攻击等话题是最受人欢迎的，它们包含着大量的受压抑的思想。例如，苏格拉底正在和朋友讨论学术问题，他的夫人突然跑来，先是大骂，接着泼上一盆水，把他全身都弄湿了。而苏格拉底只是笑笑说：我早知道，打雷之后一定会下雨。这本来很尴尬的场面，经此幽默，立即化解。

(四)适时宣泄不良情绪

宣泄的心理实质就是将积蓄的情绪通过言语或行为进行代偿性的输出，是一种尽快达到心理平衡和心理净化的手段。对待挫折也是一样，进行适当的调试和宣泄，才能恢复并保持一种健康良好的心态。宣泄不良情绪可以采用倾诉、唱歌、运动放松等方式。

(五)培养良好的兴趣爱好

广泛的兴趣和爱好，是健康心理的“减压阀”。大学生在学好专业知识的同时，要找一样或两样兴趣爱好来培养、发展，例如摄影、游泳、烹饪、唱歌、跳舞等。有了广泛的兴趣和爱好，就会更多地接触社会，接触他人，提高自己的社会适应能力和人际交往能力，也能够帮助自己排遣生活中遇到的不如意的事，比较容易转移注意力，不至于很快陷入苦闷之中。

(六)及时寻求社会支持

我们每个人都生活在社会中，并不是孤立存在的。当心灵受到创伤后，要有效地应对挫折，更需要从周围的人及相关的机构那里获得相应的信息、策略，去借助别人的安慰、劝导以及专业心理咨询的帮助，减轻精神上的痛苦。俗话说得好，“一个好汉三个帮”，这说明了社会支持力量在个人应对挫折过程中所起的重要作用。我们只有在吸取了社会力量，在他人或群体、组织的大力支持和引导下，逐步调整自我行为，才能摆脱由挫折引发的烦恼。

9.2 大学生心理危机及干预措施

俗话说：天有不测风云，人有旦夕祸福。当今社会，诸多因素导致人们，尤其是大学生有心理压力过大、生活空虚、身心疲惫等不良感觉。一连串纠缠不清的危机包围着大学生们，这些危机甚至导致一些学生陷入不能自拔的泥潭，如果处理不当，一些学生甚至最终走上不归路。因此，我们要在危机潜伏的时候及早发现和预防，在其初步形成时尽力、有效地抑制其进一步扩大和发展，以避免各种不必要的损失。

一、心理危机的内涵

(一)心理危机的含义

心理危机主要是指个体面临突然发生的重大生活事件或逆境等阻碍，运用自身资源并采用常规方式无法应付时而产生的极度焦虑、抑郁、失去控制、不能自已的一种状态。心理危机包括以下三个核心要素。

1. 个体遇到的是在一定时间内具有重大心理影响的生活事件。
2. 个体自己无法对某种境遇作出反应，或者用平常解决问题的手段应对无效。
3. 个体出现一些生理心理反应，但都不符合任何精神病的诊断标准。

(二)心理危机表现形式

心理危机来临时，个体常见的具体表现有以下几个。

1. 性格改变

平时性格开朗、生活态度积极乐观，出现危机时则相反，如果平时性格内向，可能会加重。或许性格变得暴躁、易怒、抱怨一切事情，甚至认为社会对他不公平等。

2. 情绪改变

紧张、恐惧、怕见人、情绪低落或不稳，或表面平静，给人眼神游离的感觉。

3. 言语改变

沉默少语或言语本身带来特定意义令人费解，如打听什么方式自杀没有痛苦，直接询问哪种药物吃多少会死，说活着不如死了等。

4. 行为改变

躲避人，对关心他的人采取回避的态度，呆坐沉思，麻木。

5. 其他

失眠，食欲食量变化，做事注意力不集中，工作、学习能力下降，严重者出现自杀、药物滥用等情况。

二、大学生心理危机干预

(一)大学生心理危机的类型

根据诱发大学生心理危机不同原因，可分为以下几种情况。

1. 因身心发展而引发的心理危机

大学生在正常成长和发展过程中，正处于生理发育基本成熟和部分心理发展相对滞后的特殊时期，人生观和世界观逐渐形成，心理状态不稳定，容易受到外界的各种影响而产生心理危机。

2. 因境遇剧变而引发的心理危机

当大学生面对诸如人身伤害、自然灾害、交通事故以及重大疾病或者死亡等无法预料的突发事件的时候，就会因其心理失衡乃至崩溃状态而产生心理危机。

3. 因存在性困惑而引发的心理危机

当大学生面临的现实境况与内心世界存在落差、冲突的时候，就会因产生对人生目标、人生责任和未来发展的深入思考而引发心理危机。

4. 因心理障碍而引发的心理危机

大学生的心理问题、人格障碍或者精神疾病造成的严重的身心困扰，因得不到及时的疏导而引发的心理危机。

(二)大学生心理危机干预的措施

1. 大学生心理危机干预的定义

心理危机干预，简单地说就是及时帮助处于危机中的人们恢复心理平衡、重新获得正常生活的能力。大学生心理危机干预就是当大学生处于严重的不良心理状态时，提供应急性的心理支持、心理辅导与心理治疗，使之能正确处置心理创伤、心理压力和应激状态，尽快摆脱心理危机，重新适应正常的生活。

2. 大学生心理危机自我干预的步骤

心理危机在一定程度上带有普遍性。因此，当大学生发现自身或者身边的同学存在心理危机时，采取积极的自我干预方法就显得尤为重要。心理危机自我干预的一般步骤有以下几个。

(1)明确发生了什么。危机发生后，首先要努力使自己的情绪稳定下来，以开放的心态坦然面对现实；然后根据现实确定和理解自身存在的问题。

(2)进行积极的自我心理暗示。遇到困境感到心理压力、产生心理危机，是正常的应激反应。因此，在确保安全的情况下，可以进行积极的自我暗示，不要抱怨和愤恨，相信问题一定可以得到良好的解决。

(3)寻求社会支持与帮助。要全面客观地看待存在的问题，评估自身的能力，及时寻求他人的帮助，调动一切可以调动的资源，帮助自己重建良好的社会支持系统。

(4)找出解决办法。综合分析存在的身心问题之后，选出可能有效的干预措施，找到解决困境的突破口，提出应对的方式。

(5)制订行动计划。计划应该根据自身的应付能力，着重于切实可行和系统地解决问题，包括发现另外的资源、提供应付方式和确定切实可行的行动步骤等。计划应立足于重建和保持在实际生活中的功能和人际关系，使其尽快恢复社会功能。

(三)大学生心理危机应对的结果

大学生会根据自身的不同情况采用不同的方式作出反应，产生不同的后果。

1. 成功应对，并获得经验，发展壮大自我。面对心理危机，个体能够意识到自己遇到了严重的问题，明白此时此刻要冷静下来，通过自身努力和寻求外界帮助等措施来应付危机。

2. 度过危机，但留下负性的记忆和体验。由于自己的情感特点和行为习惯，最终虽然能够侥幸度过危机，但并没有从认知的角度解决问题，即并没有认清危机发生的原因和自己应采取的态度与应对措施，危机的阴影还笼罩在心头，在以后的生活中，危机的不良后果还会不时地表现出来。

3. 心理崩溃，应对失败，需要立即的、强有力的帮助。对所发生的生活事件往往采取消极的认知状态，即认为无力应对眼前的困难。此时，如果外界没有及时、适当地干预，或者受到进一步的负面刺激，危机则可能会进一步加深，导致采取非正常的手段来解决问题，经不住强烈的刺激而自伤自毁。

三、大学生自杀的识别与救助

当你的同学出现一些自杀的征兆时，我们要冷静，不要惊慌失措，要按照以下原则想办法帮助他，并鼓励他主动寻求帮助。

1. 倾听

保持冷静、真诚和坦率，多倾听，少说话，让他谈出自己内心的感受，表现出理解、支持和关心，尊重他的想法，与其建立信任关系。

2. 共情

面对有自杀倾向的人，不要担心他会出现强烈的情感反应，也不要表现得震惊、尴尬或惊恐，我们要关注他们的感受，甚至表明你也会有同样的感受，说出你的感受，让他知道并非只有自己有这样的感受。

3. 评估

大胆询问其是否有自杀的想法，询问一个人有无自杀念头不但不会导致他自杀，反而也许会挽救他的生命。但是，不要轻视其自杀的想法，要相信他所说的话以及所表露出的任何想自杀的迹象，特别注意那些很快“反悔”的人。

4. 支持

面对有自杀倾向的人，身边每一个人的关怀都可能是帮助他走出困境的阳光，我们要找出促使他选择死亡的原因和继续活下来的理由，陪同他一起寻找自杀之外的其他解决办法，并鼓励他去尝试其他解决办法。但是，不要答应对他的自杀想法保密，更不应该不负责任地允诺一些事情。

5. 求助

要充分利用内部资源和外部资源，提供安全物质保障，并且采取具体的行动；并且要尽量找出他信任的同学、朋友来一起提供帮助，以便与你共同承担帮助他的责任。另外，要切记不要让其独处，同时要确保他远离自杀工具和场所，如远离刀具、农药或其他致死性药物、高处、江河等。

6. 转介

如果你认为他需要专业的帮助，请提供信息。如果他对寻求专业帮助恐惧或担忧，应花时间倾听他的担心，告诉他一般遇到这种情况的人都需要专业帮助，而且你向他介绍专业帮助并不表示你不关心他。如果自杀行为已经发生，立即将其送往附近的急诊室(医院)抢救。

9.3 大学生的生命教育

生命是一切智慧、力量和美好情感的唯一载体，失去它一切都不复存在。它是任何东西都不可能替代的，人的生命价值就在于它是人类创造和实施一切价值的前提和先决条件。作为新时代的大学生，我们应该认识自己的生命，认识生命的价值。而生命教育就是要帮助人们认识并珍爱生命，同时尊重他人的生命，并在此基础上探寻生命的意义，找到自己存在的价值，正确定位，提升生命的质量，培养人文精神。

一、生命教育的内涵

(一)生命教育的含义

生命教育是认识生命、尊重生命、珍爱生命，促进学生主动、积极、健康地发展生命，提升生命质量，实现生命的意义和价值的教育。学生通过生命教育，引导学生正确认识人的生命价值，理解生活的真正意义，培养学生的人文精神，滋养学生的关爱情怀，激发学生对终极信仰的追求。

(二)生命教育的内容

通过生命教育，使学生认识人类自然生命、精神生命和社会生命的存在和发展规律，认识个体的自我生命和他人的生命，认识生命的生老病死过程，认识自然界其他物种的生命存在和发展规律，最终树立正确的生命观，领悟生命的价值和意义。生命教育要以个体的生命为着眼点，在与自我、他人、自然建立和谐关系的过程中，促进生命的和谐发展。

生命教育表现为以下三个方面的内容。

1. 生存教育

是帮助学生学习生存知识，掌握生存技能，保护生存环境，强化生存意志，把握生存规律，提高生存的适应能力、发展能力和创造能力，树立正确生存观念的教育。通过生存教育，使学生认识生存及提高生存能力的意义，树立人与自然、社会和谐发展的正确生存观：帮助学生建立适合个体的生存追求，学会判断和选择正确的生存方式，学会应对生存危机和摆脱生存困境，善待生存挫折，形成一定的劳动能力，能够合法、高效和较好地解决安身立命的问题。

2. 生活教育

是帮助学生了解生活常识，掌握生活技能，实践生活过程，获得生活体验，确立正确的生活观，追求个人、家庭、团体、民族、国家和人类幸福生活的教育。通过生活教育，使学生认识生活的意义，热爱生活，奋斗生活，幸福生活；让学生理解生活是由物质生活和精神生活、个人生活和社会生活、职业生活和公共生活等组成的复合体；帮助学生提高生活能力，培养学生的良好品德和行为习惯，培养学生的爱心和感恩之心，培养学生的社会责任感，形成立足现实、着眼未来的生活追求；教育学生学会正确的生活比较和生活选择，理解生活的真谛，能够处理好收入与消费、学习与休闲、工作与生活的关系。

3. 死亡教育

“生命总是和它的必然结果，即总是以萌芽状态存在于生命中的死亡联系起来加以考虑的”。有死才有生，这是一个谁也改变不了的规律，生与死共同构成完整的人生，创造着生命的奇迹。但中国人是忌讳谈论死亡的，孩子缺乏父母和老师的指导，孩子对死亡没有一个正确、科学的认识，容易对死亡产生神秘感。

因此，开展死亡教育，帮助大学生认识死亡的必然性，更有助于学生的发展。首先，要教育学生正确地看待生死。死亡教育要帮助大学生真实而科学地了解死亡，了解生与死的关系，使大学生正确看待死亡，将死亡视为生命成长的一部分，深刻理解生命存在的意义，学会珍惜生命、尊重生命。其次，要敬畏死亡。死亡教育并不限于对死亡的恐惧与否，更重要的是追问死亡的意义。对于自然到来的死亡和不可抗拒的疾病导致的死亡，要教育大学生泰然处之，不应该恐惧和畏惧；对于因生活中的挫折而产生死亡的念头，要教育青少年挫折只是暂时的，只要努力就能改变不利的现状，而不应该成为挫折的牺牲品；对于正义事业中的牺牲，教育青少年要敬重这种牺牲。所以死亡教育的目的在于使青年大学生由敬畏死亡而敬畏生命。

二、大学生生命教育的功能

大学阶段是人生的一个特殊阶段。高度重视和积极倡导对大学生开展生命教育，不仅意味着对大学生个体自然生命的关切，更根本的是对大学生生命价值与人生态度的引导与提升，是人生意义的积极建构。我们要充分发挥生命教育的认识功能、激励功能、实用性功能和发展性功能，教育大学生能真正做到珍惜生命、敬畏生命、热爱生命、尊重生命，提升生命的价值。

(一)认识功能

大学生生命教育的内容覆盖大学生生活的方方面面，如生命理想教育、生命信仰教育、人生责任教育、人生幸福教育等。大学生生命教育的中心任务就是帮助学生发现自身特殊的生命意义。开展大学生生命教育，将改善现实教育中忽略生命教育的现状，从大学生的生理、心理特点和社会发展现状出发，引导大学生珍惜和热爱自己的生命，形成积极健康的生命态度，并在此基础上实现生命的价值。

(二)激励功能

意志力消失的结果就是感觉生命失败和直觉价值的丧失。为此，生命教育要求教育者必须培养大学生树立长远目标和远大理想，使其产生使命感。另一方面，帮助大学生规划出一个个近期明确的并完全可以实现的小目标，使其有兴趣、有信心去完成。

(三)实用性功能

生命教育正是坚信“人人都有特殊的责任和使命，因而人人都有特殊的生命意义”，强调从实际出发，根据学生的家庭背景、个性特点、特长爱好和社会需求引导学生发现自己特殊的生命意义，制订有个性特征的职业生涯规划，并在个性发展得到充分尊重的职业教育环境下，人尽其才，各扬其长，使学生的个性、特长得到淋漓尽致的发挥。

(四)发展性功能

生命教育要把大学生学到的本领运用到实践中去，使学生的潜力得到更大发挥，在社会实践中让大学生感受到知识的意义、人生的意义。

三、大学生生命教育的途径

生命教育的基本内容就是实施生命认知、生命情感、生命意志和生命行为等内容的教育。大学生生命教育是一项复杂的系统工程，需要充分利用学校、社会、家庭的教育资源，积极探索并努力构建宽领域、多角度、深层次的学校、社会、家庭“三位一体”大学生生命教育新模式，让教育覆盖每个大学生的成长全过程。

(一)学校教育

大学阶段正是一个人选择并确定自己人生目标和信仰的关键时期。人生目标的确立是由自己的选择来确定的，因而在大学阶段通过多种路径大力推行生命教育，帮助大学生从入学开始就自觉地思考人生意义，自主选择并坚定自己的生存信念，形成正确的生命价值观，增强社会责任感，规划自己的职业生涯。

学校开展生命教育可以从四个方面进行。

1. 丰富生命教育的内容

丰富大学生生命教育的内容，以使大学生对生命教育有个全面的认识。一要教育大学生提高自我保护的意识和能力，教给他们各种生存的知识、处理危机的方法、逃生的本领，掌握突发事件应急自救的技能；二要对学生进行人际交往教育，教育学生如何与他人和谐相处，培养他们关心他人、欣赏他人、接纳他人、尊重和爱护他人生命的意识，杜绝伤害他人生命事件的发生。

2. 对学生进行挫折教育、逆境教育

现在很多学生是家里的独生子女，经济上的优越、生活上的无忧使学生成为“温室娇花”，一旦遇到挫折，他们便不知所措、无法应对。因此，要教育大学生学会吃苦耐劳，勇于挑战挫折和失败。要引导大学生认识到苦难也是对生命的一种体验，苦难和痛苦是生命的一部分，是无法选择的。大学生刚刚踏入社会往往害怕失败，害怕挫折。因此，首先要让他们对“失败”有一个科学的认识，建立面对“失败”的正确观念。在科现代化的信息时代，大学生在生理和心理上所承受的压力也越来越大。高校德育工作者更应加强对大学生的挫折教育，一方面要让他们正确认识挫折是成功的一部分，没有挫折就没有成功，每个人都要以积极的态度去面对；另一方面，要从实际出发，培养大学生的挫折承受能力，了解学生思想，帮助学生正确看待挫折、面对挫折。

3. 将生命教育融入课程内容

高校生命教育课程内容的讲授可以两种方式来进行。其一，在高校思想政治教育的“思想品德修养”课中增设有关生命教育的内容，通过学习使学生正确认识生命的起源，体验迎接新生命的喜悦，意识到自杀是轻视生命、毫无意义的行为，学会珍爱一切生命。其二，将生命教育内容融入心理健康教育选修课中，关注学生的认知、情感、意志等各个方面，构成一种旨在改善生命质量的综合性视角，从而促使学生在认知、情感、意志等方面共同发展。

4. 将生命教育渗透到实践活动中，进行体验式教学

大学生对社会还很陌生，我们可通过形式多样的社团课外活动来实施生命教育，引导学生在实践中掌握生命知识，形成正确的生命观，培养对社会及他人的关心。生命教育不仅是传授知识、技能的教育，更是一种直接触及人的心灵、感染人的灵魂的教育，所以生命教育必须渗透到实践活动中，进行体验式教学。这种体验式教学，除了需要教师利用发生在大学生自己身上或他人身上的一些偶然事件，对学生进行生命价值教育，让大学生从中获取直接的感受外，还需要引导大学生在社会实践中通过自己的感官去感受。

(二)家庭教育

家庭在对子女开展生命教育过程中的作用不容忽视。家庭是孩子最先接受教育的场所，父母是孩子的第一任老师，家庭教育对子女的成长影响重大。近年来，越来越多的父母意识到学习好不代表子女就能够健康快乐成长，还需要培养子女的情绪调控能力。父母也越来越意识到培养子女对生命的感悟能力、增加人生体验，才能让子女拥有健康生活。

(三)社会教育

社会教育是生命教育的重要资源。社会教育也有一整套教育的方式方法，通过唤起社会成员对个体生命的关注，来共同打造维护青少年生命安全的机制，形成生命教育的网络。近年来，国家大力发展心理健康教育，其实质是重视了人生命精神性的重要性。当前，越来越多的人关注心理健康，注重人格的健康发展，对于开展生命教育提供了有利的条件。

心理训练

一、课堂练习

1. 请全体同学写下自己的感恩宣言，如：

感恩我的父母，因为________________________________；

感恩我的朋友，因为________________________________；

感恩我的师长，因为________________________________；

感恩我生活中的磨难，因为____________________________。

2. 请全体同学一起做手语操：《感恩的心》。

二、课堂活动

(一)“我最珍贵的五样”

【活动目的】感受失去，学会珍惜所拥有的，学会爱。

【活动时间】20 分钟。

【适合人数】每小组不超过 10 个人。

【材料准备】场地不限，室内外均可。

【活动过程】

1. 先写下你认为自己生命中最重要的五样东西，不必考虑顺序，只需把内心最珍贵五样东西写出来就行。

2. 你带着这五样东西，踏上成长的行程，可能会经历以下几种境况。

(1)假设在一次意外中，你无从选择，失去了其中一项，你会怎样面对？

(2)而后，又发生了意外，这次迫使你要主动地放弃一样，你会放弃哪个？

(3)最后，你必须做出一生中最艰难的选择，只留下一样，其余全部放弃，你最终会留下什么？

3. 讨论分享。小组成员结合自己的感受进行讨论交流。

【讨论要点】在你的生命中，哪些样事物能让你感到最大的快乐与满足？你觉得在以上几种境况中自己做出的选择是否是正确的？假如再有一次选择的机会，你会坚持刚才的选择还是会有所改变？为什么？

【活动总结】拥有幸福感的人，才可以深切地感受这个世界。生活中有太多的同学喜欢抱怨生活的不公。通过这个活动，感受你的拥有，体验内心的富有，然后去爱生活、爱自己。只有懂得爱自己的人才能够更好地付出自己的爱去爱别人。试问一个不懂善待自己、享受生活快乐的人又怎么懂得珍惜生活、享受生活，又怎能懂得善待别人？

(二)“我的墓志铭”

【活动目的】思考生命，珍爱生命，认识生命的价值与意义。

【活动时间】20 分钟。

【适合人数】每小组不超过 10 个人。

【材料准备】场地不限，室内外均可。

【活动过程】

1. 写出假如当生命只剩下最后 3 个月，自己最想做的 10 件事情。

2. 请在小组内与组员交流你完成以上作业时的感受。

【讨论要点】当你写下这 10 件事时，是否觉得还有其他未完成的事？是否感受到生命的短暂？我们要以怎样的方式把握接下来的人生？

【活动总结】人们常常以为，死亡是老年人才需要考虑的问题，这是误区。我们每个人从一出生，生命之钟的倒计时就开始了。一个人年轻的时候就思索死亡，和他老了才思索死亡，甚至死到临头都不曾思索过死亡，这些是完全不同的境界。知道有一个结果在等待着我们，对生命、对生活、对人间温情、对大学生活等就有不同的理解。思索死亡是为了活得更好，书写墓志铭是为了积极引导人生。

三、心理测试

(一)抗挫折力测试

指导语：请仔细阅读下面的句子，选择最符合您情况的选项。答案无正确与错误或好与坏之分，请根据自己的实际情况回答下面的问题。

1. 你常常觉得活着很累吗？

A. 是　　B. 否

2. 你是否以为班级(或其他单位团体)需要你？

A. 是　　B. 否

3. 你的工作(学习)环境令你感到愉快和轻松吗?

A. 是　　B. 否

4. 如果随时让你睡会儿觉，你担心自己会睡不着觉吗?

A. 是　　B. 否

5. 在病痛折磨你时，你依旧能笑出来吗?

A. 是　　B. 否

6. 你是否喜欢冒险和刺激的活动?

A. 是　　B. 否

7. 如果晚睡一小时，第二天你就会明显地感到精力不济吗?

A. 是　　B. 否

8. 即使看完一部恐怖片已经很长一段时间了，你想起来依旧觉得心有余悸吗?

A. 是　　B. 否

9. 你认为自己是个弱者吗?

A. 是　　B. 否

10. 你有几个可以无话不谈的知心朋友吗?

A. 是　　B. 否

11. 尽管你已经很尽力了，但还是没有拿下这笔订单，你会感到非常沮丧吗?

A. 是　　B. 否

12. 你认为自己的体格健壮得足够抵抗一些小病吗?

A. 是　　B. 否

13. 当你与某个同学闹翻后，你一直无法消除两人单独相处时的尴尬吗?

A. 是　　B. 否

14. 大部分时间你还是对未来充满信心吗?

A. 是　　B. 否

15. 你认为你的老师器重你吗?

A. 是　　B. 否

16. 当你受到批评时，你在事后还会长时间感到烦恼吗?

A. 是　　B. 否

17. 每到一个新地方，你是否常常会出现些生理问题，如吃不下饭、睡不好觉、拉肚子、头晕?

A. 是　　B. 否

18. 在人多的场合或在陌生人面前说话，你是否感到窘迫?

A. 是　　B. 否

19. 在与人聚餐时，饭食都是你不喜欢的，你宁愿饿肚子，也不愿意吃几口吗?

A. 是　　B. 否

20. 当你被卷入小组或社团的矛盾中时，你曾想过离开吗?

A. 是　　B. 否

21. 你是否认为你受到的挫折与其他人相比，根本算不了什么?

A. 是　　B. 否

22. 你觉得自己有些神经衰弱吗？

A. 是　　B. 否

23. 你有一个温暖你、呵护你的家吗？

A. 是　　B. 否

24. 当心情烦躁时，你的饭量还与平时差不多吗？

A. 是　　B. 否

25. 看到苍蝇、蟑螂等讨厌的东西，你感到恶心吗？

A. 是　　B. 否

26. 你相信自己能够战胜任何挫折吗？

A. 是　　B. 否

27. 你是否常常与同学交流思想和工作体会？

A. 是　　B. 否

28. 夜里，你常常因为烦心事而久久不能入睡吗？

A. 是　　B. 否

29. 你是否坚持每周至少锻炼3次以上，如游泳、打球、跑步等？

A. 是　　B. 否

30. 即使处在困境中，你还是坚信这一切终将会过去吗？

A. 是　　B. 否

计分规则：第2、3、5、6、10、12、14、15、21、23、24、26、27、29、30题答“是”得1分，答“否”得0分；其余各题为反向计分题，答“是”得0分，答“否”得1分。各题相加，统计总分。

结果解释：0～9分：你的心理承受能力比较低，你遇到困难易灰心，常有挫折感；10～20分：你的心理承受能力一般，虽然你能承受一些小的压力，但遇到大的打击时，还是容易产生心理危机；21～30分：你的心理承受能力很强，你能在各种艰难困苦的环境里保持旺盛的斗志。

(二)自杀态度调查问卷

指导语：以下列出了个人可能会遇到的问题，请您根据自己的实际情况，选择最符合的一个选项。

表9-1　自杀态度调查问卷

题目	完全赞同	赞同	中立	不赞同	完全不赞同
1. 自杀是一种疯狂的行为。	1	2	3	4	5
2. 自杀死亡者应与自然死亡者享受同样的待遇。	1	2	3	4	5
3. 一般情况下，我不愿意和有过自杀行为的人深交。	1	2	3	4	5

续表

题目	完全赞同	赞同	中立	不赞同	完全不赞同
4. 在整个自杀事件中，最痛苦的是自杀者的家属。	1	2	3	4	5
5. 对于身患绝症又极度痛苦的病人，可由医务人员在法律的支持下帮助病人结束生命(主动安乐死)。	1	2	3	4	5
6. 在处理自杀事件过程中，应该对其家属表示同情和关心，并尽可能为他们提供帮助。	1	2	3	4	5
7. 自杀是对人生命尊严的践踏。	1	2	3	4	5
8. 不应为自杀死亡者开追悼会。	1	2	3	4	5
9. 如果我的朋友自杀未遂，我会比以前更关心他。	1	2	3	4	5
10. 如果我的邻居家里有人自杀，我会逐渐疏远和他们的关系。	1	2	3	4	5
11. 安乐死是对人生命尊严的践踏。	1	2	3	4	5
12. 自杀是对家庭和社会一种不负责任的行为。	1	2	3	4	5
13. 人们不应该对自杀死亡者评头论足。	1	2	3	4	5
14. 我对那些反复自杀者很反感，因为他们常常将自杀作为一种控制别人的手段。	1	2	3	4	5
15. 对于自杀，自杀者的家属在不同程度上都应负有一定的责任。	1	2	3	4	5
16. 假如我自己身患绝症又处于极度痛苦之中，我希望医务人员能帮助我结束自己的生命。	1	2	3	4	5
17. 个体为某种伟大的、超过人生命价值的目的而自杀是值得赞许的。	1	2	3	4	5
18. 一般情况下，我不愿去看望自杀未遂者，即使是亲人或好朋友也不例外。	1	2	3	4	5
19. 自杀只是一种生命现象，无所谓道德上的好与坏。	1	2	3	4	5
20. 自杀未遂者不值得同情。	1	2	3	4	5
21. 对于身患绝症又极度痛苦的病人，可不再为其进行维持生命的治疗(被动安乐死)。	1	2	3	4	5
22. 自杀是对亲人、朋友的背叛。	1	2	3	4	5

续表

题目	完全赞同	赞同	中立	不赞同	完全不赞同
23. 人有时为了尊严和荣誉而不得不自杀。	1	2	3	4	5
24. 在交友时，我不太介意对方是否有过自杀行为。	1	2	3	4	5
25. 对自杀未遂者应给予更多的关心与帮助。	1	2	3	4	5
26. 当生命已无欢乐可言时，自杀是可以理解的。	1	2	3	4	5
27. 假如我自己身患绝症又处于极度痛苦之中，我不愿再接受维持生命的治疗。	1	2	3	4	5
28. 一般情况下，我不会和家中有过自杀者的人结婚。	1	2	3	4	5
29. 人应有选择自杀的权利。	1	2	3	4	5

问卷说明：

本问卷共分 4 个维度：

(1)对自杀行为性质的认识：共 9 项，即第 1、7、12、17、19、22、23、26、29 项。

(2)对自杀者的态度：共 10 项，即第 2、3、8、9、13、14、18、20、24、25 项。

(3)对自杀者家属的态度：共 5 项，即第 4、6、10、15、28 项。

(4)对安乐死的态度：共 5 项，即第 5、11、16、21、27 项。

计分方法：

以上项目完全赞同计 1 分，赞同计 2 分，中立计 3 分，不赞同计 4 分，完全不赞同计 5 分。其中，在分析时，第 1、3、7、8、10、11、12、14、15、18、20、22、25 选项为反向计分；然后，计算每个维度的条目均分。

结果解释：

可以以 2.5 和 3.5 为两个分界值，将对自杀的态度划分为三种情况：在 2.5 分以下为对自杀持肯定、认可、理解和宽容的态度；介于 2.5 与 3.5 分为矛盾或中立态度；在 3.5 分以上为对自杀持反对、否定、排斥和歧视态度。

反思成长

通过本模块的学习：

1. 我认为生活中的挫折是______________________。

2. 接下来的学习生活中，面对挫折，我将________________。

资源导航

推荐书籍：

1.[澳]力克·胡哲．人生不设限．彭蕙仙，译．天津：天津社会科学院出版社，2011.

2.[美]莫勒．生命不再等待．向兆明，译．北京：中信出版社，2011.

3.[苏联]尼·奥斯特洛夫斯基．钢铁是怎样炼成的．梅益，译．北京：人民文学出版社，2015.

模块十
大学生网络心理

名人名言

网络正在改变人类的生存方式。

——比尔·盖茨

几乎是在一夜之间，曾经一度作为学院和研究者隐蔽交流媒介的互联网，迅速渗透到我们生活的各个角落，在我们能够想象的领域中，它无所不在。我们通过互联网和朋友保持联络，在网上进行交易、开展研究、互换信息、结识新友，甚至还可以和动物交流。

——帕特·华莱士

导读

网络是把双刃剑，有其利弊。互联网为大学生的学习、生活与人际交往带来了很多便利，正如美国麻省理工学院计算机科学实验室高级研究员戴维·克拉克(David Clark)所说："网络把使用电脑的人连接起来了，互联网的最大成功不在于技术层面，而在于对人的影响。互联网的持续发展对我们所有人都是一个技术上的挑战，可是，我们永远不能忘记我们的创造来自哪里，不能忘记人类给更大的计算机群体带来的巨大变化，也不能忘记人类为将来的变化所拥有的潜力。"同时，互联网也给大学生带来了巨大的负面影响。因此，大学生需要充分认识互联网对人类心理与行为的影响，并正确使用互联网，让互联网成为我们日常学习、生活与人际交往的有益工具，从而更好地服务于人类社会。

学习目标

序号	目标维度	具体内容
1	知识目标	(1)理解网络对人心理与行为的影响； (2)了解大学生网络行为的特点； (3)了解网络使用中常见的心理与行为问题。
2	能力目标	(1)学会网络心理问题的调适方法； (2)健康网络心理的培养。
3	情感和态度 价值观目标	(1)正确看待网络； (2)形成合理使用网络的良好习惯。

典型案例

无法抗拒的"网游"

小网，某高校大一学生，家境一般。刚入学时小网雄心壮志，决心在大学大显身手，既要在专业上突出表现，也要在各类技能赛事中一展拳脚。但入学后不久，同学邀约他一起玩一个热门的网络游戏。由于网络让他获得了现实世界中无法得到的喜悦和赞许，他从此变得一发不可收拾：经常手机不离手，每次决心第二天不玩了，但总是控制不住自己；甚至有时候为了玩得尽兴干脆不去上课，也不爱参加班级集体活动，沉溺于虚拟的网络世界。第一学期结束时，他有3门课程不及格。当辅导员找他谈话问及他的大学规划和目标时，他一脸茫然。

(来源：根据真实心理咨询案例整理而成。)

思考题：

1. 小网出现什么问题了？
2. 小网该如何应对网游成瘾？又该如何健康使用网络呢？

10.1 认识网络心理

随着现代科技的发展和网络的普及，人类的生活、工作、学习、娱乐等各个方面与网络的关系都日益密切。人们从很多角度对网络展开了大量研究，这里将从心理学的角度研究网络文化下大学生的网络心理与行为。

一、网络的发展和特征

(一)网络的发展

网络，即互联网，中文称国际互联网，它是指集通信网络、计算机、数据库以及日用电子产品于一体的电子信息交换系统，以接收、存储、处理、传递全球信息为主要功能的国际互联网络。

在2015年政府工作报告中，李克强总理八次提及“互联网”，同时首次提出“互联网＋”的概念。近些年互联网发展迅速，根据中国互联网络信息中心2019年8月30日发布的第44次《中国互联网络发展状况统计报告》，截至2019年6月，我国网民规模达8.54亿，互联网普及率为61.2%，我国手机网民规模达8.47亿，网民使用手机上网的比例达99.1%。与五年前相比，移动宽带平均下载速率提升约6倍，手机上网流量资费水平降幅超90%。“提速降费”推动移动互联网流量大幅增长，用户月均使用移动流量达7.2GB，为全球平均水平的1.2倍。2019年上半年，我国网民的人均每周上网时长为27.9小时。

从年龄结构角度来看，截至2019年6月，10～39岁网民群体占网民整体的65.1%，其中20～29岁网民群体占比最高，达24.6%，这个年龄段的公民基本处于高等教育阶段。

从职业结构角度来看，截至2019年6月，在我国网民群体中，学生最多，占比为26.0%；其次是个体户/自由职业者，占比为20.0%。

无论从年龄结构还是职业结构两方面的调查结果可见，2019年，占我国比例最高的20～29岁年龄段网民又以高等院校的学生为主。互联网越来越成为了大学生学习和生活中不可或缺的重要组成部分，对大学生的学习和生活具有重要作用和影响。

(二)网络的特征

网络被称为继报纸、广播、电视三大传统媒体之后的“第四媒体”，除具有三大传统媒体新闻传播的“共性”特点之外，还具有鲜明的“个性”特点。网络的特点主要有以下几个。

1. 即时性

即时性是网络新闻传播时效性强的形象表述。网络媒体为凸显新闻时效性，对突发事件的报道有时甚至将新闻电头的时间精确到分。即使是日常新闻报道，新闻内容页面一般都标注了精确到秒的发布时间，一些新闻列表的每个标题后也标注发布时间。

2. 海量性

网络媒体可实行全天 24 小时发稿，人民网、新华网等新闻网站和新浪网、搜狐网等门户网站实行全天候发稿已有 10 多年时间。在这种意义上，网络媒体简直就是一个浩瀚的新闻数据库。网络媒体新闻传播的海量性，还体现在具有强大的检索功能及易复制、易存储等特点。谷歌、百度等专业搜索引擎及一些网站自有的检索工具，使网上查找新闻变得十分便捷。读者可以通过拷贝、粘贴、下载、收藏、打印网页等方式复制、存储所需资料。

3. 全球性

网络媒体的传播范围远远大于报纸、广播和电视，是全球性的。“网络传播无国界”，网络传播空间理论上没有国家和地区的限制。任何一个国家或地区，如果不采取特别的技术措施对境内外个别有害网站实施封锁(事实上通过代理服务器可突破封锁)，世界上任何一个网站登载的内容，都有可能供全球网民访问、浏览和下载。同样，世界上任何一个具备上网条件的地方，均可轻松浏览全球网站。

4. 互动性

网络媒体新闻传播是媒体与受众、受众之间的多向性、互动性传播。互动性又称交互性，包含“一对一、一对多、多对一、多对多”的传播方式，体现了大众传播和人际传播相结合的传播方式，是网络媒体的特性和优势。网络论坛、讨论区、留言板、聊天室、电子邮件、ICQ 及 MSN 等即时通信软件等，吸引着大量网民积极参与传播信息、评论新闻、讨论新闻话题等活动，极大地提高了网络新闻传播的社会影响力。

5. 多媒体性

网络所拥有的一大特性是多媒体性，它使网络媒体有能力在技术上实现多媒体传播。网络传播的多媒体性是指互联网络运用数字技术，兼容报纸、广播和电视多种媒体的传播手段，全面刺激受众的多种感官。网络传播采取文字、图片、音频、视频、FLASH 动画等多种形式，丰富了报道手段，使新闻更为直观、形象、生动，增加了新闻的现场感和冲击力。

6. 新媒体特性

网络媒体既具有大众传播的优势，又兼具小(窄)众化、分众化传播的特点，通过强大的信息技术把不同的媒体形态融合，体现了媒体变革最明显的特征。

二、网络心理的含义

网络心理是指人们在利用网络的过程中产生的各种心理现象，是在虚拟的网络环境里，人的心理活动过程以及由此而形成的人的个性特征的总和。当人类进入网络时代，许多人就习惯于把自己大脑的思想信息通过网络进行储存和传输，并与他人发生思想交流，网络由此开始进入人的精神世界，成为人的大脑的延伸。网络既是一种客观的物质现实，又是人的思想信息载体。人的心理活动必然要与网络这一客观现实发生密切联系。人们对客观世界的认识会随着网络对人类生活、学习、工作领域渗透程度而发生变化，从而使人的感知、记忆、思维、情感、兴趣、信念，以及个性悄然改变，进而产生新的思维方式、行为模式与生活习惯。

对于心理发展还不完全成熟的大学生来说，网络在满足他们的心理需求的同时，也诱发了许多网络心理问题。大学生网络心理状况是大学生心理健康的重要影响因素之一。大学生健康的网络心理可以使其更好地利用网络获取知识、排解孤独、获得自尊等，大学生不良的网络心理则会导致其产生孤独的心理、猎奇的心理、网络成瘾、网络人格障碍等网络心理问题。

三、网络是把双刃剑

历史证明，技术是一把双刃剑。正如英国历史学家阿诺尔德·约瑟夫·汤因比所说："技术每提高一步，力量就增大一分。这个力量可用于善恶两个方面。"我们在看到网络给大学生带来的巨大好处的同时，也要看到其负面作用正影响着大学生的学习与生活。

(一)网络对大学生的积极影响

1. 满足大学生的强烈求知欲与好奇求新心理

互联网上的信息量非常巨大，内容涉及面非常广泛，几乎无所不包。人们可以通过互联网随时了解来自全世界的政治、经济、文化、科技等信息，大大地提高了人们接受和处理信息的能力，极大地开拓了人们的眼界和视野。网上内容不同于书面内容，它集文字、图像和声音于一体，上网者既可以看见文字图像，同时也可以听见声音，非常生动。网上信息以光速向世界各地传播，电子邮件更是比普通邮件快得多。网络可以使得相隔十万八千里的信息传播瞬时完成。网络信息传播不受时间空间的限制，只要有电话线的地方，就可以随时上网，整个地球形成了一个开放式的网络环境。网络的这些特点能开阔大学生的视野，有利于大学生新观念、新行为的形成，并能丰富大学生的生活，拓展大学生的求知手段和交流时空，满足大学生的求知欲和好奇求知心理。

2. 满足大学生自由平等的参与意识与自我实现欲望

网络资源是无限的，不会因过度使用而减少。在网络环境下人人都是平等的，无高低贵贱之分，人人都可以共享网上信息资源。网络社会是一个个性化的社会，每个上网者都处于一个相对个人化的自主空间，多媒体技术使人网上互动成为可能，网上交往的对象可以同时是多个，并且这些人可能是来自语言、风俗习惯和道德观念完全不同的地方。但在现实社会中，这种机会可能是很少的。因此，网络可以实现学生自由平等的参与意识与自我实现欲望。

3. 满足大学生追求开放性和多元性的需求

即与传统社会的道德相比，网络社会的道德呈现出一种多元化、多层次化的特点与发展趋势。在网络社会中，人们的需要和个性有可能得到更充分的宣泄与满足。自主自愿形成的网络社会，以其独特的方式建立起一个由具有不同信仰、不同习俗和不同个性的人组成的互相尊重、互相理解并互相促进的多元道德并存的社会。这能满足大学生追求开放性和多元性的心理需求。

4. 拓宽了大学生网络社交和压力释放的途径

2019 年 3 月以来，以微信群为平台、以夸人为参与方式的“夸夸群”在国内部分著名高校中迅速流行，并继而推广到其他高校和青年群体中。同时，一些电商企业意识到“求夸”在青年群体中的巨大消费需求后，陆续推出付费夸人服务，使得夸人成为了网络电商的新兴营利项目。从“夸夸群”的生成、发展和参与特点上看，“夸夸群”是高校青年学生进行网络社交和压力释放的方式，也一定程度上具有心理互助平台的雏形。由于“夸夸群”是在青年同辈中相互寻求激励和支持，可以说具有朋辈心理互助的特点，体现了大学生的自我发展与自我实现。“夸夸群”的产生，是高校学生群体性孤独引发的心理互助需求和同辈身份产生的相互信任文化氛围综合作用的结果。高校学生参与“夸夸群”的价值导向取决于个人自由意志的选择，体现为参与理由、依赖或喜好程度的差异。“夸夸群”虽然对于解决高校学生的群体性孤独、压力效果有限，但其未来发展，与一般网红事物单纯随时效而热度减退的规律不同，或会受到高校学生自我行为重塑带来的功能、组织形式的转变。

(二)网络对大学生的消极影响

1. 过度使用网络易导致现实人际交往障碍

建立良好的人际关系对大学生人格发展十分重要。大学生能从与同辈群体的交往中得到对其言行的评价，从而认识、反省、完善自我。只有正确评价自己，学会尊重、宽容、真诚与人交往、融入群体，才能感受友情，取得信任，建立合理的“归属感”。而网络交往是在虚拟情景下进行，并非面对面交往，这种人机交往方式影响了大学生正常的交往方式，极易导致现实当中人际关系冷漠，产生新的人际障碍。

2. 过度使用网络影响大学生的身心健康

目前，电脑和网络对健康的影响已引起人们的高度关注。长时间使用电脑或在网络里漫游不利于身心健康，一方面让人产生社会隔离感和沮丧、孤僻、焦虑等心理；另一方面也会出现视力下降、颈椎病、肩周炎、背痛、手臂僵硬和手指灵活度降低等躯体病变。在现实生活中，有些长期上网的大学生在网上表现出兴奋、注意力集中、反应敏捷等“积极”的情绪状态，在现实学习和生活中则出现魂不守舍、烦躁不安等情绪，出现对网络的依赖和网络强迫症。

3. 过度使用网络易导致自我分裂

大学生在网络这个虚拟世界获得比现实世界更多的快乐体验时，就可能将更多的时间和精力投入网络，导致网络掩盖了真实生活，扩大了现实生活与虚拟社会间的差距。他们渴望在网络上追求虚拟的完美人生，而消极地对待或逃避现实世界，其自我系统中真实的我、现实的我、网络的我产生冲突，以至于在网上、现实中判若两人，引发人格障碍。

4. 过度使用网络易产生不良的情绪体验，情感趋于冷漠

大学生的情感体验丰富、强烈、敏感、复杂，他们关注社会的发展，也关注自己的切身利益。但由于自己的生活阅历的贫乏，他们对人生充满理想，又脱离现实，情绪起伏较大，很不稳定。大学生情感的成熟必须通过社会生活的实践体验得以实现，而长时间上网阻断了大学生亲身的社会体验。他们沉迷于虚拟世界中，受到网上传播的价值思想的感染，他们往往会花大量的时间和精力去浏览虚假重复信息，难免会产生心理焦虑，出现情感疲惫，造成情感冷漠，更有甚者会产生心理问题。

5. 网络信息污染对大学生的负面影响

由于网络传播信息方式的全球性、超地域性，网络信息有精华也有糟粕。有许多网站专门传播血腥、色情、吸毒、赌博、诈骗、自杀等不良内容，网络中充斥着诅咒、谩骂、造谣、诽谤、恶意中伤等行为。这些都极易诱使一些大学生走上违法犯罪的道路。

10.2　大学生网络心理的特点与偏差

大学生作为社会的重要组成部分，正走在我国社会“网络化”发展的前沿，成为网络的主力军。大学生网络心理问题是大学生现实心理问题的突出反映，解决网络心理问题的同时，也促进着大学生现实心理问题的解决。

一、大学生网络心理的特点分析

(一)自主性

自主性是指行为主体按自己意愿行事的动机、能力或特性。网络具有自由性，只要你会上网、有设备，任何人都可以在网络中浏览信息、发布信息，与他人进行对话，人们可以在网络中任意遨游；同时网络又是平等的，网络的使用者没有身份的高低贵贱之分，不论在现实生活中你是教师、商人还是初出茅庐的大学生，只要你是网民，只要你愿意都可以随意在网络上高谈阔论、侃侃而谈。网络的飞速发展使传统媒体的单向交流模式逐渐转变为双向互动交流模式，在自主平等的网络世界中，渴望获得独立自主的大学生不再是被动地接受外来的恩赐与强迫，而是可以根据自身的特点、需求、喜好自主地选择网络生活方式、交流对象和知识信息。他们乐于利用网络分享自己的生活、发表自己的见解、展现自己的个性，而网络的普及与飞速发展也给大学生提供了更加便利的平台。

(二)从众性

从众性是指个体在群体生活中，常常不知不觉地遵从群体压力，在个人观念与行为上放弃自己的主张，趋向于与群体中多数人一致的心理现象，即通常所说的“随大流”。个体心理上的需求与从众心理的产生有着密切的关系。在大学生群体中，很多学生因为缺乏自信或害怕被孤立，会为了避免来自群体性规范的压力而做出符合规范的举动和行为，从而获得所属群体的认同感，还可以回避责任，当下大学生网络心理的从众性主要表现为舆论从众、学习从众等。通常情况下，多数人的意见往往是对的，从众服从多数，一般是不错的。在开放的网络世界中，辨别力不足的大学生跟随大众接受正确的知识信息、主流的思想观念和价值取向，既有利于自身成人成才，又有利于社会的发展与稳定。但不顾是非曲直的一概服从多数、随大流走，则是不可取的，是消极的“盲目从众”。心理尚未完全成熟的大学生在面对纷繁复杂的网络世界时，有时会缺乏分析和独立思考，遇到什么问题都参考别人的意见，看别人怎么办，思维方式被束缚，缺乏创造力；有时，他们会盲目跟风和追赶潮流，如面对网络热点问题时，在没有了解事情真相时就想当然地去做舆论的传播者，扰乱视听，缺乏责任感，给个人和社会发展带来了不利影响。

(三)弥散性

弥散性是一种弥漫扩散的特性，在心理学中一般指情绪的泛化，或者心境的广泛性影响。网络的心理和情绪既可以影响到现实生活也可以在网络中蔓延。大学生自我体验复杂，情绪不稳定，时而热情主动，时而情绪低沉、灰心丧气，不能冷静地控制自己的情绪。大学生在网络世界中产生的情绪极易传播扩散，并且在网络生活中产生的情绪会被带入到现实生活中，影响到大学生的心理和行为，影响其学习和生活。弥散性还具有一定的传播能力，能够影响到现实生活中其他人的心理和行为，如一些大学生因在网上发表的观点获得赞同而感到振奋，进而发表更多的观点，在现实生活中也会变得更加自信，更加勇于表达自己的见解。与此同时，其他大学生网民看到其发表的观点获得认可，也会随之效仿，如一些大学生因网恋失败受到打击而情绪低落，其在现实生活中会也会受到影响，变得郁郁寡欢、无心学习，其他大学生也会受其影响对网恋产生畏惧心理。这种心理会在一定范围内传播和扩散。

(四)去抑制性

“抑制”在心理学研究中是指个体行为受到自我意识的约束，对社会情境维持一定的焦虑水平以及在乎他人评价等种种现象。与之相反，“去抑制”则以这些相同因素的缺乏或逆向为特点。大学生网络心理的去抑制性是指在社会规范和个体的内心准则都被大大削弱的虚拟网络环境中，大学生忽视了对自我行为进行克制，其言行举止在网上表现出一种解除抑制的特点，与现实生活中的行为方式有较大的差别，甚至完全相反。大学生可以通过网络的去抑制性满足其在现实中无法满足和实现的各种需要和愿望，使大学生的本性得到发展，网络的去抑制性使他们可以不受限制地、无拘无束地自由表达。其实，大学生在网络中的心理和行为表现是其在现实社会中欲望、需要、情感以及各种社会关系的一种折射，所以网络世界中大学生的表现往往能够更加彻底地揭示出他们本来的状态，展示出大学生更加真实、更加立体的心理状态。

二、大学生网络心理问题的表现

所谓网络心理问题，是指因无节制地上网导致的行为异常、人格障碍、交感神经功能失调等问题。网络心理问题的症状起初表现为精神上的依赖和渴望上网，随后发展为身体上的依赖，伴有情绪低落、疲乏憔悴、茫然失措等症状。常见类型有：网络成瘾综合征、网络人格心理失真、网络不道德行为、网恋、网络孤独等。

(一)互联网成瘾综合征

互联网成瘾综合征简称“网瘾”，它是由于互联网络引发的机能失调症病。大学生网迷由于长时间沉迷于网络游戏、上网聊天、下载文件、制作网页，醉心于网上信息、网上猎奇，造成对网络的过度依赖，导致个人生理受损和正常学习、生活及社会交往受到严重影响，从而出现心理障碍。就目前大学生群体出现的网络成瘾情况来看，主要有：网络交际成瘾、网络色情迷恋、网络游戏成瘾、网页浏览成瘾、虚拟社区成瘾。

知识窗

戒网瘾训练

1. 上网之前先订目标

每次用两分钟时间想一想你要上网干什么，把具体要完成的任务列在纸上，不要认为这个两分钟是多余的，它可以为你节省的时间可能不止60分钟。

2. 上网之前先限定时间

看一看你列在纸上的任务，用一分钟估计一下大概需要多长时间。假设你估计要用60分钟，那么把小闹钟定到30分钟，到时候看看你进展到哪里了。如果嫌用闹钟麻烦的话，可以在电脑中安装一个定时提醒的小软件，在上网的同时打开，这样就能有效控制你的上网时间了。

3. 以新代旧

在戒除某种习惯时，这种习惯仍有很大的诱惑力，这是正常的心理现象。我们需要用一种新习惯来替代旧习惯所带来的满足感。对于上网成瘾或者是正在戒网瘾的青少年，要注意培养新的爱好和习惯，要多参加一些自己喜欢的活动，多做一些自己感兴趣的事情，用自己的新行为和习惯来代替上网习惯。

4. 科学、合理安排上网时间

每周最多安排3～5次上网，每次上网的时间不超过2小时，且连续操作1小时后应休息15分钟，尤其是夜晚上网时间不能过长。

5. 限制上网内容

每次上网前，一定先明确上网的任务和目标，把要完成的具体任务和内容列在纸上，不迷恋网上游戏。

(二)网络人格心理失真

网络人格心理失真，又称网络自我迷失。这种人表现为脱离现实、退缩、孤僻、耽于幻想等行为特点。一些大学生过分迷恋网络上的“人—机”式交往，出现“人机热，人际冷”现象，导致他们忽视真实存在的人际关系，产生现实人际交往萎缩和角色错位。这种网上的异常行为发展到一定的程度会导致网络人格心理失真。

网络人格心理失真的心理特征主要有以下几个。

1. 智力正常，但情感冷漠

对一切都漠不关心或表现为情绪极不稳定。如某高校的一位大三男生，在网吧里面对声泪俱下的母亲，仍手拿鼠标、眼盯屏幕、无动于衷；而母亲对眼前这个已连续七天待在网吧里蓬头垢面、面黄肌瘦的儿子也毫无办法。

2. 缺乏责任心和道德感

把现实中所遇到的困难都归咎于命运或别人的错误，不能正确地对待困难，也不能对自己的行为有所检讨，缺乏责任心和道德感。

3. 精神依赖和身体依赖

精神依赖又称心理依赖，是指药物使人产生一种心满意足的愉快感觉，因而需定期或连续地使用这种药物以保持那种舒适感或避免不舒服感。身体依赖也叫生理依赖，是反复使用某些神经或精神药物造成的一种适应状态。停药之后，前者无耐受性和停药症状，后者则是有耐受性或停药症状。

(三)网络不道德行为

网络不道德行为，是指网络主体出于非善和邪恶动机，不利或危害他人和社会的网络行为。根据网络不道德行为对社会造成的危害性程度的不同，可以把它们区分为不正当、较恶和极恶行为。

(四)网恋

通过上网结识同性或异性朋友，产生的恋情就是网络恋情，或称网恋。大学生网络恋情一般很容易上瘾，而一旦上瘾就会沉湎于网恋不能自拔，把网上爱情视为生活的唯一追求。迷恋网络恋情会严重影响学习，而且容易使他们减少与老师、同学之间的交流，不愿意参加集体活动，性格变得孤僻，甚至造成人格分裂。

(五)网络孤独症

网络孤独症是指过分关注人机对话，淡化了个人与社会及他人的交往，远离周围伙伴，变得越来越孤僻。这些人在现实生活中不愿意表露自己的情感，也不愿意接受他人情感的表露，网络使他们对真实的现实产生某种疏远感、淡漠感，甚至不信任感，使他们变得沉默寡言、不善言谈。网络使一些大学生网民成了“孤独的电脑人”“孤独的上网人”。

(六)网贷

目前，各种校园贷的网络信息平台宣传资料遍布校园各个角落。有些大学生存在超前消费、攀比消费、追风消费、炫耀消费、享乐消费、盲目从众等心理现象，因此，一些电商网贷平台看准了大学生这一特殊的消费心理，纷纷选择向大学生发放消费贷款。网贷是一种P2P平台，P2P是英文Peer to Peer的缩写，即个人对个人，是一种通过互联网收集小额资金借贷给有需求人的一种民间小额借贷模式，提供P2P网络贷款的中介机构被称为P2P网络贷款平台。而用户根据自己的需要要在网贷平台上通过简单的手续获得贷款用于网购，并且通过网络分期付款的方式向网贷平台还款并支付一定的利息，即网贷消费。大学生网贷消费的主要特点体现为：高档电子数码产品的消费是大学生网贷消费中一个最显著的特点，网贷金额较大，网贷消费方式多样化。随着网贷消费市场的进一步发展，出现了更多分期消费的产品，例如，分期旅游、餐饮娱乐等，这些新型的消费方式也被大学生们广泛接受和选择。因此，大学生要树立正确的网贷消费观念，对于消费还是要遵循“量力而行”的原则，不要为了满足一时之需而过度提前消费。

知识窗

网络诈骗防范的三点建议

1. 确认网站、网页的真实性

在浏览互联网时最好上正规网站，只要是自动弹出来的网页或网站，建议不要理会。

2. 确认联系方式的真实性

对于网站上留下的联系方式，可以拨打114进行电话号码所属地址的核实，以确认电话号码归属地与网站上登记的公司地址是否相符。

3. 寄钱、转账要保持谨慎

相信只要头脑清醒点，不贪心，不轻信，捂紧自己的钱袋子，就能减少被骗的风险。

三、大学生网络心理问题的调适

网络心理问题重在预防。网络使用的特点无法改变，我们能做的是通过改善学校、家庭和社会的环境，塑造青少年的健康人格，从而使其对“网瘾”免疫。

(一)正确认识网络

夸大网络的功能或否定网络的作用都是错误的。互联网的出现宣告着人类信息时代的真正到来。它消除了人类跨地域沟通的“时滞”，拓展了人类的交往空间，深刻地改变着人与人、人与社会的关系。在家办公、网上学校、电子商场、电子银行等新生事物的出现，使人类的生活方式发生着深刻的变革。网络世界既是一个充满自由、开放、平等的世界，也是一个充满诱惑与陷阱的危险之地。大学生应该看到网络这个工具，应该认清网络社会并非真实的社会，网上暂时的成功并非真实的成功，虚拟的情感宣泄与满足也不能带来真正的快乐，应该认清网络带来的并非全是鲜花与美酒，也会给自己带来苦涩的恶果。

知识窗

常见的网络心理误区

1. 通过网络游戏可以挣钱养家

如今大学生中有一大部分是网络游戏爱好者，但玩游戏毕竟仅仅是一项娱乐，赚取的也只是虚拟的财产，并非真正的人民币，尽管有些人通过变卖游戏道具和高等级人物得到了金钱，但其获取这些道具和人物所花费的人力、物力却是难以计算的。

2. 网络交友比现实中的朋友更可靠

在现实的人际交往中，人们更多的是通过对方的言语、表情、体态和行为等了解对方。而在网络中，这些信息会丢失很多。单是性别这一最简单的信息，在网上就成为一个难以超越的障碍。有些人认为网络上的朋友更能相互理解、相互信任，同时认为对方不知道自己的真实身份，不会伤害到自己或者出卖自己，殊不知网络的陷阱无处不在。

3. 网络可以消愁解闷，发泄愤怒情绪

有些人在现实生活中遭遇到挫折时，习惯于到互联网上发"恶帖"来表达自己的不满情绪。在网络新闻评论中，会经常看到低俗的对骂现象，甚至产生了专门的"职业代骂"。辱骂别人对自己无任何好处，发泄也不能真正解决现实问题。一旦对他人名誉造成损害，还可能要承担法律责任。

4. 通过网络可以迅速出名

网络是个可以一夜之间让人成名的地方，但你必须有超越他人的特长。有些人不肯脚踏实地，总是想投机取巧，试图通过哗众取宠的方式引人注意，成为网络红人，如许多网络自拍者和网络恶搞者就是这种心理。即使通过这种方式出了名，现实生活中的负面效应给个人生活带来的压力也是非常巨大的。

5. 在网络上可以任意作为而不受惩罚

"在网上，没有人知道你到底是谁。"网上的"身份丧失"，使大学生备感网络的随意和自由。他们认为在网络上发泄情绪、恶意攻击、制造虚假新闻、传播不良信息等行为都不需要负上现实的责任。事实上这是道德感和责任感丧失的表现。

（二）科学对待网络

1. 强化自律意识

自律是自由和理性相联系、体现出人格尊严和道德觉悟、不被内在本能和外在必然所决定的自我主宰、自我约束、自我控制。一个缺乏自律的人不可能是一个自尊、自重的人，也不可能是一个获得自由与实现自我价值的人。大学生应合理安排好自己的日常生活，保持正常的生活、学习、工作规律，控制上网时间。同时要勇于直面现实、直面人生，积极面对现实生活中的各种挫折，多参加有益的社会活动，从网络的迷恋中解脱出来。

2. 有节制地使用网络

面对海量信息，大学生要学会自我管理和自我控制，做到洁身自好，上网有度，防止出现网络沉迷，在信息海洋中“自溺身亡”。

以下描述的是从网络依赖或网络成瘾中恢复正常的迹象，请迷恋网络的同学依据描述调适自己的上网行为，并经常自测。

(1)坚持依照你的上网时间表行动，并且没有超过每周计划的在线时间。

(2)你的伙伴、父母或其他爱你的人告诉你，他们看到了你上网习惯和对他们态度的变化。

(3)你在上网花费上坚持严格要求，并能保持在预算范围内。

(4)你能按时完成工作任务、学校的作业、日常事务。

(5)你重新找回了那些曾经很感兴趣的爱好和活动。

(6)你花费更多精力与站在你面前的人沟通，而不是在网络上与陌生人沟通。

(7)你从另一个角度审视其他沉溺于互联网的人，认为他们正在给自己和亲友制造麻烦。

(8)当你出于正当理由或有限的娱乐目的使用互联网时，你感觉越来越少受到过去坏习惯的诱惑。

(9)你感到有强烈的愿望同爱你的人一起出去、与朋友进行社交活动，同时更少拒绝别人的邀请，更多地向别人发出邀请。

(10)你回顾沉溺网络的那段时间，看到一个来自不同时间的不同的你。

3. 寻求心理咨询或团体心理辅导的帮助

网瘾是人为造成的，只要加强自我保健，便可防治。当出现早期症状时，应及时停止操作并休息。一旦确定自己对网络形成了一定的依赖，具有成瘾现象，应及早求助专业人士，进行心理干预。也可以利用团体心理辅导活动中成员的相互介绍和成员共同参与度高的游戏活动转移对网络心理障碍的过度关注；开展对网上信息的讨论交流，正确评价网上信息，共同为提高自身的信息素养出谋划策；分清网上人际交往与现实人际交往的异同，把两种交往中的困顿列举出来，并进行归因；小组讨论上网行为的自我管理，彼此订立互相监督上网的契约等。

10.3 健康网络心理与行为的培养

网络应当成为大学生学习、生活和交友的宝贵财富，健康使用网络是当代大学生必备的学习能力之一。健康网络行为是指大学生对互联网的使用从外控到内控，形成有节制的上网行为，从而获得对学习、生活和身心发展有益的结果。可以从三方面进行努力。

一、遵循健康网络心理与行为的六条导向

有学者将大学生健康网络心理与行为的导向概括为以下六个方面。

(一)抵制不良

网上信息繁杂，大学生要坚决抵制互联网的各方面对我们自己成长不利的诱惑，不在网上做违法乱纪的事情，做一个健康上网的大学生。

(二)不可沉迷

为了不沉迷网络，要把精力转移到合理利用网络查询资料、进行研究性学习、扩大自己的视野及感受社会生活的发展变化等方面。

(三)控制时间

有效地利用时间，比如利用互联网去明确自己的职业方向与目标。互联网上有对各种职业的大量的、生动的、具体的描述以及招聘信息，要学会借助这些信息更深入地了解自我，了解自己的职业意向，找到适合自己的职业。这样，时间使用的效率就会提高。

(四)放松身心

最大的放松身心，就是要学会理性地利用互联网参与社会公共生活。通过参与社会公共生活，感受社会生活的发展变化，养成亲社会行为的态度。网络对公共生活中的各种社会事件经常会发出各种各样的声音，能够进行识别，不盲目地听信谣言，理性地判断是非，冷静地利用媒介来表达自己的心声，能够理性地对待网络信息。

(五)辅助学习

网上生活与网下生活是一个问题的两个方面。网上生活应该成为网下生活的一个强有力的工具，至少不是干扰性的工具。比如互联网在人际沟通中发挥越来越重要的作用，但是我们要合理利用互联网，防止出现“人机热、人际冷”的现象。此外，要尽量把网上的活动与大学学习生活结合起来，使互联网能成为辅助专业学习的有效工具。

(六)影响适度

一定要让互联网的影响保持在一定的程度上，其关键就在于让迷恋网络者摆脱

对网络的依恋感。为此，大学生要积极地参与学校和社会组织的各项实践活动，走出课堂，走向社会，主动参与。比如，大学生应该积极地了解社会、认识国情、增长才干，这不仅可以获取直接社会经验，发展社会实践能力，增强社会责任感，增进学校与社会的密切联系，而且能提升自身的精神境界、道德意识和能力，使人格不断完善，综合素质不断提高。这不仅能减少过多上网的时间，而且能用直接、真实的社会活动代替网络虚拟活动，逐步摆脱对网络的依赖，回归真实生活。

二、遵守网络道德与网络法律法规

自觉遵守网络道德与网络法律法规是大学生健康网络心理与行为的基本准则。作为网络主体的大学生应当自觉遵守网络道德规范，文明使用网络，自觉抵制和打击网络垃圾信息。当前大学生需要了解的我国网络法律规范主要有《中华人民共和国计算机信息网络国际联网管理暂行规定》《全国人民代表大会常务委员会关于维护互联网安全的决定》《互联网信息服务管理办法》《互联网电子公告服务管理规定》《互联网站从事登载新闻业务管理暂行规定》《中国互联网络域名注册暂行管理办法》《中国互联网络域名注册实施细则》《中华人民共和国电信条例》等。

三、善于利用网络为学习与生活服务

善于利用网络为学习与生活服务是大学生健康使用网络的核心所在。研究发现，网络成瘾者与非网络成瘾者的最大的区别还体现在上网时间的使用方式上。网络成瘾者中，35%的时间用于聊天，28%的时间用于多用户互动游戏；而非网络成瘾者中，55%的时间用于上网浏览和接发邮件，24%的时间用于查阅网上图书馆和下载软件。

因此，如何运用网络是关键。随着“互联网＋”的发展，网络学习成为大学生必备的学习技能之一。网络学习平台是大学生学习的重要资源。如果大学生朋友们都掌握了一些网络学习的平台，并自觉学习，就能将自己上网时间更加有效地充实起来，做到上网有益。

(一)利用好网络学习平台

当前常用的网络学习平台有课堂实录和公开课类学习平台、技能提升类学习平台等。

1. 课堂实录和公开课类网络学习平台

课堂实录和公开课类学习平台，是一种主要提供优质公开课以及知名学校课堂实录的网络学习平台。主要有：中国大学慕课网(https://www.icourse163.org)、网易公开课(https://open.163.com)、新浪公开课(http://open.sina.com.cn)、学堂在线(https://next.xuetangx.com)等，这些学习平台有来自全球各个名校的优质学习资源，大学生可以通过网络获取最佳资源。近些年，各类学习平台 APP 也不断推出，大学生还可以便捷地通过手机进行随时随地学习。

2. 技能提升类网络学习平台

技能提升类网络学习平台，主要提供某方面的专业技能的训练和提高，如有利于大学生英语学习的平台：百词斩、拓词、开心词场、扇贝单词、掌上新东方等，很多的手机 APP 还设计了游戏闯关的方式，帮助大学生形成良好的持续学习的习惯，并附带学习提醒等设置，起到激励和监督学习的作用。

(二)合理使用生活中的“互联网+”

根据中国互联网络信息中心(CNNIC)发布的第 44 次《中国互联网络发展状况统计报告》指出，2019 年上半年，手机网民经常使用的各类 APP 中，使用即时通信类 APP 的时间最长，占比为 14.5%；使用网络视频、短视频、网络音乐、网络文学和网络音频各类应用的时长占比分列第二到六位，依次为 13.49%、11.5%、10.7%、9.09%和 8.89%。除此之外，还有各种网络购物类、网络新闻类、网络外卖类、网络直播类 APP，大学生如果善于合理使用网络，将带来生活的便利和娱乐的丰富多彩，成为网络的主人。

心理训练

一、心理练习

(一)寻找网上与网下的自己

“打球、散步、游泳、跑步、爬山、旅游、唱歌、看书、购物、跳舞、看电影、听音乐、找朋友聊天……”你在现实生活中喜欢做什么呢？在网络上又喜欢做什么呢？现在同学们就来进行一下网络与现实生活中你的兴趣大比拼吧。

首先，请将你在网络上喜欢做的事情写在左边横线上。接下来，你可以在上面的行为中选取你觉得最有可能替代网络行为的事情，并填写在右边的横线上，也可以填写你自己认为更愿意从事的现实行为。

1. 在网络上喜欢做的事情	2. 在现实中可替代该行为的事情
________________	________________
________________	________________
________________	________________
________________	________________

(二)辩论赛

主题：网络利大于弊还是弊大于利？

目的：在辩论赛中更加清晰地了解网络带来的利和弊，以便更好地认识和利用网络。

做法：1. 成员以抽签的方式决定正方和反方。正方观点：网络利大于弊；反方观点：网络弊大于利。

2. 双方进行辩论。

3. 讨论：怎么样面对网络的利与弊？

二、心理测试

网络成瘾自测问卷

指导语：这个测试是给那些怀疑自己的网络行为已经开始成瘾的网友自己进行

的评价。如果你开始怀疑自己已经上网成瘾了，可以通过以下几个不同的角度了解自己是否成瘾和成瘾的大概程度。请对以下20个陈述按照发生的频度，用0～5分进行评分，0～5分的具体含义如下：

0分：没有；1分：罕见；2分：偶尔；3分：较常；4分：经常；5分：总是。

1. 你发现待在网上的时间会超出预计时间。(　　)

2. 由于上网时间太长，以至于忘记了要做的事情。(　　)

3. 你觉得网上的愉悦已经超过与恋人或伴侣间的亲昵。(　　)

4. 你会与网上的人建立各种关系。(　　)

5. 你的亲友会抱怨你花太多的时间在上网。(　　)

6. 由于你花在网上的时间太多，以至于会耽误学业和工作。(　　)

7. 你宁愿去查收电子邮件，也不愿意去完成必须做的工作。(　　)

8. 由于上网，影响到了你的学习效果或工作业绩。(　　)

9. 你尽量隐瞒你在网上的所作所为。(　　)

10. 你会同时想起网上的快乐和生活中的烦恼。(　　)

11. 在准备开始上网时，你会觉得你早就渴望上网了。(　　)

12. 没了互联网，生活会变得枯燥、空虚和无聊。(　　)

13. 别人打扰你上网时，你会恼怒或吵闹。(　　)

14. 为深夜上网而睡不着觉。(　　)

15. 睡觉时你仍一心想着上网或幻想着上网。(　　)

16. 你上网时老想着“就再多上一会”。(　　)

17. 你尝试减少上网时间，但却失败了。(　　)

18. 你企图掩饰自己上网的时间。(　　)

19. 你选择花更多的时间上网，而不是和别人出去玩。(　　)

20. 当你外出不能上网时，你会感到沮丧、忧郁和焦虑，一旦上了网，这些感觉就消失了。(　　)

评分标准与解释：

完全没有：0分；罕见：1分；偶尔：2分；较常：3分；经常：4分；总是：5分，请把你选择的各项分数加在一起，合成一个总分，对照以下不同分数段的解释，自我评判自己上瘾与否或上瘾程度。

24～29分：你是一个一般的上网者，只是有时会上得多些，但总体上仍是能够自我控制，尚未沉溺于此。

50～79分：你由于上网似乎开始引起一些问题，你该谨慎对待上网给你带来的影响以及对家庭其他成员带来的影响。

80～100分：上网已经给你和你的家庭生活带来很多问题，你必须马上正视并解决这些问题。

反思成长

1. 网络成瘾的危害有哪些？你会采取什么方法预防网络成瘾？

2. 请评估自己是否存在网络心理障碍，如果有，你会如何进行自我心理调适？

3. 如何培养自己的健康网络心理与行为？

资源导航

推荐书籍：

1.[爱尔兰]玛丽·艾肯．网络心理学——隐藏在现象背后的行为设计真相．门群，译．北京：中信出版社，2018.

2. 杨永信．用“心”戒网瘾．北京：科学出版社，2011.

3. 雷雳．鼠标上的青春舞蹈：青少年的互联网心理学．上海：华东师范大学出版社，2010.

参考文献

1. 时勘. 心理健康教育[M]. 北京：外语教学与研究出版社，2014.

2. 龚永坚，王芳，李苏燕. 大学生心理健康教育[M]. 北京：高等教育出版社，2017.

3. 连榕，张本钰. 大学生心理健康(第2版)[M]. 北京：北京师范大学出版社，2016.

4. 马建青. 大学生心理健康[M]. 北京：人民出版社，2011.

5. 郭念锋. 心理咨询师(基础知识)[M]. 北京：民族出版社，2005.

6. 林孟平. 辅导与心理治疗[M]. 上海：上海教育出版社，2005.

7. 王学富. 成长的路[M]. 北京：机械工业出版社，2010.

8. 姚萍. 大学生心理健康与咨询[M]. 北京：北京大学出版社，2010.

9. 岳晓东. 登天的感觉——我在哈佛大学做心理咨询(修订本)[M]. 上海：上海人民出版社，2008.

10. 樊富珉. 大学生心理健康教育研究[M]. 北京：清华大学出版社，2002.

11. 姜凤云. 大学生心理健康教育[M]. 天津：南开大学出版社，2012.

12. 阿尔弗雷德·阿德勒. 自卑与超越[M]. 黄久儒，许龙桃译，武汉：武汉大学出版社，2016.

13. 朱建军. 我是谁：意象对话解读自我[M]. 合肥：安徽人民出版社，2009.

14. 高兰. 大学生心理健康教育——心灵成长自助手册(第2版)[M]. 北京：教育科学出版社，2015.

15. [美]Jerry M. Burger著，人格心理学(第七版)[M]. 陈会昌等，译. 北京：中国轻工业出版社，2010.

16. 刘嵋. 班级团体心理辅导教程[M]. 北京：清华大学出版社，2015.

17. 王立科. 高职学生心理健康教育[M]. 北京：科学出版社，2009.

18. 高美华，孔玉芝. 高职生心理健康教育[M]. 北京：北京航空航天大学出版社，2007.

19. 张弛，田宝伟，郑日昌. 团体心理训练[M]. 北京：开明出版社，2012.

20. 郑学勤，陆海兰. 大学生心理健康教育[M]. 北京：航空工业出版社，2011.

21. [美]桑德拉·切卡莱丽，诺兰·怀特. 心理学最佳入门[M]. 北京：中国人民大学出版社，2014.

22. 兰继军. 应用心理基础教程[M]. 北京：北京大学出版社，2014.

23. 刘树林. 高职院校大学生心理健康教育体验式教程[M]. 北京：北京理工大学出版社，2012.

24. 心理学名词审定委员会. 心理学名词[M]. 北京：科学出版社，2014.

25. 郑日昌. 大学生心理健康——自主与自助手册[M]. 北京：高等教育出版社，2013.

26. 张利. 高职心理健康教育实用教程[M]. 北京：清华大学出版社，2012.

27. 阳志平，彭华军. 积极心理学团体活动课操作指南[M]. 北京：机械工程出版社，2016.

28. [日]山中康裕. 荣格双重人格心理学[M]. 郭勇，译. 长沙：湖南文艺出版社，2015.

29. [美]莫瑞·史坦. 荣格心灵地图[M]. 朱侃茹，译. 台北：立绪出版社，2017.

30. [马]林文采，伍娜. 心理营养[M]. 上海：上海社会科学院出版社. 2016.

31. 潘小莉. 大学生心理健康教育[M]. 北京：高等教育出版社，2015.
32. 周静. 高校大学生情绪管理调查研究[J]. 教育理论与实践，2012，32(09)：48－50.
33. 黄伟伟. 当代大学生情感问题及教育对策研究[D]. 青岛：中国海洋大学，2015.
34. 朴素艳. 大学生心理健康教育[M]. 北京：中国农业出版社. 2013.
35. 张大均. 大学生心理健康[M]. 重庆：西南师范大学出版社. 2004.
36. 冉超风，黄天贵. 高职大学生心理健康与成长[M]. 北京：科学出版社. 2005.
37. 袁丽容，何玉初，黄琼. 心理与拓展——高职学生心理健康教育[M]. 长春：吉林大学出版社. 2017.
38. 丁唯怡. 移动互联网时代大学生虚拟交往的问题及对策研究——以松江大学城七所大学为例[J]. 产业与科技论坛，2018，16.
39. 黄希庭. 大学生心理健康教育[M]. 上海：华东师范大学出版社. 2004.
40. 刘一达. 90后大学生爱情观现状分析及对策研究[D]. 沈阳：渤海大学. 2013.
41. Davies. Ways to Get Over an Ex[M]. Cosmopolitan. 2012.
42. Holmes. Science-Backed Ways To Get Over An Ex[M]. The Huffington Post. 2016.
43. 武月刚. 大学生心理健康教育[M]. 北京：航空工业出版社. 2010.
44. 张信容. 当代大学生心理健康教育[M]. 北京：中国铁道出版社. 2011.
45. 宋德如，张晓旭. 大学生心理健康教育[M]. 南京：江苏人民出版社. 2012.
46. 谭芳. 大学生心理健康教程(第二版)[M]. 北京：化学工业出版社. 2016.
47. 张秀红. 大学生心理健康教育[M]. 北京：中国言实出版社. 2016.
48. 王文娟. 高职学生学习压力咨询案例分析[J]. 考试周刊，2012(41).
49. 章周炎，汪丽华. 大学生心理危机的识别与预警[J]. 当代青年研究，2012(07).
50. 刘济良. 生命教育论[M]. 北京：中国社会科学出版社 . 2004.
51. 张雪. 大学生网络心理问题及对策研究[D]. 沈阳：渤海大学 . 2019.